KB210264

월호 스님의 명쾌한 게송 이야기

삶은 환타지다

월호 스님의
명쾌한
게송 이야기

삶은
환타지다

민족사

근래에는 너도 나도 몸짱이 되려고 안달입니다. 몸짱이 되기 위해서는 우선 똥배가 들어가야 합니다. 다음 가운데 똥배를 들여 보내는 가장 적절한 방법은 무엇일까요?

1) 운명이라고 생각한다. 똥배가 들어갈 때까지 무작정 기다린다.
2) 신에게 기도한다. 제발 내 똥배가 들어가게 해 달라고. 플리~즈.
3) 단식에 돌입한다. 피골이 상접할 때까지 굶는다.
4) 원인을 분석한다. 식사량을 줄이고 운동량을 늘린다.

이렇게 물어보면 대부분 4번이 정답이라고 말합니다. 하지만 정작 그렇게 살고 있을까요? 자신의 행·불행을 숙명으로 여기거나, 신에게 구걸하며, 때때로 극단적인 방법을 통해 해결하려 들지는 않는지요?

불교의 핵심은 인과설입니다. 운명은 이미 정해져 있어 피해 갈 수 없다고 생각하는 숙명론도 아니요, 모든 것은 신의 뜻이라고 굳게 믿는 신의설(神意說)도 아닙니다. 또한 불교는 쾌락과 고행의 양 극단을 떠난 중도설인 것입니다. 알기 쉽게 똥배를 비유로 들었지만, 사실상 모든 게 마찬가지입니다. 대다수의 사람들이 염원하는 부귀와 건강, 그리고 미모 또한 이와 다르지 않습니다.

부처님의 10대 제자 가운데 지혜제일이었던 사리뿟뜨라(한역 경전에서는 舍利弗, 舍利子로 음역 · 의역)가 출가 이전, 길거리에서 앗사지 존자의 모습을 보고 감탄하여 쫓아가 당신의 스승은 누구인지, 또 무엇을 설하는지 묻습니다. 이에 앗사지 존자는 간단한 게송으로 답변합니다.

모든 현상에는 원인이 있다네.
여래께서는 그 원인에 대하여 설하신다네.
원인이 소멸한 결과에 대해서도
여래께서는 또한 설하신다네.

이 게송을 듣고 사리뿟뜨라는 곧바로 수다원과를 얻습니다. 그리고 이내 출가하여 3주 만에 또다시 부처님의 게송을 듣고 아라한과를 얻습니다. 단지 게송 한 구절을 듣고 깨달음을 얻은 것이지요. 이 외에도 게송 몇 구절을 듣고 깨달음을 얻은 사례는 부지기수입니다. 오죽하면 『금강경』에서도 온 우주를 보배로 채워서 보시하는 공덕, 또는 갠지스 강의 모래보다 많은 목숨으로 보시한 공덕보다 게송 한 구절 전하는 공덕이 훨씬 크다고 하였겠습니까? 게송이야말로 깨달음의 열쇠이기 때문입니다.

이 책에는 주옥같은 게송들이 들어 있습니다. 주로 『법구경』을 중심으로 해서 주제별로 게송을 엮어 놓은 것입니다. 예컨대, 근심 걱정을 없애주는 게송, 애착을 버리는 게송, 화를 다스리는 게송, 행복을 부르는 게송, 마음을 보는 게송 등입니다.

이 책은 불교TV에서 '삶은 환타지다'라는 제목으로 방영된 것을 정리 보완한 것입니다. 주제별 게송과 이에 얽힌 스토리텔링, 그리고 현대적 교훈 등이 녹아 있어 재미와 의미를 함께 만끽할 수 있습니다.

매화의 계절을 맞아 이 책이 출간된 것도 의미 있는 일입니다. 매화가 엄동설한을 이겨내고 앙상한 가지에 가장 먼저 향기로운 꽃을 피우듯이, 우리도 역경을 극복하고 깨우침의 꽃을 피워낼 수 있습니다. 꽃이 먼저요, 잎이 나중인 봄꽃들은 우리에게 깨달음이 먼저요, 수행이 나중일 수도 있다는 중대한 교훈을 시사해 주고 있습니다. 지금 이 순간 몇 마디의 게송을 통해서 얼마든지 깨달음의 꽃을 피울 수 있는 것입니다.

꽃은 피었다 지고 다시 피어납니다. 인간의 삶도 마찬가지입니다. 고정된 실체는 없지만 끊임없이 생겼다 사라지고 다시 생겨납니다. 이른바 삶은 환타지(幻)라고 하는 것입니다. 이 시대에 〈반지의 제왕〉, 〈해리 포터〉, 〈아바타〉 같은 환타지 작품들이 각광받고 있습니다. 자신의 인생을 멋진 환타지 영화로 꽃피울 것인가, 우울하고 기분 나쁜 공포 영화로 만들 것인가? 스스로에게 달려 있습니다. 인생은 다 내 작품입니다.

끝으로 귀한 내용을 책으로 엮어 주신 민족사 여러분께 깊이 감사드리며, 부처님께서 뚜짜(머리가 텅 빈) 뽀띨라 대강백에게 읊어주신 게송을 스스로에게 들려주고자 합니다.

지혜는 수행에서 생기고
수행하지 않으면 지혜도 줄어든다.
이러한 두 길을 잘 알아
지혜를 키우고자 힘써 노력하라.

2014년(불기 2558년) 초봄
지리산 쌍계사 적묵당에서
뚜짜 월호 합장

차 례

마음을 보는 게송

법을 맛본 이는

고요한 마음으로

항상 행복하게 살리라.

부처님의 가르침 안에서

맑은 마음으로

항상 기뻐하며 살리라.

근심 걱정을
없애주는 게송

무조건적인 애착심, 이거 아니면 절대 안 된다는 강박관념을 내려놓으면 근심이 줄어들고 악행을 저지르지 않게 됩니다. 조금 손해를 봐도 노심초사하지 않고 잘 지나가게 됩니다. '저놈 때문에 내가 손해 봤지' 하면서 해코지를 하는 일이 없어서 제 2, 제 3의 업을 짓지 않게 됩니다. 온전히 근심과 악행에서 벗어나게 되는 것입니다.

근심 걱정에서
벗어나는 법

벗어남과 내려놓음의 맛

벗어남의 맛을 알고
내려놓음의 맛을 아는 이는
근심과 악행에서 벗어나
진리의 기쁨을 만끽한다.

세상에 여러 가지 맛이 있지만, 그중에 가장 맛있는 것은 벗어남의 맛입니다. 벗어난다는 것은 해탈이라는 말입니다. 어떤 속박에서 벗어날 때 그 얼마나 맛이 있겠습니까. 일제강점기에 온갖 고통을 받다가 8·15 해방을 체험하신 연세 많은 어르신들은 고통에서 벗어나는 맛을 아주 잘 아실 것입니다.

'내려놓음의 맛을 안다', 무거운 짐을 짊어지고 있다가 내려놓을 때 얼마나 개운합니까? 그 개운하고 시원한 맛을 이심전심으로 알아차릴 수 있겠지요. 가만히 살펴보면 영원히 변하지 않을 것이라 생각하고 집착할 때 괴로움이 커집니다.

저는 나이가 들수록 사계절이 분명한 대한민국에 태어난 것을 더욱 감사하게 되었습니다. 물론 요즘에는 지구 온난화로 인해 봄과 가을이 아주 짧아지고 있습니다. 그래도 아직까지는 사계절의 변화를 느낄 수 있습니다. 계절의 변화를 느낄 수 있다는 것은 크나큰 축복입니다. "제행무상, 모든 현상은 변화한다. 변화야말로 진리다"라는 것을 몸으로 실감할 수 있기 때문입니다.

계절뿐만 아니라 모든 게 변화합니다. 이 몸도, 이 마음도, 사람들과의 관계도 변화합니다. 이 세상 만물이 변화한다는 것을 아는 것이 참으로 중요합니다. 그것만 알면 근심 걱정을 하려 해도 할 수가 없습니다. 변하지 않는다고 집착하고 있기 때문에 근심 걱정 속에 괴로워하는 것이지, 변한다는 것을 알면 바로 그 순간 괴로움에서 벗어날 수 있습니다.

현대는 스트레스의 시대라는 말이 있을 정도로 사회가 복잡다단해질수록 근심 걱정거리도 많아지기 마련입니다. 특히 요즘은 개인적인 근심 걱정은 물론이고 장기 불황, 실직, 세대 간 갈등 등 스트레스를 유발하는 사회 환경 요인으로 인해 모두가 근심 걱정에서 벗어날 날이 없는 것 같습니다. 똑같은 근심 걱정에 놓였다 할지라도 어떤 사람은 잘 이겨내고, 또 다른 사람은 좌절하고 우울증에 걸리기도 하고 심지어 자살을 하는 사람들도 있습니다.

사람마다 성품이 다르듯 스트레스 지수도 다르지만 분명한 것은 근심 걱정을 극복할 수 있는 법이 있다는 것입니다. 명상을 하고 경전을 읽으면서 수행하는 사람들은 시련을 겪고도 훌훌 털어 버리고 여여하게 잘 살고 있다는 연구 결과가 많습니다. 특히 『법구경』에는 근본적으로 근심 걱정을 없애주는 게송이 아주 많습니다. 물론 게송을 읽고 바로 근심 걱정이 없어지는 사람도 있을 테고, 완전히 없애지는 못하더라도 줄어드는 사람도 있을 것입니다. 마음으로 음미하면서 읽다가 때론 소리 내어 읽다보면 마음이 편안해지고 근심 걱정에서 벗어날 수 있을 것입니다.

진리의 기쁨을 알게 된 뗏사 비구

부처님께서 말년에 "앞으로 4개월 후에 '빠리닙바나parinibbana(般涅槃)'에 들어갈 것이다"라고 그야말로 폭탄선언을 하셨습니다. 쉽게 말해 부처님께서 돌아가신다고 선언하신 겁니다. 원래 빨리어로 닙바나, 산스크리트로 니르바나nirvana는 한자로 열반이라고 음사하여 쓰고 있습니다.

우리는 살아서도 열망의 불꽃, 욕망의 불꽃이 꺼진 상태인 열반을 체험할 수 있습니다. 하지만 한없이 시원하고 평화롭고 자유로운 상태를 체험했다 해도 아직 몸뚱이가 남아 있기 때문에 먹여 주고 재워 주고 입혀 줘야 합니다. 또 멀쩡히 건강하다가도 병에 걸리게 되고, 세월이 흐름에 따라 늙게 되는 게 자연의 이치입니다.

'빠리닙바나'는 번역하면, 마음도 해탈하고 몸도 해탈한 상태, 즉 완전한 열반이라는 말입니다. 부처님께서 4개월 뒤에 빠리닙바나에 든다고 하셨을 때 아라한과를 얻은 제자들은 전혀 흔들림 없이 평소대로 일상생활을 했습니다. 하지만 아직 수다원과도 얻지 못한 제자들은 전전긍긍하는 겁니다. '부처님께서 돌아가시면 우리는 이제 어떻게 해야 되는 건가?' 하면서, 마치 부모를 잃은 자식들처럼 방황합니다. 부처님이 열반하시기 전에 얼굴이라도 많이 봐두자는 생각으로 꽃과 향을 바치며 부처님 주변을 맴도는 제자들이 많았습니다.

그런데 부처님 곁에는 얼씬도 하지 않고 혼자 떨어져서 수행에만 전념하고 있는 한 비구가 있었습니다. 띳사라는 이름을 가진 비구였는데, 부처님께서 반열반에 드실 거라는 소식을 듣고, '부처님이 살아계실 때 내가 아라한과를 이루어야겠다'는 결심을 한 겁니다. 그래서 일체 잡담이나 잡생각을 하지 않고 오직 도를 닦는 데만 몰입했던 것입니다.

그러나 과위를 얻지 못한 비구들은 '띳사는 부처님에 대한 존경심이 없나 보다. 부처님을 뵐 날이 얼마 남지 않았는데, 비구들과 대화도 하지 않고 홀로 떨어져서 저러고 있다'고 하면서 불평했습니다. 그리곤 띳사에 대한 이야기를 부처님께 말씀드렸습니다. 그리하여 부처님께서 띳사를 불러서 왜 동료들과 떨어져서 지내는지 물었습니다. "부처님께서 세상에 계실 때 아라한과를 얻기 위해서 동료들과 따로 떨어져서 공부를 하고 있었습니다"라고 하는 띳사의 말을 듣고 부처님께서 수희 찬탄하며 말씀하셨습니다.

"띳사야말로 진정으로 나를 존경하는 자요, 법을 아는 자다. 여래의 주변을 맴돌면서 꽃과 향을 바치는 것은 진정으로 여래를 존경하는 방법이 아니다. 도과道果, 즉 법을 얻기 위해 열심히 수행하는 자가 바로 진정으로 여래를 존경하는 자다."

부처님께서 이와 같이 말씀하시면서 위의 게송을 읊으셨고, 그때 띳사는 아라한과를 얻어 진리에 눈뜨게 됩니다.

근심 걱정의 뿌리인 몸에 대한 애착을 버려놓으라

이 세상을 살다 보면 벗어날 것도 많고 내려놓을 것도 많겠지만, 궁극적으로는 몸뚱이에 대한 애착에서 벗어나야 합니다. 무엇보다 '이 몸뚱이가 진정으로 나'라는 생각에서 벗어나야 합니다. 내 몸뚱이, 내 소유, 내 재산, 내 가족… 이런 것에 대한 애착을 놓는 것이 벗어남입니다. 놓아 버리면 허전할 것 같지만, 오히려 법희선열(법의 기쁨, 선의 즐거움)을 느끼게 됩니다. 이것이 바로 벗어남의 맛을 안다는 것입니다.

또한 내려놓는다는 것은 분별심을 내려놓는다는 것입니다. 다시 말해, '나다 남이다', '옳다 그르다', '이익이다 손해다'라는 생각을 내려놓는다는 것이고, 그렇게 되면 바로 내려놓음의 맛을 안다는 것입니다. 이렇게 내려놓음의 맛을 알게 되면 근심과 악행에서 벗어날 수 있다고 하셨습니다.

사실 알고 보면 모든 근심의 뿌리에는 몸뚱이에 대한 애착과 분별심이 자리하고 있습니다. 애착이 강한 사람일수록 근심이 많습니다. 내 뜻대로 안 되니 근심하게 되고, 근심하다 보니, 악행을 저지르게 되는 겁니다.

돈에 대한 애착이 강한 사람은 돈을 꽉 움켜쥐고 '누가 빼앗아 가지 않을까?' '잘못 투자해서 주식이 깡통이 되지 않을까'라고 전전긍긍합니다. 하기야 그 정도면 다행입니다. '남에게 해코지 당하지 않을까 해서 먼저 남을 해코지 하고', '내 것을 빼앗아 가지 않을까 해서 먼저 남의 것을 빼앗고', 이런 식으로 근심 · 걱정 · 애착이 뿌리가 되어서 살생 · 투도 · 사음이 일어나는 것입니다.

몸뚱이에 대한 애착에서 벗어나고 분별심에 대한 내려놓음의 맛을 알게 되면, 자연히 근심이 줄어들고 또 악행에서 벗어나게 된다는 것을 일깨워 주신 겁니다. 물론 무조건 모든 것을 내려놓고 버리라는 것은 아닙니다. 출가자는 모르겠지만 재가자들은 삶을 영위하는 데 기본적인 의식주가 필요합니다. 다만 애착심에서 벗어나라는 것입니다. 관리를 잘하라는 말씀입니다. 단지 관리자로서의 책임감을 가지고 관리하면 그뿐이지 목숨까지 걸 것은 없다는 겁니다. 흔히 사소한 일에 목숨 걸지 말라는 말을 하는데, 아주 중요한 말입니다.

무조건적인 애착심, 이거 아니면 절대 안 된다는 강박관념을 내려놓으면 근심이 줄어들고 악행을 저지르지 않게 됩니다. 조금 손해를 봐도 노심초사하지 않고 잘 지나가게 됩니다. '저놈 때문에 내가 손해 봤지' 하면서 해코지를 하는 일은 없어서 제 2, 제 3의 업을 짓지 않게 됩니다. 온전히 근심과 악행에서 벗어나게 되는 것입니다.

또한 애착에서 벗어나고 분별심을 내려놓으면 허전할 줄 알았는데, 오히려 '진리의 기쁨을 만끽한다'는 겁니다. 만끽, 만은 가득할 만滿자이고 끽은 배부를 끽喫, 진리의 기쁨을 배부르게 먹는다는 뜻입니다.

걱정 근심이 많으신 분들은 이 게송을 틈나는 대로 외워서 걱정 근심이 떠오를 때마다 외우면 내 것·내 집·내 몸에 대한 애착에서 벗어날 수 있습니다. 사실 이 몸도 계속 변화하는 것입니다. 그렇기 때문에 관리만 잘해 주면 되지 굳이 '내 것'이라는 소유의식을 가지고 애착하며 살 필요는 없다는 겁니다. 소유의식으로 살면 모든 게 고통으로 다가옵니다. 늙는 것도 슬퍼지는데 죽음에 이르렀을 때는 얼마나 두렵고 슬퍼지겠습니까? 집에서 기르던 강아지가 죽어도 슬픈데, 부모가 죽고 자식이 죽고 내가 죽는다고 생각하면 그 고통은 말할 수가 없겠지요.

하지만 '관리자 의식'으로 살면 죽음에 직면해서도 슬프고 괴로울 까닭이 없습니다. 관리해야 할 것이 없어지니 오히려 홀가분해지는 겁니다. 이 방의 관리자로 있을 때에는 때때로 청소도 해

쥐야 하고, 전등이 고장 나면 전구도 갈아 줘야 하는 등 많은 신경을 써야 하는데, 더 이상 관리를 하지 않아도 되니 얼마나 홀가분하겠습니까.

'아, 해방이다.'

이게 바로 벗어남의 맛이라는 겁니다. 이 몸뚱이에 대한 애착에서 벗어남의 맛을 알고, '내 것이다, 남의 것이다, 옳다, 그르다, 이익이다, 손해다' 하는 분별심을 내려놓으면 마음이 얼마나 편안해지겠습니까.

빛처럼 살아가기

희열을 먹고 사는 법

근심 걱정이 전혀 없으니
우리 진정 행복하게 살아가네.
광음천의 신들처럼
우리는 희열을 먹고 살아가네.

불교에서는 이 세계를 욕계·색계·무색계로 나눕니다. 욕
계는 재물욕·음욕·식욕·명예욕·수면욕 등 오욕이 강한 세계
로 천天·인人·수라·축생·아귀·지옥의 육도六道를 뜻합니다.
색계는 욕계와 같은 욕망에서는 벗어났으나 아직 형태形態에 대한
애착은 남아 있는 세계이고, 무색계는 형태도 없는 정신적인 세계
입니다.

광음천은 색계의 18천 가운데 두 번째 천상입니다. 이 광음천의 신들은 음식이 아니라 희열을 먹고 살아간답니다. 희열은 선정의 기쁨을 뜻하는데, 참선을 통해 느끼는 기쁨을 체험하신 분들은 잘 아실 겁니다. 선정의 기쁨도 초선정·이선정·삼선정·사선정의 네 가지 단계로 나누어 설명하고 있습니다. 선정에 들어가면 기쁨이 샘솟기에 근심 걱정을 하는 것이 아니라 광음천의 신들처럼 희열을 먹고 살아간다는 말입니다.

광음천에서는 소리가 아닌 빛으로 의사소통을 한다고 합니다. 그래서 빛 광光자, 소리 음音자 광음천光音天이라고 합니다. 빛으로 통신을 한다는 광음천이라는 이름에서도 첨단과학이 발달할수록 불교의 진리성이 드러난다는 것을 실감할 수 있습니다. 오늘날 스마트폰을 사용하고 있는데, 스마트폰의 원리가 빛의 파장에 있습니다. 광음천의 신들처럼 희열을 먹고 행복하게 살아가는 법을 노래한 이 게송이 나온 배경이 아주 인상적입니다.

여래는 늘 기쁨 속에 산다

부처님께서 500명의 소녀들에게 법을 설하기 위해서 소녀들이 사는 마을에 탁발을 가셨습니다. 그런데 마라의 방해로 부처님이 탁발을 못하셨습니다. 마라는 마구니, 마귀라고도 하는데 쉽게 말해서 악마의 화신입니다. 아무튼 이 마라가 마을 사람들을 혼란에 빠뜨려 부처님께 공양 올리는 것을 방해해서 부처님이 탁발을 하지 못하고 돌아오시다가 이 500명의 소녀들과 만나셨습니다. 이때 마라가 500명의 소녀들 앞에서 부처님을 골려 줘야겠다고 생각하고 "공양을 못 받은 기분이 어떻습니까?" 하고 비아냥거렸습니다. 그때 부처님께서 "마라여, 우리는 오늘 음식을 전혀 얻지 못했지만 마치 광음천의 천신들처럼 삼매의 희열 속에서 하루를 보냈다"는 말씀을 하시고 이 게송을 읊으신 것입니다.

근심 걱정이 전혀 없으니
우리 진정 행복하게 살아가네.
광음천의 신들처럼
우리는 희열을 먹고 살아가네.

부처님이 이 게송을 읊으시자, 500명의 소녀들이 모두 다 수다원과를 얻었습니다. 이 게송을 듣고 근심 걱정이 그냥 쉬어진 겁니다. 부처님의 게송이 이렇게 위력이 있습니다! 근심 걱정 속에 사는 것은 참 불자의 자세가 아닙니다. 우리는 법희선열法喜禪悅의 기쁨 속에 살아가야 합니다. 법을 얻어들은 기쁨, 참선 삼매의 즐거움을 추구하다 보면 우리의 수준이 올라갑니다. 인간의 수준에서 천신의 수준으로, 천신의 수준에서 불보살님의 수준으로 올라가는 것이 중요하지 다른 것이 중요한 게 아닙니다. 물론 우리 모두 살아 있는 생명이기에 하루하루 음식을 먹고 이 몸뚱이를 연명

해야 합니다. 하지만 거기에 너무 연연하지 말라는 말입니다. 부처님은 탁발을 해서 음식이 생기면 먹고, 못 얻으면 굶으셨습니다. 그런데 굶었다는 생각은 하지 않고 광음천의 신들처럼 희열을 먹고 살아간다고 하셨습니다.

이 게송을 읽고 외우다 보면, 근심 걱정 없이 희열의 기쁨 속에서 진정으로 행복하게 살아가는 불보살의 수준으로 올라갈 수 있지 않겠습니까?

애착을 버리는
게송

사람이나 물질을 내 것으로 만들기 위해 애쓰는 것은 사랑으로 포장한 애착입니다. "내가 널 얼마나 사랑하는데, 사랑하기 때문에 그러는 거야"라고 말은 하지만 알고 보면 애착입니다. 또한 똑같은 사랑이라도 지나치면 애착이 되기 때문에 수위 조절을 잘해야 됩니다. 관심과 사랑을 가지고 상대방을 대해야 하지만 지나치면 애착이 되기에 기타 줄을 고르듯 과연 적절한 관심과 사랑인지, 아니면 그 수위를 넘어섰는지 잘 파악해야 합니다.

사랑이라는 이름의
애착에서 벗어나라

사랑하기 때문에 그런 것일까

살아가면서 제일 힘든 것을 물어보면 대부분 인간관계라고 합니다. 그렇습니다. 자기 혼자 하는 일이나 공부는 그저 열심히 하면 되는데, 복잡하게 얽히고설킨 인간관계는 내 뜻대로 되지 않아서 힘든 것입니다. 자기 안에 깃든 애착과 욕망 때문에 자기 뜻대로 안 되면 성질을 내고 힘들어 합니다. 보통 애착이 사랑에서 나온다, 사랑하기 때문에 애착한다고 하는데, 분명히 '사랑'과 '애착'은 다릅니다.

사랑이라 하면 남녀 간의 사랑을 먼저 떠올리는데 사실 부처님이 말씀하신 대자대비大慈大悲, 중생들을 향한 자비로운 사랑이야말로 진정한 사랑이라 할 수 있습니다. 사람이나 물질을 내 것으로 만들기 위해 애쓰는 것은 사랑으로 포장한 애착입니다. "내가 널 얼마나 사랑하는데, 사랑하기 때문에 그러는 거야"라고 말은 하지만 알고 보면 애착입니다. 또한 똑같은 사랑이라도 지나치면 애착이 되기 때문에 수위 조절을 잘해야 됩니다.

관심과 사랑을 가지고 상대방을 대해야 하지만 지나치면 애착이 되기에 기타 줄을 고르듯 과연 적절한 관심과 사랑인지, 아니면 그 수위를 넘어섰는지 잘 파악해야 합니다. 사실 자기는 자기를 잘 모르는데 제3자 입장에서 보면 잘 알 수 있듯이 자기 자신을 객관적으로 보는 연습을 해야 합니다. 또한 사랑이 애착이 되지 않게 하려면 무엇보다 마음공부를 해야 합니다. 이 책의 게송들을 암송하고 음미하다 보면 애착이 쉬워지고 진정한 사랑을 알게 되고 실천하게 됩니다.

요즘 사랑이라는 말은 흔해도 진정한 사랑이 드물고 사랑을 갈구하는, 상처 받은 영혼들이 많은 듯합니다. 사랑으로 포장한 애착이 아니라 인간관계에 있어서 진정한 사랑으로 갈 수 있는 게송들이 담긴 책을 전해 주는 것도 올바른 사랑의 실천이라는 생각이 듭니다.

불가촉천민으로 태어난 구두쇠 물라시리의 눈물

내게 자식이 있고 재산이 있다고

어리석은 이는 애착으로 애를 태우네.
자신도 자신의 의지처가 되지 못하거늘
어찌 자식과 재산이 의지처가 되리오.

'무자식 상팔자'라는 말이 있습니다. 얼핏 신문에서 이런 제목의 텔레비전 드라마 소식을 접하면서 미소 지은 일이 있습니다. 이런 말이 인구에 회자될 정도로 자식 때문에 괴로움이 많은 것이 사실입니다. 하지만 대부분의 사람들은 자식과 재산에 큰 애착을 갖고 있습니다. 자식이나 재산이 없으면 매우 허전해 하고 심지어 '아, 이거 큰일 났다' 하면서 두려워하는 이들도 많습니다.

그러나 자식이 있으나 없으나, 재산이 있으나 없으나 허전한 것은 다 똑같습니다. 다만 남들과 비교해서 자신이 더 허전하다고 생각하는 것일 뿐입니다. 물론 일시적인 든든함은 있을 것입니다. 그러나 죽을 때 자식을 데려갈 수도 없고 재산을 가져갈 수도 없습니다. 사실 우리 인생 100년이 굉장히 길게 느껴지지만 수많은 윤회의 과정에서 보자면 결코 긴 시간이 아닙니다. 일순간입니다.

이 책의 게송들마다 부처님께서 설하시게 된 배경이 있습니다. 이 게송도 엄청난 재물을 갖고 있으면서도 인색했던 물라시리를 깨우쳐 주기 위한 것입니다. 그는 재물을 모을 줄만 알았지 남에게 베풀 줄은 몰랐습니다. 게다가 자기만 인색한 게 아니고 가족들에게도 베풀지 말라고 다짐을 했습니다.

가족들과 한 달에 한 번씩 정기적으로 모임을 가지면서, "재산을 아껴야 한다. 한 푼 두 푼 빠져나가다 보면 많은 재산도 언젠가는 마를 날이 올 것이다"라고 하면서 절대로 남에게 베풀면 안 된다고 가르쳤습니다.

또한 정말 소중한 귀중품들은 다섯 개의 보물항아리를 만들어서 아무한테도 알리지 않고 자기만 아는 곳에 따로 보관을 했습니다. 자식한테도 알려주지 않고 비밀리에 숨겨 두었는데 어느 날 갑자기 그 많은 재산을 놔둔 채 죽었습니다. 사람이 죽는 것은 누구도 알 수 없는 일이고 순서도 없는 일입니다. 그는 죽으면서 불가촉천민 여인의 태로 들어갔습니다.

그 당시 인도에는 사성계급이 있었습니다. 바라문(승려), 크샤트리아(왕족이나 귀족), 바이샤(상인, 평민), 수드라(천민)로 네 가지 계급이 있었는데, 불가촉천민은 사성계급에도 끼지 못하는 최하층민입니다. '불가촉(untouchable)'은 말 그대로 닿으면 안 될 정도로 천한 사람들이라는 겁니다. 한동네에 살 수도 없고 같은 우물물을 마실 수도 없는 사람들이니 동네 밖에서 나가 살라고 내몰았습니다. 결국 불가촉천민들만 모여 살면서 구걸이나 막일을 하며 겨우 목숨을 영위했습니다. 지금도 인도에는 그 잔재가 남아 있습니다.

아무튼 이 인색한 구두쇠 물라시리가 천여 명 정도 모여 사는 불가촉천민 여인의 태 안으로 들어간 그날부터 이곳 사람들이 동냥도 못 얻고, 일을 해 주고도 품삯을 못 받게 되었습니다. 이런 일이 며칠째 연달아 일어나자, "지금까지 이런 일이 없었는데, 우리 일행 가운데 재수에 옴 붙은 사람이 있다"면서 그 사람이 누군지 찾아내야 한다고 여론이 분분해졌습니다.

거지도 복이 있어야 거지 노릇을 할 수 있습니다. 거지에 합당한 복, 최소한 밥이라도 얻어먹을 수 있는 복이 있어야 됩니다. 얻어먹을 복도 없는 재수 없는 사람을 찾기 위해 묘책을 시행했습니다. 모두 1000명이니 500명으로 나누어서 저쪽 마을, 이쪽 마을로 각각 구걸을 갔습니다. 역시나, 한쪽 500명은 계속 먹을 것을 얻는데 다른 쪽 500명은 계속 얻어 오지 못하는 겁니다. 못 얻은 쪽에 재수 옴 붙은 사람이 있구나 해서 또 반으로 나누어 250명씩 각기 다른 마을로 동냥을 나가게 하고, 계속 그런 식으로 해서 결국 이 여인을 찾아냈습니다. 그리고 애를 임신하고부터 이런 일이 생겼다는 것도 밝혀내고, 재수 없는 아이를 잉태한 여인이랑 함께 있다가는 모두가 못 얻어먹는다고 해서 이 여인을 추방합니다. 하도 베풀지 않고 살아서 빌어먹을 복조차 없었던 겁니다.

쫓겨나서 겨우 목숨을 연명한 여인이 마침내 아이를 낳았습니다. 그런데 아이와 같이 다니면 또 동냥을 못 얻는 겁니다. 할 수 없이 애를 다리 밑에 따로 놔두고 동냥을 얻어 와서 겨우겨우 키웠습니다. 아이가 어느 정도 자라자, "이제 너도 독립할 때가 되었구나. 나도 이젠 너를 키우기 힘들구나"라고 하면서 아이를 독립시켰습니다. 좋게 말해서 독립이지, 각자 알아서 살아가는 것이지요.

집은 원래 없으니 거리에서 잠을 자고, 구걸해서 먹는 것만 겨우 해결하면서 살아가면 되는 겁니다. 그런데 아무리 구걸을 해도 음식을 얻을 수 없으니 이 아이는 마치 주인 없는 개나 고양이처럼 남의 집 쓰레기통을 뒤져 먹으며 살았습니다.

그렇게 이리저리 전전하면서 살다가 마침내 과거생의 자기 집에 온 겁니다. 그동안 한 번도 본 적이 없는 엄청난 부잣집을 보고 얻어먹을 게 없나 하고 어슬렁거리다가 문이 열려 있는 것을 보고 집 안에 들어갈 용기를 냈습니다. 집에 들어가다가 집 주인의 아들, 알고 보면 자기 손자를 만났습니다. 그런데 손자가 너무 못생긴 데다 기형인 아이를 보자마자 겁이 나서 막 소리를 지르며 크게 우는 겁니다. 집주인, 곧 이 아이의 전생의 아들과 하인들이 몰려왔습니다. 주인이 하인들에게 이상하게 생긴 아이를 두들겨 패서 내쫓으라고 합니다.

그때 마침 부처님께서 그 근처를 지나시다가 보시고는 집주인을 부릅니다. 부처님께서 그에게 "저 사람이 누군지 아느냐?"고 물으셨습니다. "모르겠습니다. 거지 중에서도 아주 상거지 아닙니까?"라고 대답했습니다.

부처님께서 "저 거지 아이가 바로 네 아버지다"라고 말씀하시자, "믿을 수 없습니다"라고 하면서 완강히 부인했습니다. 그때 부처님께서 그 거지 아이를 불러서 "네가 과거생에 보물단지 숨겨놓았던 거 알고 있지?"라고 묻습니다. 그런데 이 아이가 전생 일이 기억나는 겁니다. 비록 과거생이지만 너무나 꽁꽁 숨겨놓고 마음 속에 눌러놓으면 다음생에도 기억이 나는 거예요. 사실 그 업력으로 그 집까지 자석에 이끌리듯 가게 된 것입니다.

"보물단지를 찾아보라"는 부처님의 말씀을 듣고 헤매지도 않고 곧바로 아들들도 몰랐던 다섯 개의 보물단지를 다 찾아냈습니다. 모든 일이 증명이 된 셈이지요. 이 일을 겪고 물라시리는 진짜 윤회가 있다는 것을 실감하게 되었습니다. 그때 부처님께서 읊으신 게송이 이겁니다.

> 내게 자식이 있고 재산이 있다고
> 어리석은 이는 애착으로 애를 태우네.
> 자신도 자신의 의지처가 되지 못하거늘
> 어찌 자식과 재산이 의지처가 되리오.

물론 이생에서는 자식과 재산이 의지처가 될 수도 있습니다. 그러나 죽어서는 절대 의지처가 안 되는 것입니다. 죽어서는 오로지 자신이 지은 업, 복덕과 수행력만이 의지처가 됩니다.

속가에서는 "무자식이 상팔자"라고 하는데, 우리 불가에서는 "상좌 하나가 생기면 지옥 하나가 열린다"고 합니다. 상좌는 자기 밑으로 출가한 제자로서 속가에서의 자식과 마찬가집니다. 연(緣)에 따라서 다르겠지만, 자식과 상좌가 고통의 원인 제공을 하는 경우가 많습니다. 정말 효성스럽고 공부 잘하고 성실하고 착한 자식만 있으면 좋겠지만 사실 그런 자식은 드뭅니다. 자식이 좋은 점도 있겠지만, 애착하는 만큼 조바심을 치게 됩니다.

"가지 많은 나무에 바람 잘 날 없다"는 말처럼 자녀가 여럿인 분들은 자식들 때문에 근심 걱정이 마를 날이 없다면서 하소연하는 분들이 많습니다. 이놈이 사고 쳐서 수습해 놓으면 또 저 놈이 사고를 치고, 저놈의 사고를 수습해 놓고 나면 또 다른 놈이 사고를 치는 일이 많습니다. 물론 특별한 문제 없이 다복하게 잘 사는 집도 많습니다. 그러나 그 또한 영원한 것은 아닙니다. 잘 살다가도 어느 순간에 사고가 나서 비명횡사하는 이들도 많이 보았습니다. 재벌들 중에서도 자식들이 유학 갔다가 갑자기 교통사고로 죽은 일을 겪은 분들도 여러 분 있습니다. 자식을 잃은 그 마음이 얼마나 슬프겠어요. 아무리 돈이 많다 한들 행복하겠습니까?

대부분의 사람들이 자식과 재산에 애착하고 애를 태우는데 그럴 일이 아닙니다. 자신도 자신의 의지처가 되지 못하는데, 어찌 자식과 재산이 의지처가 되겠습니까. 진정한 의지처는 바로 담마·법·부처님의 가르침입니다. 법을 의지처로 삼아야 합니다. 이것은 영원히 가져갈 수 있는 것이기 때문입니다.

게송에서 "자신도 자신의 의지처가 되지 못한다"는 말은 자기 자신도 시시각각으로 변하는 존재이기에 삼보三寶, 부처님과 부처님의 가르침과 부처님의 제자들을 의지처로 삼아야 한다는 것입니다. 법회 때마다 삼보에 귀의歸依하는 이유가 거기에 있습니다. 귀의는 돌아가 의지한다는 말입니다. 자식이나 재산은 물론이고 자기 자신조차도 믿을 수 없는 것이기 때문에 진정한 의지처인 삼보에 돌아가 의지하며 마음을 닦고 공덕을 지을 때 영원히 가져갈 곳간의 보배가 불어납니다.

애욕에서 벗어나면
슬픔도 두려움도 없다

죽음은 일상사로서 슬퍼할 일이 아니다

애욕이 슬픔을 낳고
애욕이 두려움을 낳는다.
애욕에서 벗어나면 슬픔이 없는데
어찌 두려움이 있으랴.

애욕은 애착과 욕심을 말합니다. 세상의 수많은 사건 사고들이 이 애욕에서 벌어진다 해도 과언이 아닙니다. 신문지상이나 인터넷에 뜨는 뉴스거리들의 원인을 살펴보면 대부분 애욕에서 비롯된 것입니다. 애욕 때문에 불행해지고, 애욕 때문에 망신살이 뻗치고, 애욕 때문에 그동안 쌓아 온 명예가 하루아침에 추락되고, 심지어 애욕 때문에 스스로 목숨을 끊기도 하고 남의 목숨을 죽이기도 합니다. 애욕이야말로 이 세상을 불타는 성처럼 만드는 것이라 하지 않을 수 없습니다.

그런데 사람들은 왜 슬픔과 두려움의 근본적인 원인이라 할 수 있는 애욕에 사로잡혀 있을까요? 애욕에서 벗어나는 길은 무엇일까요? 부처님께서 이 게송을 통해 그 길을 열어 주셨습니다.

부처님 당시에 사랑하는 외아들을 먼저 저세상으로 보낸 여인이 있었습니다. 그녀는 외아들을 잃고 너무나 큰 슬픔에 젖어 매일같이 화장터에 가서 통곡을 했습니다. 일도 하지 않고 밥도 제대로 못 먹고 잠도 제대로 못 자고 날마다 울면서 지냈습니다. 이러한 사연을 접한 부처님이 그녀를 찾아가 위로해 주셨습니다.

"슬퍼하지 마시오. 죽음이라는 것은 어느 집에서나 일어나는 일입니다. 살아 있는 생명은 누구나 겪게 되는 일상적인 일입니다."

그렇습니다. 우리는 죽음을 별다르게 생각하는데, 부처님의 말씀처럼 죽음은 차 마시고 밥 먹는 일처럼 일상사입니다. 지금 이 순간에도 수많은 사람들이 죽어가고 있습니다. 다반사처럼 죽음도 일상사인데 살아 있는 동안 그것을 일상사라고 생각하지 않기 때문에 죽음을 애통해 하는 겁니다.

부처님께서는 외아들을 잃은 여인을 위로해 주기 위해서 과거생에 있었던 당신의 일화를 말씀해 주셨습니다.

부처님이 과거생에 베나레스의 바라문으로 태어나셨을 때 일입니다. 당시에 다복한 집안의 가장으로서 부인도 있고, 아들도 있고, 딸도 있고, 하녀도 있었습니다. 그런데 어느 날 일하러 나간 사이에 아들이 독사에 물려 죽었습니다. 아들이 죽자, 거실 한쪽에 아들의 시신을 잘 놓아두고 장례식 준비를 했습니다. 하던 일을 마저 하고 먹던 밥도 마저 먹고 일상사를 그대로 하면서 장례식 준비를 하자 제석천왕(사갸 천왕)의 붉은 옥으로 만든 홍옥보좌가 뜨거워지기 시작했습니다. 이 의자는 바이메탈처럼 감응할 일이 있을 때 반응하는 의자였습니다. '왜 이 의자가 뜨거워졌지?' 하면서 지상 세계를 내려다보니 그런 일이 있는 겁니다.

제석천왕이 내려와서 "어떻게 하나밖에 없는 아들이 죽었는데, 그렇게 덤덤할 수 있느냐? 혹시 아들에 대한 애정이 없느냐?"라고 물었습니다.

그러자 "우리는 가족이 모두 평상시에 죽음에 대한 명상을 했다. 죽음에 대한 명상을 했기 때문에 죽음을 그냥 덤덤하게 받아들일 수 있는 힘이 생긴 것이다"라고 대답합니다.

그렇습니다. 만약 애정이 없어서 그런 것이라면 홍옥보좌가 뜨거워지지도 않았겠죠. 평상시에 죽음에 대한 명상을 왜 배워야 하는지 알겠지요?

죽음에 대한 명상을 반복 연습하라

 죽음에 대한 명상은 네 단계가 있습니다.

첫 번째, '죽음은 확실하고 삶은 불확실하다.'

우리는 보통 삶은 확실하고 죽음은 불확실하다고 생각하는데, 이것은 거꾸로 된, 잘못된 생각입니다. 이를 전도 망상이라고 합니다. 사람은 누구나 다 죽습니다. 죽음이 확실한 것이고 언제까지 이어질지 모르는 삶이 불확실한 겁니다. 먼저 거꾸로 된 생각, 잘못된 관념을 바꾸어야 합니다.

두 번째, '나는 반드시 죽는다.'

세 번째, '나의 삶은 죽음으로 끝을 맺는다.'

삶이 끝나는 지점이 죽음입니다. 죽는 순간 삶이 끝납니다.

네 번째, '죽음…죽음…' 죽음에 대한 반조返照를 하는 것으로 앞의 세 가지를 마음에 새기는 것입니다.

이것이 바로 죽음에 대한 명상입니다. 대부분 알고 있으면서도 정확하게 인지하고 있지는 않은데, 이 명상을 반복해서 하다 보면, 죽음을 초연하게 받아들일 수 있는 힘이 생깁니다.

부처님이 이와 같이 죽음 명상을 통해 아들의 죽음에 대해 담담하고 초연하게 대처할 수가 있었다는 과거생의 얘기를 해 주시면서 이 게송을 읊어주자, 이 여인의 마음이 가라앉고 슬픔이 녹았습니다.

애욕이 슬픔을 낳고
애욕이 두려움을 낳는다.
애욕에서 벗어나면 슬픔이 없는데
어찌 두려움이 있으랴.

이 게송을 듣고 마음이 편안해지고 하던 일을 계속할 수 있게 되었으니 이 여인도 차원이 보통은 넘는 정도였던 것 같습니다. 대부분의 범부들은 가족의 죽음에 매우 슬퍼하기 마련이고, 수다원과 이상을 얻어야 담담할 수가 있습니다.

　　모든 슬픔의 근본적인 원인은 애욕이라고 할 수 있습니다. 사랑하는 사람, 재산, 물건 등 자기가 좋아하고 욕심 부리는 것을 빼앗길까 봐 두려운 것입니다. 이것을 증명이라도 하듯이 "애욕에서 벗어나면 슬픔이 없는데, 어찌 두려움이 있으랴"라는 구절이 이어집니다. 이 여인의 슬픔을 위로해 주기 위해 위의 게송과 아울러 또 말씀해 주신 게송이 바로 다음 게송입니다.

무엇 때문에 슬퍼해야 하는가

뱀이 허물을 벗듯 몸을 벗는다

뱀이 허물을 벗듯
몸을 벗고 저 세상으로 간다.
사람이 죽게 되면 몸도 버리고
즐거움도 빼앗기고 떠나간다.
육신이 화장될 때
가족의 통곡소리도 들리지 않는다.
그런데 무엇 때문에
슬퍼해야 하는가?
그가 어디를 가든지
그것은 그의 운명이라네.

"뱀이 허물을 벗듯 몸을 벗고 저 세상으로 간다"고 했습니다. 뱀이 허물을 벗는 것이 자연스러운 일이고, 뱀이 허물을 아깝게 여기지 않는 것처럼 죽어서 저 세상으로 가는 것도 마찬가지 이치입니다. 또한 화장할 때는 통곡 소리가 들리지 않는다고 했습니다. 화장하는 그 순간에는 자기 몸이 불에 타는 것을 보는 것도 바빠서 다른 데 정신을 쓸 겨를이 없답니다.

마지막 가시는 길에 통곡을 하기보다는 지극정성으로 염불을 해 드려야 합니다. '나무아미타불 관세음보살' 염불 소리를 듣고 그 순간에라도 정신을 차리면 극락세계로 갑니다. 남은 가족이 통곡을 하고 슬퍼하면 죽은 이도 더 애통해지고 정에 끄달려서 이 세상을 못 떠난다고 합니다. 그리하여 자칫하면 중음신이 됩니다. 평소 우리도 그렇지 않습니까? 멀쩡하다가도 옆 사람이 울면 자기도 모르게 눈물이 나는 것과 같습니다. 통곡하는 대신 영가에게 경전을 독송해 주고 염불을 해 주면 마음이 진정이 됩니다. 독경과 염불이 죽은 이를 위한 가장 좋은 방법입니다.

그 다음 구절, "그런데 무엇 때문에 슬퍼해야 하는가, 그가 어디를 가든지 그것은 그의 운명이라네"라는 내용을 곰곰이 음미해 보십시오. 살아 있을 때나 가족이고 친지이지, 죽으면 다 자기가 지은 대로 가는 겁니다. 천상으로 갈 사람은 천상으로 가고, 축생으로 갈 사람은 축생으로 가고, 다시 인간의 몸을 받을 사람은 인간 몸을 받아 가는 등 자기의 업*대로 가는 것입니다.

이것만 제대로 알아도 이생에서 애착과 애욕에서 벗어나 마음공부를 잘할 수 있습니다.

만족은 짧고 고통은 긴 까닭

황금이 소나기처럼 퍼붓는다 해도
끝없는 욕망을 채우지 못한다.
지혜로운 이는
이러한 사실을 너무나 잘 안다.
만족은 짧고
고통은 길다는 것을.

이 게송의 마지막 행이 압권입니다. "만족은 짧고 고통은 길다는 것을." 만족이 없는 것은 아닌데, 짧습니다. 여러분도 황금소나기 한번 맞고 싶지요? 대부분의 사람들이 황금소나기를 맞으면서 '왜 5분밖에 안 쏟아지나, 10분쯤 쏟아지지…'라는 생각이 든답니다.

옛날에 어느 천상의 전륜성왕이 있었습니다. 그는 제석천왕이 일곱 번 바뀔 동안 부귀영화를 누렸다고 합니다. 그런데도 다른 사람이 자기처럼 잘 사는 것을 보고는 부러워서 뺏으려고 하다가 오히려 자기가 가지고 있는 부귀영화조차 다 놓쳐버렸다는 일화가 있습니다.

만일 재벌에게 "내 재산의 반을 주겠소"라는 말을 들으면 다들 처음엔 '와, 반이나?' 하고 좋아하다가 나중에는 '왜 반만 주는 거야? 이왕이면 다 주지'라고 하면서 욕심을 부리는 겁니다. 반만 가져도 충분히 잘 살 수 있는데, 재물을 가지면 가질수록 만족하지 않고 더 가지려고 합니다. 황금이 소나기처럼 퍼붓는다 해도 만족은 짧고 고통이 긴 것은 자꾸 더 많은 것을 바라는 데서 옵니다.

'고통이 길다'는 것은 애착이 많기 때문입니다. 가진 게 많아도 애착이 적은 사람들은 잘 베풉니다. 한편 가진 게 적은 사람이 애착이 많을 수가 있는데, 이는 갈망 때문입니다. 원(願)을 못 풀었기 때문에 갈망하고 애착하는 겁니다. 애착은 물질에 있는 것이 아니라 그 사람의 마음가짐에 있습니다. 마음을 잘 닦은 사람은 가진 것이 많아도 애착이 적어서 잘 베풀고, 마음을 닦지 않은 사람은 애착이 많아서 가진 것이 많으면 더 가지려고 괴로워하고, 가진 것이 적으면 늘 갈망하면서 괴로워합니다.

불교 하면 '무소유'를 연상하고, 불교는 소유하지 않는 것을 가치 있게 생각하는 종교라고 여기는 분들이 많습니다. 그런데 불교의 무소유는 물건을 아예 소유하지 않는 것이 아니라 소유에 집착하지 않는 것을 뜻합니다. 특히 일반인들은 소유하지 않으면 생활을 영위하기 힘듭니다. 경제활동을 부지런히 하고 소유해서 생계를 유지해야 합니다. 다만 마음공부를 열심히 해서 소유에 집착하지 않고 다른 사람들에게 베푸는 삶을 실천하면 됩니다. 매사 애착하지 않고 원력을 가지고 베풀면서 살면 고통은 짧고 행복은 깁니다.

화를 다스리는
계송

"화를 내지 않는 것은 광대밖에 없다"고 한 아리스토텔레스의 말이 아주 쓸 만
합니다. 광대처럼 살면 화를 잘 다스릴 수 있습니다. "인생은 한 편의 연극이다.
사바세계를 무대로 멋지게 살다가라"고 하신 경봉 큰스님의 말씀에도 참으로
큰 깨달음이 깃들어 있습니다. 인생살이가 한 편의 연극을 하는 것과 같습니다.
저마다 역할은 다르지만, 연극에 불과한 것인데, 너무 몰입하다 보니 연극이라
는 것을 잊어버린 것입니다. 연극을 실제인 줄 알고 화를 내고 괴로워하는 것입
니다.

화 다스리기

화를 내지 않는 것은
광대밖에 없다

몇 년 전 '화'라는 제목의 책이 베스트셀러가 되었습니다. 그
책은 지금까지도 많은 독자들의 사랑을 받고 있고, 그와 비슷한 종
류의 책이 아주 많습니다. 책뿐만 아니라 화를 다스리는 법이 사회
적 이슈가 될 정도로 우리는 화가 만연한 사회, 화를 권하는 사회
에 살고 있다 해도 과언이 아닙니다.

우리나라 사람들은 옛날부터 화를 잘 참아서 화병에 걸리는
경우가 많았습니다. 요즘엔 화를 너무 참으면 병이 되므로 겉으로
분출해야 한다는 말도 자주 듣는데 적절한 처방은 아닙니다. 참으
면 병이 되고 터뜨리면 업業이 되는 이 화火를 어떻게 다스려야 할
까요?

화는 보통 불에 비유합니다. 실제로 화를 내면 몸에서 열이 나는 것을 느꼈을 것입니다. 불교에서는 화가 지금까지 쌓아온 공덕을 태워 없애버린다고 합니다. 그동안 좋은 이미지를 갖고 있었는데, 화를 버럭 냄으로써 싹 태워 없애버리는 일이 많습니다. 또한 화는 시시비비의 원인이 됩니다. 내가 화를 내면 남도 나한테 화를 내고 앙갚음을 하게 되면서 갈등이 천파만파로 퍼져갑니다. 공덕을 태워 없애버리고 시비의 원인이 되는 화를 어떻게 해야 할 것인가?

"화를 내지 않는 것은 광대밖에 없다"고 한 아리스토텔레스의 말이 아주 쓸 만합니다. 광대처럼 살면 화를 잘 다스릴 수 있습니다. "인생은 한 편의 연극이다. 사바세계를 무대로 멋지게 살다 가라"고 하신 경봉 큰스님의 말씀에도 참으로 큰 깨달음이 깃들어 있습니다. 인생살이가 한 편의 연극을 하는 것과 같습니다. 저마다 역할은 다르지만, 연극에 불과한 것인데, 너무 몰입하다 보니 연극이라는 것을 잊어버린 것입니다. 연극을 실제인 줄 알고 화를 내고 괴로워하는 것입니다.

그래서 광대처럼 살면 화를 다스릴 수 있다는 말입니다. '가족을 즐겁게 해 주기 위해서, 주변사람들을 기쁘게 해 주기 위해서, 지구촌 사람들을 행복하게 해 주기 위해서 이 세상에 연극하러 왔지' 하고 마음을 먹으면 자기도 즐거워지고 남들한테도 즐겁게 해 주려고 노력하게 됩니다. 하지만 그런 마음이 없으면 자꾸 바라게 됩니다. '저 사람이 날 즐겁게 안 해 주나? 왜 날 기쁘게 안 해 주나?', 이렇게 바라는 마음이 쌓이고 쌓여서 화가 되는 겁니다.

화를 다스리는 방법을 이제 아시겠습니까? 다른 사람에게 바라지 말고 광대처럼 다른 사람을 즐겁게, 기쁘게 해 주는 연습을 하다 보면 자기가 먼저 즐겁고 기뻐집니다. 더 나아가 화를 다스리는 게송을 읽고 음미하고 실천하고, 다른 사람에게 전해 주면 화는 완전 연소되어 사라지고 기쁨과 즐거움만이 넘치는, 이 세상이 그대로 극락정토가 될 것입니다.

성냄을 부수면 더 이상 슬픔이 없다

성냄을 부수어야 편안히 살고
성냄을 부수어야 슬픔이 없네.
성냄을 부수는 것을 성자들은 칭찬하나니
성냄을 부수면 더 이상 슬픔이 없기 때문이네.

편안하게 살려면 탐·진·치 삼독심 중에서도 성냄을 먼저 부수어야 합니다. 화가 나면 물건을 집어던져서 부수는 사람들이 있습니다. 그나마 물건에 분풀이를 하는 게 다행입니다. 사람에게 직접 화를 내면 더 큰 일이 벌어지기 때문입니다. 접시를 집어던져 부수는 게임, 자동차를 부수는 게임이 나올 정도이고 보면 참으로 화·성냄이 일상화된 세상이구나 싶어 안타깝기만 합니다. 이 게송은 우리가 진짜 부수어야 할 것은 접시가 아니라 성냄이라는 것을 일깨워줍니다. 게송을 읽고 마음공부를 하는 것도 성냄을 부수고 성냄의 뿌리를 근원적으로 뽑기 위함입니다.

부처님 당시에 바라드와자라고 하는 사람이 있었습니다. 이 사람의 부인은 독실한 불자였으나 본인은 불교신자가 아니었습니다. 그런데 이 사람의 부인은 화가 날 일이 생기면, 바로 게송을 읊었습니다.

나모 땃사 바가와또 아라하또 삼먁삼붓다사
귀의합니다. 지극히 존귀하고 공양 받을 만한 부처님께

평소 무슨 일이 있을 때마다 우리가 입버릇처럼 '관세음보살' 하듯이 바라드와자의 부인은 '나모 땃사 바가와또 아라하또 삼먁삼붓다사'를 입에 달고 살았던 것입니다. 한번 따라해 보세요. '나모 땃사 바가와또 아라하또 삼먁삼붓다사.' '나모'는 '귀의한다'는 말이고, '땃사'는 '지극히', '바가와또 아라하또'는 존귀하고 공양 받을 만한, '삼먁삼붓다사'는 부처님께라는 말로 "일체지를 깨달은 공양 받을 만한 존귀한 부처님께 귀의한다"는 것입니다. 이 부인은 게송을 외우는 것이 마음을 다스리는 방법이었던 것입니다. 무슨 일이 생기거나 화가 날 일이 생기면 얼른 "나모 땃사 바가와또 아라하또 삼먁삼붓다사" 하고 자기의 마음을 가라앉히는 여인의 모습을 상상하는 것만으로도 마음이 편안해 지는 듯합니다.

어느 날 바라드와자는 손님들을 집으로 초대해서 잔치를 벌였습니다. 그때 그의 부인이 음식이 담긴 접시를 식탁으로 나르다가 바닥에 떨어뜨렸습니다. 여느 때처럼 "나모 땃사 바가와또 아라하또 삼먁삼붓다사" 하고 외우는 자기 아내의 모습을 본 바라드와자는 화가 머리끝까지 났습니다. 자신은 불자가 아닌데, 자꾸 부인이 시도 때도 없이 부처님께 귀의한다는 말만 하니 화가 솟구쳐서 '따져 묻고 설복시키리라' 하는 생각으로 부처님을 찾아갔습니다.

그런데 막상 부처님을 만나는 순간 화가 스르르 사라지는 겁니다. 부처님의 자애심이 전투 태세로 작정하고 찾아간 그를 무장해제시키신 것입니다. 보통 성질이 난 사람을 만나면 상대방도 알게 마련입니다. 게다가 그 화가 자신에게 향하고 있다는 것을 알게 되면 받아칠 준비를 하게 되고, 바로 긴장 상태가 조성되고 싸움이 시작되는 것입니다. 그런데 부처님은 자애심으로 감싸안으니 그냥 편안해지는 겁니다. 화가 누그러지고 편안해진 그는 성질을 내는 대신 "무엇을 부수어야 편안히 살고, 무엇을 부수어야 슬픔이 없습니까?"라는 질문을 합니다. 그때 부처님께서 대답하신 것이 바로 이 게송입니다.

성냄을 부수어야 편안히 살고
성냄을 부수어야 슬픔이 없네.
성냄을 부수는 것을 성자들은 칭찬하나니
성냄을 부수면 더 이상 슬픔이 없기 때문이네.

배은망덕한 이를
최고의 스승으로 여기라

성냄을 부수어야 편안히 산다는 것에 대해서는 설명하지 않아도 잘 아실 것입니다. 화를 내면 싸움이 되고 싸우면 마음이 불편해집니다. 내가 상대방에게 화를 내면, 바로 그 자리에서 상대방이 받아쳐서 싸울 수도 있고, 비록 그 자리에서는 대응하지 않았더라도 언젠가 상대방이 앙갚음을 하게 됩니다. 또 "종로에서 뺨 맞고 한강에서 눈 흘긴다"는 속담처럼 화가 난다고 해서 남의 건물이나 자동차에 불을 지르기도 하고, 지나가던 행인에게 난동을 부리는 경우도 있는데, 결국은 감옥에 가서 죗값을 치러야 합니다.

화는 지금까지 쌓아온 자기 공덕을 태워먹고, 앞길을 막는 업장이 됩니다. 화를 내면 더 크게 화 낼 일을 끌어들여 슬픈 일, 안 좋은 일이 자꾸 생깁니다. 악행이 악행을 부르는 이 엄정한 이치가 무서운 것입니다. 그래서 편안하게 슬픔 없이 살려면 반드시 '성냄'을 부수어야 합니다.

그렇다면, 성냄을 어떻게 부수어야 하는가? 성내는 자기 가슴을 칠 수도 없는 일입니다. 가슴을 쳐서 성냄이 사라진다면 천 번인들 만 번인들 못 치겠습니까? 하지만 그럴 수는 없는 노릇이지요. 그런데 사실 성냄을 부수는 방법은 아주 쉽습니다. 특히 부처님의 가르침을 따르는 불자들에게는 손가락으로 코 만지듯 쉬운 일입니다.

첫째, 무상無常! 사실은 무상하다는 것을 알아야 합니다. '모든 존재는 변한다'는 것을 알면 성냄을 확실하게 부술 수 있습니다.

예를 들어 A와 B 두 사람이 있는데, 성낼 일을 만들어서 A가 B에게 성을 냈습니다. 그런데 조금 지나면 이 사람이 같은 사람이 아니고 다른 사람이라는 겁니다. 지금 이 순간, 시간은 지나가지 않습니까? 조금 전에 나를 화나게 만든 사람과 지금 내 앞의 사람은 다릅니다. 성질을 내고 받는 순간의 그 사람들은 이미 다 지나가 버렸다는 겁니다. 흐르는 물에 두 번 발을 담글 수 없잖아요. 이미 다른 사람이 된 그에게 화풀이를 하면 안 되잖아요. 이 사람이 나에게 성질 냈으니까 내가 이 사람에게 앙갚음을 해야 하는데, 나에게 성질 낸 그 사람은 이미 사라져 버렸고 당한 사람도 사라져 버렸습니다.

이것이 불교의 제행무상諸行無常의 법칙입니다. 모든 존재는 한시도 머무르지 않고 변한다는 겁니다. "지나간 과거를 붙들고 근심하지 말고 오지 않은 미래를 걱정하지도 말라. 지금 이 순간에도 머무르는 바가 없다면, 그대는 평화롭게 살아가리라"는 게송의 이치와 같은 것입니다.

머무르지 않는 삶을 살아야 합니다. 우리가 성질을 낸다는 것은 잘못된 견해에 머무르는 거예요. '어제, 그저께 아니면 작년에 저 사람이 나한테 성질을 냈지, 이제 저 사람한테 앙갚음을 해야지' 하는 게 바로 과거에 머무르는 것이고, 그 사람에게 머무르는 것입니다.

그래서 일단, 무상관! 모든 존재는 변화한다는 것을 기본 바탕에 깔아야 합니다. 어제 성질을 낸 저 사람과 지금 저 사람은 다른 사람이라는 것을 바탕에 깔고 그 다음에, 자애삼매慈愛三昧를 닦는 겁니다. '자애삼매'라는 것은 자애로운 마음을 연습하는 것입니다. 우리가 살아가는 이 현대사회에서 자비관, 자애삼매를 닦은 표본이 바로 14대 달라이라마(텐진갸초) 존자님입니다.

티베트는 중국에 나라를 빼앗기고 극심한 박해를 당하고 수많은 티베트인들이 죽었습니다. 결국 달라이라마 존자님도 인도 다람살라로 망명하셨습니다. 달라이라마 존자님은 전 세계 사람들에게 자비와 평화의 말씀을 전하고 계십니다. 사실 원수지간이라 할 수 있는 중국인들에게도 자비를 보냅니다. "내가, 우리 민족이 박해를 당했으니 앙갚음을 해야 한다"는 말씀은 전혀 하지 않으시고 자애삼매, 비폭력을 실천하고 계십니다.

우리 시대의 생불로 존경받는 달라이라마 존자님은 지금도 노구를 이끌고 세계 각국을 다니시면서 평화운동을 펼치고 계십니다. 1989년에 노벨평화상을 받으신 달라이라마 존자님은 티베트, 불교를 뛰어넘어 전 세계인의 정신적 지도자입니다.

제가 최근에 달라이라마 존자님의 다음과 같은 글이 적혀 있는 사진을 받았는데 정말 큰 감동으로 다가왔습니다.

내가 도움을 주었거나
크게 기대하는 사람이

나를 심하게 해치더라도
그를 최고의 스승으로 여기게 하소서.
— 달라이라마

이 글을 보면서 '이게 바로 자애심이구나' 하고 탄성이 절로 나왔습니다. 사실 내가 도움을 주었거나 기대하는 사람이 배은망덕한 언행을 하면 말할 수 없이 속이 상합니다. 전혀 기대하지 않던 사람이 나를 해치거나 욕을 하면 그냥 그러려니 무시하고 넘어갈 수도 있습니다. 하지만 은혜를 베풀어 준 사람에게서 느끼는 배반감은 말로 표현할 수 없을 정도로 가슴 아프고 그만큼 더 분노하게 됩니다.

그런데 달라이라마 존자님은 그렇듯 배은망덕한 사람을 최고의 스승으로 여기겠다는 겁니다. 이런 마음을 연습하는 것이 바로 도를 닦는 것입니다. 도를 닦아야 이런 마음이 되는 것이 아니고 이런 마음을 자꾸 연습하는 것이 도를 닦는 겁니다.

불교에는 역경계逆境界와 순경계順境界라는 말이 있습니다. 순경계는 순탄한 경계라는 뜻입니다. 말 그대로 좋은 일이 생기고 로또가 당첨 되고, 다른 사람들이 내 말을 잘 듣고 따라주는 겁니다. 그런데 역경계는 그와 반대입니다. 누가 나를 해치려고 하거나, 크게 손해 보는 일이 생기거나, 미워하는 사람들과 같이 있게 되는 것이 역경계인데 그때가 공부할 찬스라고 합니다. 역경계가 오면 자기를 돌아보게 되어 공부가 되는데, 주변사람들이 다 내 말을 잘 들어주고 화낼 일이 거의 없는 순경계에서는 공부가 안 된다는 겁니다. 화낼 일이 없으니 자기 마음을 다스리고 돌아볼 기회조차 없는 거예요. 그러나 '내가 도움을 주었거나 크게 기대한 사람이 오히려 심하게 나를 해친다'면 '사는 게 뭐지? 저 놈 참 미워지네. 원망스럽네. 도대체 왜 이런 일이 벌어지게 된 거지' 하면서 자기 마음을 비춰보고, 삶을 돌아보게 되면서 공부가 되는 겁니다.

불교에는 역행보살이라는 말도 있습니다. 역경계를 만든 '저분이 나의 스승이요, 공부로 이끌어주는 보살'이라는 겁니다. 불교 경전에 이런 유사한 표현이 많이 나오는데도 제대로 인식하지 못하고 살다가 달라이라마 존자님의 말씀을 보고 저를 돌아보게 되었습니다.

'나는 그런 사람을 최고의 스승으로 여겼는가? 원수로 여긴 것은 아닌가? 미워하는 마음이 들지는 않았나? 아, 나도 이런 마음을 연습해야겠다'는 생각을 하게 된 것입니다. 이렇게 생각하면서 자비로운 마음을 연습하고 자기 마음을 업그레이드시키는 게 바로 마음공부의 묘미입니다.

달라이라마 존자는 무슨 수행을 할까

전 세계인들의 존경을 받고 있는 달라이라마 존자님과는 다람살라에서 열린 친견법회를 통해 더욱 깊은 인연을 맺게 되었습니다. 1년에 한 번씩 다람살라의 남걀 사원에서 한국인을 위한 달라이라마 존자님 친견법회를 열고 있습니다. 2009년, 2010년, 2011년에 연이어 달라이라마 존자님 친견법회에 참석해서 존자님의 법문을 듣고 법회를 마친 뒤에는 인도 성지순례를 했습니다.

달라이라마 존자님을 친견하면 할수록 그분의 인격에 감화되어 더욱 흠모하고 존경하게 되었습니다. 가보신 분은 아시겠지만, 남걀 사원의 도량 한가운데가 둥그렇게 되어 있습니다. 한 500여 명이 앉을 정도로 아주 넓습니다. 한국인을 위한 친견법회 때는 중앙에 우리나라 사람들이 앉고, 주위에도 공간이 매우 넓어서 그곳에는 티베트 사람들과 외국인들이 앉습니다. 대략 2~3천명이 모여서 법회를 하는데, 서양인들도 상당히 많이 오는지라 법문을 몇 개 국어로 동시통역 해 줍니다.

달라이라마 존자님의 법문을 바로 그 자리에서 자기 나라 말로 들을 수 있으니 아주 좋은 기회입니다. 달라이라마 존자님께서 이틀 동안 법문을 해 주시고, 사흘째 되는 날에는 법문 다음에 질의응답도 해 주시고, 사진도 같이 찍는 등 상당히 뜻깊은 시간을 가집니다. 법문을 통해 의식이 고양되는 것도 좋지만 일단 분위기가 참 좋습니다. 무엇보다 인종과 종교를 초월한 세계 각국의 수많은 사람들, 승가와 재가가 함께 어우러져서 법문을 듣는 광경만으로도 마음이 흐뭇해집니다.

그리고 항상 웃는 얼굴, 시종일관 웃음이 떠나지 않으시는 달라이라마 존자님을 뵙는 것만으로도 기분이 좋아집니다. 존자님은 유머 감각이 아주 뛰어나시고 농담도 잘하십니다. 언젠가 친견할 때 "내가 최근에 몸이 안 좋아서 수술을 했어요"라고 하시면서 "사람들은 내가 치유의 능력이 있는 줄 알고 있는데, 내가 수술했다고 하면 혹시 치유의 능력이 사라졌다고 하는 게 아닐까요?"라고 하시는 겁니다.

그런데 사실 이 말씀이 아주 하기 어려운 것입니다. 치유의 능력이 있는 생불生佛이라고 생각하고 존자님의 손 한 번 잡아보려고 그 먼 다람살라까지 오는 사람들이 아주 많습니다. 그런데 본인이 "담낭수술을 했으니 치유의 능력이 사라졌다고 하는 게 아닐까?" 하는 말씀을 웃으면서 하시는 것을 보고 정말 존경스러웠습니다. 소탈하면서도 유머러스하고 관대하고 배려 깊으신 존자님을 뵈면 자애삼매를 많이 닦으셔서 저렇듯 고결한 인품을 갖추신 것 같다는 생각이 듭니다.

자애삼매, 분노를 다스리는 가장 좋은 방법

부처님 당시부터 '분노를 다스리는 가장 좋은 방법이 자애삼매를 닦는 것'임을 계속해서 강조하셨습니다. 부처님도 자애삼매를 닦음으로써 위기에서 모면하게 된 일화들이 아주 많습니다.

예를 들면, 앞에서 미리 언급한 것과 같이 바라드와자 바라문도 화가 난 상태에서 부처님께 시비를 걸려고 찾아왔는데, 부처님이 자애삼매의 힘으로 그의 마음을 부드럽게 변화시킨 것입니다. 부처님은 사람은 물론이고 동물도 조복시킨 일이 아주 많습니다. 한번은 데와닷따가 술 취한 코끼리를 풀어서 부처님을 해치려고 한 일이 있었습니다. 그때도 난동을 부리던 코끼리가 부처님을 뵙는 순간 온순해진 것도 자애삼매 덕분입니다. 부처님 당시에 이와 비슷한 일화들은 무궁무진합니다.

500명의 비구들이 하안거 수행을 하기 위해 숲속으로 들어갔습니다. 목신木神들이 숲속의 나무 위에 살고 있었는데, 스님들이 나무 밑에서 수행을 하니 목신들이 불편해서 바닥에 내려와 살았습니다. 나무 위에서 살다가 바닥에서 살자니 생활하기 힘든데다 또 비가 자주 내리는 우기인지라 바닥이 젖어서 매우 불편해지자, '이 스님들을 쫓아내야겠다'고 작정하고 목 없는 귀신, 다리 없는 귀신, 배 없는 귀신의 모습으로 나타나 스님들을 놀라게 합니다. 그런데도 스님들이 안 나가고 수행을 계속 하자, 목신들이 귀신의 울음소리를 냈습니다. 스님들이 도저히 못 참을 상황이 된 겁니다. 귀신 울음소리, 비명소리, 통곡소리가 나는데 어떻게 수행을 할 수 있겠습니까? 그래서 할 수 없이 스님들이 짐을 싸서 숲속에서 나와 부처님께 갑니다.

부처님께서 "왜 안거기간에 이렇게 왔느냐?"고 묻자, "여차저차해서 목신들 때문에 도저히 수행할 수 없어서 왔습니다"라고 대답했습니다. 그때 부처님께서 말씀하시길, "그대들이 무기가 없어서 그렇구나. 내가 그대들에게 무기를 주겠다" 하고 주신 것이 바로 자애경입니다. 스님들이 자애심을 닦는 방법을 적어놓은 자애경을 외우면서 다시 숲속으로 들어갔습니다. 그런데 목신들이 자애경을 듣는 순간 마음이 따뜻해지고, 부드러워지고 친절해진 것입니다. 목신들은 모두 약속이라도 한 듯이 나무 밑으로 내려와서 스님들의 발우를 받아들고 공경하면서 수행을 하시라고 자리를 마련해 드렸습니다. 수행을 방해하는 악신에서 수행을 보호하는 선신으로 바뀐 것입니다. 그게 바로 자애삼매의 힘입니다.

지금 이 우주의 모든 존재들이 건강하고 행복하기를!

내가 어려움에서 벗어나기를.
내가 고통에서 벗어나기를.
내가 번민에서 벗어나기를.
내가 건강하고 행복하기를.

앞에서 말씀드린 것처럼, '실상은 무상無常이다.' 모든 존재는 변한다는 것을 마음속 깊이 받아들이는 것이야말로 자애삼매를 닦는 아주 좋은 방법입니다. 모든 존재는 변하는 것인데, 누구에게 화를 낼 것인가? 또 그 사람에게 화를 낸다고 하더라도 그 사람의 어디에 대고 화를 낼 것인가? 그 사람의 머리에 대고 화를 낼 것인가? 이빨? 손? 손톱? 발? 살갗? 어디에 대고 화를 낼 것인가를 생각해 보면 아주 애매해집니다.

우리가 화를 내는 것을 살펴보면 사실 막연한 대상에게 화를 내는 경우가 많습니다. 어떤 것이 그 사람인가 하나하나 생각해 보면 변치 않는 그 사람의 실체라는 것이 없습니다. 이제 무상관과 해체관이 자애수행의 좋은 방법임을 아시겠지요?

또한 자애수행을 하려면, 먼저 자기 자신부터 닦아야 됩니다. 먼저 자기 자신의 마음을 따뜻하고 부드럽게 해야 남을 따뜻하고 부드럽게 대할 수가 있습니다. 자기는 성질을 내면서 남들에게 '성질 내지 말라'는 것은 어불성설입니다. 먼저 자기 마음을 따뜻하고 부드럽게 만드는 것이 자애수행입니다.

눈을 감고 자기를 바라보면서 다음과 같은 게송을 소리 내어 외워보세요.

내가 어려움에서 벗어나기를…
내가 고통에서 벗어나기를…
내가 번민에서 벗어나기를…
내가 건강하고 행복하기를…

눈을 감고 가장 행복했던 순간을 떠올리면서 그 모습을 이미

지화시켜서 자신이 보고 있다고 생각해야 됩니다. 그래야 생생하게 와 닿습니다. 그렇게 자기 자신부터 연습을 해야 다른 사람에게도 연습이 잘 됩니다.

눈은 떠도 되지만 감는 편이 더 좋습니다. '나는 언제 가장 행복했던가?' 저는 출가해서 행자생활을 마치고 머리를 싹 깎았을 때 가장 행복했던 것 같습니다. 솔직히 행자생활을 할 때는 조금 괴로웠습니다. 일단 분위기가 낯설어 약간 두려운데다 허드렛일도 많이 해야 했기 때문에 육체적으로 정말 고달팠습니다. 그런데 그 어려웠던 행자생활을 마치고 사미계를 받았을 때, 얼마나 행복했는지 모릅니다. 머리를 싹 깎고, 새 옷으로 갈아입으니 몸과 마음이 새털처럼 가볍고 행복했습니다.

그렇게 자기 나름대로 행복했던 순간을 떠올리고 이미지를 그리면서 '내가 어려움에서 벗어나기를…' 외우며 게송의 내용대로 마음을 연습하는 겁니다. 그러면 자연히 마음이 부드러워지고 편안해지고 친절해집니다. 물이 그릇에 차야 흘러넘치듯이 자기 스스로 편안하고 행복해질 때 다른 사람도 편안하고 행복하게 해 줄 수 있습니다.

먼저 자기에 대한 자애수행을 하고, 다음으로 다른 사람에 대한 자애수행으로 나아갑니다. 이때 너무 좋아하거나 너무 싫어하는 사람을 떠올리기보다는 그냥 좋아하는 정도의 사람이 좋습니다. 어머니, 아버지, 친구, 연인 다 좋습니다. 내가 좋아하는 사람을 떠올리면서, 따라해 보세요.

그가 어려움에서 벗어나기를…
그가 고통에서 벗어나기를…
그가 번민에서 벗어나기를…
그가 건강하고 행복하기를…

이 게송을 되풀이하면서 반복하는데, 내가 좋아하는 사람과 행복했던 순간의 모습을 떠올리면서 하는 겁니다. 내가 선물을 주었더니 그가 정말 행복해 했다면 그런 모습을 떠올리면서 연습을 하는 겁니다. '그가 어려움에서 벗어나 건강하고 행복하기를!' 하는 내용의 게송에서 어려움의 내용은 매우 다양할 것입니다. 경제적인 어려움이든 육체적인 것이든 정신적인 것이든 온갖 고통에서 벗어나 마침내 그가 건강하고 행복하기를 기원하는 겁니다.

이렇게 나에게 연습하던 것을 다른 사람에게까지 확장시키면 됩니다. 처음에는 좋아하는 사람을 해 주고, 그 다음엔 좋아하지도 싫어하지도 않는 사람, 예를 들어서 아주 친한 친구 말고 평범한 친구를 해 주고, 더 나아가서는 미워하는 사람을 해 줍니다. 그 사람이 내 앞에 있다고 생각하고, 행복해 하는 모습을 떠올리면서 이미지를 그립니다. 사실 미워하는 사람을 떠올리면서 행복을 빌어준다는 게 쉬운 일은 아닙니다. 그런데 그동안 연습을 했기 때문에 됩니다. 내가 미워하는 사람이지만 그가 행복해 하던 얼굴을 한 적이 있겠고, 또 지금은 헤어졌지만 한때 좋아했을 수도 있는 사람이라 생각하고 해 주면 됩니다.

이렇게 점점 마음을 확장시켜 나가는 것을 '경계 허물기'라고 합니다. 알고 보면 다들 보이지 않는 경계가 있습니다. 좋아하는 사람, 미워하는 사람, 중립적인 사람 등등의 경계들이 있는데, 자애수행을 자꾸 하다보면 서서히 경계가 허물어집니다. 이렇게 자애수행을 통해 경계를 허물고 확장을 시키는 것이야말로 이 땅을 극락으로 만들어가는 것입니다.

지금 이 자리에 있는 사람들이 건강하고 행복하기를!
서울에 있는 모든 사람들이 건강하고 행복하기를!
대한민국에 있는 모든 사람들이 건강하고 행복하기를!
지금 이 지구의 모든 사람들이 건강하고 행복하기를!
지금 이 우주의 모든 존재들이 건강하고 행복하기를!

바로 지금 이 자리, 서울, 대한민국, 지구, 우주 이런 식으로, 그래서 마침내 우주를 껴안을 수 있을 정도로 넓은 마음을 연습하는 겁니다. 마음은 자기가 연습하는 대로, 쓰는 대로 작용하는 겁니다. 마음을 넓게, 크게 쓰는 것이 본인한테도 좋고, 다른 사람들에게도 좋습니다.

자애수행을 한 우따라 이야기

부처님 당시에 '우따라'라는 여인이 있었습니다. 우따라는 이 교도와 결혼하고 나서부터 인생의 즐거움이 없어졌습니다. 결혼하기 전에는 집에서 부처님과 스님들에게 공양을 올리고 법문을 듣는 것이 큰 즐거움이었는데 결혼하고부터는 그런 즐거움이 없어진 겁니다. 그저 그런 즐거움이 아닌, 삶의 의미가 없어진 '우따라'는 친정아버지인 '뿐나'에게 편지를 썼습니다.

"아버지, 제가 살아가는 즐거움이 없어졌어요. 집에 있을 때는 스님들을 초대해서 공양을 올리고 법문을 들으면 마음이 즐거웠는데, 저희 시댁에서는 그런 일이 전혀 없습니다. 왜 저를 이런 곳으로 시집을 보내셨습니까?" 하고 편지를 써 보냈습니다.

딸의 편지를 받고 아버지 뿐나는 "그래, 미안하다. 내 잘못이 크다. 내가 돈을 보내줄 테니 나라에서 제일 유명한 기녀 '시리마'를 사서 보름 동안 네 남편의 시중을 들게 해라. 그 시간에 너는 부처님과 스님들에게 공양을 올리고 법문을 들어라"라고 하는 내용의 편지와 함께 거금을 보내 주었습니다.

이 편지를 받고 나서 우따라가 남편에게 제안을 합니다. 우따라의 남편은 처음에는 거절하더니 막상 빼어난 미모의 '시리마'를 보고는 홀딱 반해 승낙을 했습니다. '시리마'는 그 당시에 최고의 미인 기녀로 남자들이 대기번호표를 받아 놓고 줄을 설 정도였답니다.

'시리마'가 우따라의 남편을 모시고 있는 보름 동안 우따라는 부처님과 스님들께 공양을 올렸습니다. 우따라는 땀을 뻘뻘 흘리면서 손수 팔을 걷어 부치고 하녀들과 함께 일을 했습니다. 어느 날 '우따라'가 땀을 흘려가면서 공양 올릴 음식을 장만하고 있는 것을 그녀의 남편이 보고는, '참, 희한한 사람이다. 어떻게 자기 남편은 다른 여자와 있게 하고 자기는 땀을 뻘뻘 흘리고 고생하면서 저렇게 좋아하나' 하는 생각이 들어 웃었습니다.

도저히 자기 아내의 행동이 이해가 안 가서 창밖을 보고 피식 웃었는데, 그것을 옆에 있던 '시리마'가 보았습니다. '저 남자가 무엇을 보고 웃나?' 하고 보니까 거기에 '우따라'가 있는 거예요. 굴러온 돌이 박힌 돌을 빼낸다는 말과 같은 상황이 벌어집니다. 자기는 한시적으로 고용된 몸인데 한 보름 가까이 같이 지내다 보니 오히려 주인의식이 생긴 겁니다. 우따라의 남편이 자기 남자라는 생각에 질투심이 나고, 화가 났습니다.

시리마는 화를 내면서 펄펄 끓는 기름을 국자에 퍼서 '우따라'의 얼굴에 끼얹으려고 합니다. 그 순간 '우따라'는 '그래도 저 시리마 덕분에 내가 부처님과 스님들께 공양도 올리고 법문도 들을 수 있었지. 이 여자가 없었으면 내가 어떻게 공양을 올리고 법문을 들었겠어?' 하면서 고마운 것만 생각했습니다. 자기를 해코지하려는 사람에게 고마운 것만 생각한 겁니다.

우리가 사람들에게 화가 나고, 다투는 것을 보면, 고마운 것은 싹 잊어버리고 나쁜 것만 기억하기 때문입니다. 좋은 점도 많이 있었을 텐데, 그것은 다 잊어버리고 밉고 나쁜 것만 생각하니까 점점 미워지고 화가 더 기승을 부리는 겁니다. 그런데 '우따라'는 '이 여인 덕분에 공양도 올리고 법문도 들을 수 있었어. 너무 고마운 여자야'라는 자애심으로 대한 것입니다.

그래서 몸에 끓는 기름을 끼얹었어도 전혀 다치지 않은 겁니다. 앞에서 말씀드린 대로 자애삼매에 들어가면 파장이 감싸줍니다. 자애심이 방호벽을 쳐 주어서 불이나 독이나 무기가 나쁜 영향을 미치지 못합니다. 천수경 구절 중의 하나인 '악심자조복惡心自調伏', 자애수행을 하면 나쁜 마음을 품은 이를 굴복시킬 수 있다는 것은 부처님의 진실한 말씀입니다.

우따라는 심지어 시리마를 발로 차고 주먹으로 때리던 하녀들을 말리고 오히려 치료를 해 줍니다. 이에 감복한 시리마는 마침내 제 정신을 차리고 우따라의 권유로 부처님께 참회하고 재가신도가 되었습니다.

자애수행의 11가지 이익

이 자애수행을 하면 11가지 이익이 있다고 합니다. ① 편안하게 잠들고, ② 편안하게 깨어나고, ③ 악몽을 꾸지 않는다고 합니다.

이 세 가지만 있어도 건강해집니다. 자애수행을 하면 마음이 부드럽고 친절해지므로 관용이 생깁니다. 스스로 편안하게 잠들고 악몽도 꾸지 않고 편안하게 깰 수 있습니다. 사람이 화가 나면 잠도 안 오잖아요. 자다가도 벌떡벌떡 일어나 씩씩거리잖습니까. '오늘 만나기만 해 봐라, 가만 안 둘 테다' 이런 마음이 생기잖아요. 자애수행을 하면 그런 마음이 없어지므로 편안하게 잠들고 편안하게 깨어나고 악몽을 꾸지 않게 되니, 이것만으로도 큰 약효가 있는 겁니다.

④ 사람들이 좋아하고, ⑤ 인간 아닌 자들도 좋아하고, ⑥ 신들이 보호한다고 했습니다.

자애수행을 하면 악신이 선신이 되어 보호해 주는 겁니다. 화를 잘 내는 사람은 신들도 싫어합니다. 화는 불기운이고, 다들 불기운에서 멀어지려고 합니다.

⑦ 불이나 독이나 무기가 영향을 미치지 못한다고 합니다. 부처님도 데와닷따가 술취한 코끼리를 풀어 놓았지만 부처님이 자애삼매에 들어계시니 코끼리가 저절로 자애삼매의 부드러운 빛에 그냥 무릎 꿇고 앉아버린 겁니다. 자애삼매는 파장에너지입니다. 자애삼매에 의해서 저절로 파장의 방어막이 생기는 이치가 요즘 과학적으로도 증명되고 있습니다. 이와 같이 자애삼매는 개개인의 행복뿐만 아니라 이 세상에 행복 에너지를 퍼뜨리는 정말 좋은 수행법이므로 모든 분들에게 권합니다.

⑧ 마음이 쉽게 삼매에 든다고 했습니다. 자애수행을 하면 참선이 잘 됩니다. 참선을 여럿이 해 보면 유난히 잘 안 되는 분들이

있습니다. 또 '아, 나는 참선 못하겠어' 하면서 금세 포기하는 분들도 있습니다. 참선한다고 조용히 앉아 있다 보면, 분했던 일도 생각나고, 속상했던 일도 생각나고 별 생각이 다 납니다. 그래서 도저히 집중이 안 된다는 분들이 있습니다. 그런 분들은 자애수행부터 해야 됩니다. 왜냐하면 마음에 화가 끓어서 자꾸 분한 생각이 나고 열이 나서 오래 못 앉아 있는 것입니다. 참선할 때 얼굴이 벌겋게 되고 머리가 아픈 분들은 먼저 자애수행을 해서 마음의 화기·독기를 뽑아내야 합니다. 자애수행을 통해 마음이 부드럽고 편안해지면 조용히 앉아서 참선할 수가 있습니다.

"저는 기도는 잘 되는데 참선은 잘 안 돼요"라고 하는 분들이 있는데, 그런 분들도 자애수행을 해야 합니다. 기도는 몰입하고 열중하면 되기 때문에 화난 것, 서운하고 격한 감정을 잊게 할 수 있습니다. 없어지는 게 아니라 잠시 잊어버리는 것입니다. 그런데 참선을 하면 분한 감정, 서운한 감정들이 올라와서 드러납니다. 밑에 가라앉아 있을 때는 닦기도 힘듭니다. 마음은 드러났을 때가 닦기 좋습니다. '나에게 이런 분노심, 이런 미세한 서운함이 있었구나' 하면서 그것을 지켜보고 끄집어내야 합니다. 그래서 쉽게 삼매에 들려면 자애수행을 해야 됩니다.

⑨ 얼굴빛이 밝아진다고 했습니다. 사십대 이후에는 자기 얼굴에 책임을 져야 한다고 했는데 나이가 들어서도 찡그리고 성난 얼굴을 한 사람이 많습니다. 그런 사람일수록 자애수행을 하면 얼굴빛이 밝아지고 부드러워집니다. 얼굴은 마음의 드러남입니다.

속으로 성질을 버럭버럭 내면서 웃고 있는 사람은 없습니다. 자애수행을 하면 마음이 자비로워지니 얼굴이 밝아집니다.

⑩ 혼란 없이 죽게 된다고 했습니다. 죽을 때 괴롭지 않고 편안하게 죽는다는 겁니다.

⑪ 범천, 천상세계에 태어난다고 했습니다. 자애심은 천상의 마음입니다. 죽으면 이 몸뚱이가 가는 것이 아니고 마음이 가는 겁니다. 자애심을 닦았으니 자연히 자애의 마음이 도솔천이나 범천 등 천상으로 올라가는 것은 당연한 이치입니다.

이와 같이 불면증에 시달리는 분들, 우울증에 시달리는 분들, 참선은 못하겠다고 하는 분들은 먼저 자애수행을 해야 합니다. 자애수행으로 기반을 닦아놓고 그 다음에 다른 수행을 하거나 이웃을 위해 봉사해야 됩니다. 자애수행만 잘하면 행복한 삶과 행복한 죽음, 내세까지 보장되는 겁니다. 살아서도 행복하고 죽어서도 행복하게 죽고 또 내세에 천상에 태어나 행복을 누릴 수 있는 길이 바로 자애수행입니다.

집착하지 않으면
괴로움의 속박에서 풀려난다

분노와 교만을 버리고
모든 족쇄를 극복해라.
몸과 마음에 집착하지 않고
번뇌도 없는 사람에게는
괴로움이 생기지 않는다.

우리는 족쇄처럼 분노, 즉 화에 묶여 있습니다. 불교에서 잘 쓰는 해탈解脫이라는 말을 어렵게 생각하는데, 사실 어려운 말이 아닙니다. 해탈은 '풀어서 벗어제낀다' '속박에서 풀려난다'는 말입니다.

그럼 무슨 속박인가? 지금 여기 나를 묶고 있는 사람이 있습니까? 아무도 없습니다. 자승자박自繩自縛, 제 줄로 제 몸을 옭아맨다는 말입니다. 자기가 가지고 있는 고정관념, 선입견, 고정된 실체로서의 내가 있다는 생각, 모든 것은 영원하다고 하는 잘못된 생각으로 자신을 얽어매고 괴로워하는 것입니다. 바로 여기에서 벗어나는 것이 해탈입니다.

"몸과 마음에 집착하지 않고 번뇌도 없는 사람에게는 괴로움이 생기지 않는다"고 했습니다. 세상의 모든 괴로움의 뿌리는 집착입니다. 집착대로 안 되기 때문에 화가 나고 괴로운 것입니다. 그러니 집착에서 해탈한 사람에게는 번뇌도 생기지 않고 괴로움도 생기지 않는 것은 당연한 일입니다. 이 게송의 유래는 로히니 공주의 일화에서 비롯되었습니다.

아름다운 로히니 공주의 인과응보

로히니 공주는 부처님 10대 제자 가운데 천안제일天眼第一로 유명한 아누룻다 존자의 여동생입니다. 아주 아름다운 용모를 가졌지만 매우 심한 피부병 때문에 외출도 못하고 자기 방에 갇혀 지내는 신세가 되었습니다. 어느 날 아누룻다 존자가 로히니 공주를 찾아가 말하기를, "네가 그 병에서 벗어나려면 공덕을 지어야 한다"고 했습니다. "어떻게 공덕을 지을 수 있을까요?"라고 되묻는 공주에게, "마침 이 절에 공양간이 없다. 네가 시주를 해서 공양간(스님들이 함께 모여서 공양을 하는 곳)을 짓는 게 좋겠다"라고 대답했습니다.

로히니 공주는 아누룻다 존자의 말을 듣고 가지고 있던 패물을 팔아서 공양간을 짓기 시작했습니다. 공양간을 짓는 동안에 몸소 화장실과 절 도량 구석구석을 열심히 청소했습니다. 그런데 공양간이 다 지어질 무렵 피부병이 싹 나았습니다. 공주의 피부병은 발진이라고도 하고 일설에는 문둥병이라고도 하는데, 어쨌든 밖에 나가지도 못할 정도로 극심했던 피부병이 다 나은 것입니다. 공주의 기쁨은 말로 표현할 수 없는 것이었겠지요.

공양간 준공식 날 부처님께서 공주를 불러서, "그대가 왜 피부병으로 고생한 줄 아느냐?"고 물으셨습니다. 공주가 모르겠다고 대답하니, "질투와 분노심 때문에 그렇게 된 것이다"라고 말씀해 주십니다. "저는 질투하고 분노한 적이 없는데요?"라고 반문하자, 금생에는 그런 일이 없었지만, 과거생에 질투심으로 분노를 일으킨 적이 있는 그녀의 과거 전생 이야기를 해 주시고 이 게송을 설해 주셨습니다.

과거생에 로히니 공주는 왕비였습니다. 그런데 그 나라에 춤을 아주 잘 추는 어여쁜 무희가 있었습니다. 요즘 젊은이들이 주로 쓰는 유행어로 한다면 얼짱 댄싱퀸이라고 할 수 있겠지요. 왕이 이 아름다운 무희의 매력에 빠져드니 왕비의 질투심이 불타올랐습니다. 더군다나 어느 날 밤 왕이 왕비의 처소에 오지 않자, '저 무희 때문에 내 남편이 내게 오질 않았구나…' 하는 극심한 질투심에 화가 머리끝까지 치솟았습니다. 그 당시에 '까완초' 가루라고 해서 조금만 뿌려도 극심한 가려움증을 유발시키는 독가루가 있었는데, 무희를 불러서 그 독가루를 뿌렸습니다. 게다가 시녀들을 시켜서 무희의 방과 침상 등에도 '까완초'를 뿌려놓았습니다. 얼굴부터 시작해서 온 몸에 발진이 생기고 가려움 때문에 마구 긁어서 무희의 온 몸이 상처투성이가 된 일이 있었습니다.

이렇듯 로히니 공주는 과거생에 질투와 분노로 저지른 악행의 과보를 금생에 받게 되었고, 공덕을 지어서 병이 나았습니다. 이와 같이 전생에 지은 과보가 이생에 나타나는 경우가 많습니다. 분명 착하고 성실한 사람인데, 자꾸 일이 꼬이고 안 되고 고달픈 삶을 산다면 전생에 지은 과보를 갚는 것입니다. 그것만 알면 누구를 원망할 것도 없고, 괴로워할 일도 없습니다.

또한 괴로움의 원인을 잘 살펴보면 몸과 마음의 집착 때문에 생기는 것입니다. 집착을 버리면 화가 잘 안 납니다. 결국 화 때문에 화로써 앙갚음을 하고 그것이 또 다시 돌아와 계속 악순환되는 것입니다. 인식의 전환을 통해 마음과 행동을 바꿀 때 인과의 과보에서 해탈할 수 있습니다.

승리하기 어려운 전쟁에서 승리하는 법

화를 낸 자에게
화로써 앙갚음을 한 자는
처음 화를 낸 자보다

더욱 비열하다.

화로써 앙갚음하지 않을 때에

승리하기 어려운 전쟁에서 승리한다.

"화로써 앙갚음하지 않을 때에 승리하기 어려운 전쟁에서 승리한다."

승리하기 어려운 전쟁은 자기를 이기는 것을 말합니다. 다시 말해 화를 낸 자에게 화로써 앙갚음하지 않는 것도 자기를 이기는 것입니다. 자기를 이기는 것이야말로 진정한 승리이고, 내면 깊은 곳으로부터 참 기쁨이 오게 됩니다.

'내가 저 사람에게 화를 낼 수도 있었는데, 내가 마음을 잘 다스려서 화를 안 내고 잘 넘어갔구나. 아, 기쁘다. 내가 성숙해졌구나. 내가 이겼구나.'

이렇게 되어야 진정한 승리입니다. 절에 가면 '대웅전大雄殿', 문자 그대로 큰 영웅을 모신 건물에 부처님을 모셔 놓았습니다. 우리는 세계사 시간에 칭기스 칸, 알렉산더, 나폴레옹 등을 영웅이라고 배웠는데 왜 이런 사람들이 아닌 부처님을 모셔 놓았는지 궁금한 적 없으십니까? 이 사람들은 남을 정복했고, 부처님은 자기 자신을 정복한 분입니다. 백만대군을 정복한 것보다 자기 자신을 정복한 것, 자기 안의 '화'를 다스리는 것이야말로 정말 값지고 기쁜 일입니다.

저도 얼마 전에 이천 행불선원에서 화를 낼 만한 상황이 있었습니다. 화가 올라오려고 하는데, '어, 화가 나려고 하네' 하면서 얼른 저를 관찰했습니다. 제가 밖으로 나가 제3자의 입장에서 저를 봤습니다. 나를 화나게 만든 대상이 있고, 화를 내려고 하는 내가 있을 때는 참으려고 해도 잘 안 참아집니다. 얼른 내가 밖으로 나가서 제3자가 되어야 합니다. 그렇게 제3자가 되어 제1자와 제2자를 바라보는 겁니다. 그러면 객관적이 되고 차분해지고 올라오려던 것이 내려가더군요.

보통 마음이 몸 안에 있다고 생각하는데, 그것은 잘못된 생각입니다. 마음은 몸 안에도 있고 몸 밖에도 있습니다. 이 우주에 마음이 없는 곳이 없습니다. 왜냐하면 마음이 우주를 만들었기 때문입니다. 화엄경에서는 일체유심조—切唯心造, 모든 것은 마음에서 만들어졌다고 했습니다. 그와 같이 마음은 없는 곳이 없습니다.

마음은 없는 곳이 없지만, 내가 초점을 맞추는 곳으로 모이게 됩니다. 마음이 몸 안에 있다고 생각하면 몸 안에 있고, 몸 밖에 있다고 생각하면 몸 밖에 있습니다. 마음이 몸 안에 있다고 생각하는 사람은 절대로 마음을 이 몸보다 크게 쓸 수가 없습니다. 아무리 크게 써봐야 이 몸뚱이만한 겁니다. 그런데 '마음은 없는 곳이 없다, 어디든 있다, 다만 내가 초점을 맞추는 곳에 작용할 뿐이다'라고 생각하면 무한정으로 쓸 수 있습니다.

내 마음이 머릿속이나 몸 안에 있다고 생각하지 말고 몸 밖에, 우주에 있다고 생각해 보세요. 그래서 밖에서 나를 바라보고, 남도 바라보고 하다보면 3차원 또는 더 나아가 불보살님의 차원인

4차원이 됩니다. 4차원 세계가 되면 1차원, 2차원, 3차원을 다 조망하게 되는 대단한 경지를 맛볼 수 있습니다. 화를 다스리는 법에서 해탈하는 것은 물론이고 깨달음의 경지에 이를 수 있는 것입니다.

질투에 눈먼 데와닷따의 악행

악행을 하는 자는
금생에서도 괴롭고
다음 생에서도 괴롭고
두 생에서 모두 괴로워한다.
'악행을 저질렀구나' 되새기며 괴로워하고
악처에 떨어져 더욱 괴로워한다.

"자애심을 안 닦으면 화, 즉 분노를 못 참으면 이렇게 된다"는 것에 대한 게송입니다. 마치 당근과 채찍 같은 겁니다. 자애심을 닦으면 금생에도 즐겁고 죽을 때도 편안하고 죽어서 천상에 태어난다고 했습니다. 그런데 그와 반대로 질투와 분노에 사로잡혀서 남을 해코지하고 악행을 저지른 사람들은 금생에서도 괴롭고 죽어서도 악처에 태어난다는 겁니다. 악행의 대표적인 인물이 바로 '데와닷따'입니다.

부처님 당시에 악행의 대명사로 불렸던 '데와닷따'도 처음엔 부처님의 제자였습니다. 데와닷따가 가만히 살펴보니 많은 사람들이 부처님이나 다른 제자들은 공경하는데, 자기를 따르는 사람이 별로 없었습니다. 질투심이 이글이글 타오른 데와닷따는 '안 되겠다. 내 신도를 만들어야겠다'는 생각을 했습니다. 질투심은 악행을 유발하는 원인이 되므로 잘 다스려야 합니다.

공중을 날아서 '아자타삿투르' 태자의 무릎 위로 내려앉은 데와닷따의 모습을 보고 태자가 깜짝 놀랍니다. 데와닷따에게 '신통력이 있다'고 생각한 태자가 마침내 그에게 귀의합니다. 데와닷따는 태자를 충동질해서 나쁜 일을 아주 많이 합니다. 부왕을 쫓아내게 해서 왕위에 오르게 하고, 부처님께 자객을 보내기도 합니다. 그런데 부처님을 시해하러 간 자객들이 모두 부처님께 귀의하여 제자가 되는 겁니다.

그래서 데와닷따는 '안 되겠다. 내가 직접 해야지' 하고는 부처님이 다니시는 경로를 파악한 다음 부처님이 지나가실 때 산 위에서 큰 바위를 굴립니다. 그런데 바위도 역시 부처님을 해치지 못했습니다. 다만 바위조각이 부처님 발등을 쳐서 가벼운 찰과상을 입혔다고 합니다. 나중에는 술 취한 코끼리를 풀어서 부처님께 돌진시켰는데 코끼리가 부처님 앞에 무릎을 꿇고 순한 양처럼 되었다는 얘기는 앞에서 이미 설명 드렸습니다.

이와 같이 '데와닷따'가 원하는 대로 이루어진 게 하나도 없었습니다. 그런데 훗날 죽음이 임박해 온 데와닷따가 부처님을 만나고자 합니다. 움직이지도 못하는 처지에 다른 사람들에게 부처님께 데려다 달라고 부탁합니다. 사람들이 들것에 실어서 부처님께 데와닷따를 데리고 가는데, 부처님께 전령이 왔습니다. "데와닷따가 지금 부처님께 오고 있답니다"라고 하니, 부처님께서는 "데와닷따는 나를 보지 못하고 죽을 것이다" 하고 예언하셨습니다.

"지금 성문까지 왔답니다", "절 앞까지 왔답니다"라고 말씀드리면 "음, 그래도 나를 보지 못하고 죽을 것이다"라고 하셨답니다. 그때 부처님이 머무시던 절에 간다꾸띠라는 연못이 있었는데 "지금 절의 연못 앞에 왔답니다"라고 말씀드렸는데도, "그래도 나를 보지 못하고 죽을 것이다"라고 하셨습니다. 드디어 연못 있는 데서 들것을 내려놓고 '데와닷따'가 부처님을 만나기 위해 한쪽 발로 땅을 딛자마자 땅이 두 쪽으로 갈라지면서 바로 아비지옥으로 떨어졌습니다. 그때 부처님께서 이 게송을 읊으신 겁니다.

악행을 하는 자는
금생에서도 괴롭고
다음생에서도 괴롭고
두 생에서 모두 괴로워한다.
'악행을 저질렀구나' 되새기며 괴로워하고
악처에 떨어져 더욱 괴로워한다.

사람들이 '데와닷따'에게 "왜 그렇게 해코지하려던 부처님을 뵙고자 하느냐?"고 묻자, "내가 아무리 해코지하려고 했지만 부처님은 한 번도 나를 미워하지 않으셨다"고 대답했습니다. 부처님은 무아법에 통달했기 때문에 아무리 당신에게 해코지를 한 데와닷따일지라도 원한이나 증오심을 품지 않으신 겁니다.

데와닷따는 자기 스스로 죄업을 저질러서 아비지옥에 떨어지게 되었지만, 그럼에도 불구하고 부처님께서 "저 데와닷따는 지금은 지옥에 떨어져서 고생하더라도 수없는 세월이 지난 다음 빠째까붓다(벽지불)로 태어날 것이다" 하고 수기해 주셨습니다. "저놈은 지옥에 떨어져서 세세생생 고생을 할 거야"라고 하시는 게 아니라 자업자득이니 비록 악행의 과보는 받을 수밖에 없으나 악연일지라도 부처님과 맺었기에 언젠가는 도를 이룰 수 있다는 것입니다.

우리는 여기에서 큰 희망을 갖게 됩니다. 데와닷따도 벽지불이 된다는데, 부처님께 열심히 공양 올리고 부처님의 가르침을 배우고 수행하는 우리는 바로 이생에도 벽지불이 될 수 있지 않겠습니까?

바라보면 사라진다

'왓칭watching'의 효과

진실을 말하고
화내지 말고
조그마한 것이라도
구하는 사람에게 베풀어라.
이 세 가지 행위로
천상에 갈 수 있다.

우리 모두 부처가 될 수 있는 불성佛性 존재입니다. 다만 무명에 덮여 스스로 부처가 될 귀한 존재임을 모를 뿐입니다. 그리하여 요즘처럼 스트레스가 만연한 사회에서 화가 나고 화를 내는 것은 어찌 보면 정상적인 일이라고 할 수 있습니다. 화를 조금씩이라도 다스려 나가면 그나마 다행이라는 생각도 듭니다. 화를 낼 때에는 누구나 심리상태가 여섯 살 어린아이가 된다고 합니다. 화를 내는 자기 자신이나 상대방이나 여섯 살 어린아이라고 생각하면 일어나던 화도 스러질 것 같지 않습니까? 다 큰 어른이 여섯 살짜리 어린아이를 데리고 화를 낸다고 생각하면 우습잖아요?

또 화가 나면 단것을 많이 먹게 되고, 폭식하는 사람도 많다고 합니다. 단것은 물론이고 음식을 많이 먹으면 비만으로 인한 온갖 성인병이 찾아올 수도 있습니다. 비만과 성인병을 예방하기 위해서도 화를 다스리는 방법을 찾아야 합니다. 여러 가지 다이어트 요법이 많지만 그 중에서도 마음수행이 다이어트에 좋은 이유가 바로 그러한 이치입니다.

화를 버럭 내버리면 한편으로 시원한 부분도 있습니다. 그렇지만 앞에서 말씀드린 대로 '화'는 참으면 병이 되고 터뜨리면 업業이 됩니다. 비록 그 순간에는 조금 시원할지도 모르겠지만, 받아들이는 상대방은 기분이 나빠지고, 그것이 또 화를 불러옵니다. 화가 재앙을 초래한다는 말입니다. 또한 참아야 할 순간에 화를 냄으로써 육도윤회계에서 강등되는 과보를 받게 됩니다. 천신들도 화를 자주 내면 인간으로 떨어지고 인간은 더욱 저급해져서 축생이 됩니다.

이와 같이 화는 터뜨려서도 안 되고 그렇다고 참기만 해도 안 되는 것인데 어떻게 해야 할까요? '바라보면 사라진다', '왓칭 watching(나를 타인으로 바라보는 효과. 관찰자 효과observer effect라고도 함)'의 **효과가**

있습니다. 『왓칭』이라는 책도 있습니다만, 바라보는 것이 상당히 큰 효과가 있습니다. 앞에서도 언급했듯이 화를 내는 그 순간에는 나도 여섯 살 어린아이가 되고 화를 내고 있는 상대방도 여섯 살 어린아이가 된다고 합니다. 그 어린아이들을 제3자의 입장에서 바라보는 연습을 자꾸 하다 보면 처음부터 화가 사라지는 것까지 기대할 수는 없겠지만, 완화되는 것을 느낄 수 있습니다.

위의 게송에 의하면, 세 가지 행위를 통해 천상에 갈 수 있다고 했습니다. 그런데 이 세 가지 행위를 다 해야 하는 것이 아니고 그중 하나라도 확실하게 하면 천상에 태어날 수 있다는 겁니다. 화만 잘 다스려도 천상에 태어날 수 있으니 바라보면 사라진다, 왓칭의 효과를 연습해서 독자 여러분 모두 천상에 태어나시길 기원하면서 이 게송의 배경에 대해 말씀드리겠습니다.

작은 공덕으로 천상에 태어난 천신들

부처님께서 제따와나(기원정사)에 머무실 때의 일입니다. 부처님의 제자 중에서 신통제일로 유명했던 목련 존자는 천상세계를 자기 집 드나들 듯 했다고 합니다. 목련 존자는 천상과 지상을 오르내리면서 "천상에 가니 이런 일이 있더라" 하는 식으로 천상세계의 이야기를 전해 주곤 했답니다.

어느 날 목련 존자가 천상에 갔다가 어떤 천녀가 자기 집 앞에 서 있는 것을 보고, "당신은 어떻게 해서 이런 천상에 태어나는 영광을 얻었습니까?" 하고 물어보았더니, 이 천녀가 부끄러워서 대답을 못하는 겁니다. "얘기 좀 해 달라"고 자꾸 물었더니, "특별히 남에게 보시를 하거나 스님들에게 공양을 올리거나 어떤 특별한 종교적 행위를 한 일이 없습니다. 항상 진실만 말했을 뿐입니다"라고 대답했습니다. 천녀의 말을 듣고 목련 존자는 '진실만 말해도 그 공덕으로 천상에 태어나는구나' 하고 생각했습니다.

그리고 또 다른 천신을 만나 어떻게 천상에 오게 되었는지 물었습니다. 이 천신도 처음에는 머뭇거리다가 아주 사소한 공덕으로 왔다는 겁니다. 대부분 '자기 종교를 믿어야 천상에 간다'고 하는데 그것도 아니고 특별히 공양을 올린 적도 없다는 말에 계속 질문하여 마침내 화를 잘 다스렸다는 것을 알았습니다.

이 천신은 전생에 종이었는데, 주인이 굉장히 거칠고 잔인한 사람이었습니다. 성질만 났다 하면 아무거나 들어서 붙들고 때렸습니다. 그런 주인의 종으로 사는 동안 얼마나 많이 맞았겠습니까? 그런데 맞으면서도 이런 마음을 연습했다고 합니다. '그는 나의 주인이다. 어떤 죄목이든 뒤집어씌워 내 손발을 자를 힘을 가지고 있으니 화내지 마라'라고 스스로를 달래며 화를 잠재웠습니다. 그렇게 해서 천상의 영광을 얻은 것입니다. 충분히 화를 낼 만한 상황에서도 '그는 너의 주인이고…' 하는 식으로 제3자가 되어서 화를 내려고 하는 여섯 살 어린아이한테 얘기를 하는 겁니다. 앞에서도 말씀드렸듯이 화를 내는 순간 여섯 살이 되는 것이기 때문에 그 어린아이한테 얘기를 해야 됩니다. '그는 너의 주인이다. … 화 내지 마라'라는 식으로 분노심을 잘 다스려서 그 공덕으로 천상에 났다고 합니다.

여러 천녀들에게 물어보니, 스님에게 작은 망고 열매 하나 공양 올리고, 목마른 이에게 물을 한 번 주고, 가난한 이에게 배추 한 포기를 주는 등 아주 사소한 것이지만 정성스러운 마음으로 공양 올린 공덕으로 천상에 태어났다는 겁니다.

천녀들의 얘기를 다 듣고 나서 목련존자는 의구심이 들어서 부처님께 여쭈었습니다.

"단지 진실만을 말하거나 화를 내지 않거나 또는 아주 사소한 것을 보시한 공덕만으로도 천상의 영광을 얻을 수가 있습니까?"라는 목련 존자의 질문에, 부처님께서는 그러한 작은 공덕으로도 천상에 태어날 수 있다고 말씀하시면서 이 게송을 읊어 주셨습니다.

살아가면서 진실만을 말한다는 게 결코 쉽지 않습니다. 살다 보면 무심코 거짓말을 할 수도 있고, 선의의 거짓말을 해야 할 때도 있습니다. 이때 자기의 이익을 위한 거짓말이 아니라 상대방의 이익을 위한 거짓말은 방편이라 할 수 있습니다. 부처님께서 중생들의 이익을 위해서 중생들을 바른 법으로 이끌어주기 위해 거짓말이라기보다는 약간 돌려서 하는 말을 방편이라고 합니다. 평소 자기를 위해서 하는 거짓말은 결코 선의의 거짓말이 아니라는 것을 분명히 알고 진실하게 사는 연습을 해야 합니다.

또한 화낼 만한 상황이 아니거나 자기 뜻대로 될 때 화를 내지 않는 것은 누구나 할 수 있는 일입니다. 그런데 화를 낼 상황에서 화를 다스릴 줄 아는 사람은 천상에 가는 공덕을 짓는 것입니다. 진실한 말을 하고, 화내지 않고, 작은 것이라도 필요로 하는 사람에게 베풀면 천상에 갈 수 있습니다. 베푸는 마음, 주는 마음을 연습하면 넉넉한 마음이 됩니다. 천상은 넉넉한 세계입니다. 궁핍하면 천상이겠습니까? 천상세계는 넉넉하고 진실하고 화내지 않는 사람들이 사는 세계입니다. 천상세계와 코드가 맞아야 그곳으로 갈 수 있습니다. 마음의 코드를 맞추는 것이 중요한 것입니다.

　우리가 몸뚱이를 가지고 있을 때에는 거짓말을 할 수가 있고, 상대방에게 들키지 않을 수도 있습니다. 그런데 죽으면 몸은 없고 마음만 있잖아요? 마음은 거짓을 용납하지 않습니다. 마음으로 읽어버리기 때문에 그냥 드러나는 것입니다. 그래서 "진실은 천상에 오르는 사다리"라고도 합니다. 또 선가禪家에서는 '직심시도량直心是道場'이라는 말을 자주 합니다. 곧은 마음이 도량이라는 이 말씀은 『유마경』「보살품」에 나옵니다. 절(寺)을 대체로 마음을 수행하는 도량이라고 합니다.

　그런데 진정한 도량은 절이 아니고 곧은 마음이라는 것입니다. 곧은 마음을 가진 사람은 계속 자기 마음을 닦는데, 마음이 삐딱한 사람은 절대 안 닦습니다. 자기가 마음을 닦지 않는 이유도 남한테 핑계를 댑니다. '저 사람 때문에, 집안 환경 때문에 공부가 안 돼. 국가 때문에 내가 이렇게 불행해'라고 자꾸 핑계를 대는 것입니다. 하지만 곧은 마음을 가지고 있는 사람은 환경이 나빠도

'내 마음을 잘 다스려야지' 하고, 못된 사람을 만났어도 '저이를 반면교사, 스승으로 삼고 나를 다스려야지'라고 하면서 처한 환경, 만나는 사람을 다 수행 대상으로 삼는 것입니다. 직심시도량, 이 게송의 참뜻을 아시겠지요?

진리에서 멀어지게 하는 것들

> 탐욕보다 더한 불길은 없고
> 성냄보다 더한 밧줄도 없다.
> 어리석음보다 더한 그물도 없고
> 갈애보다 더한 강물도 없다.

탐내고 성내고 어리석은 탐·진·치 삼독심을 불길, 밧줄, 그물에 비유했습니다. '탐욕보다 더한 불길은 없고'는 탐욕을 불길이 확 타오르는 것으로, '성냄보다 더한 밧줄도 없다'는 성냄으로써 자기를 묶어버리는 것으로, '어리석음보다 더한 그물도 없고'는 어리석음에 자기가 갇히기 때문에 그물에 비유를 했습니다. '갈애보다 더한 강물도 없다'는 갈증과 애착으로 인해 계속 윤회를 하게 되니 윤회의 강물처럼 흘러간다고 비유한 것입니다. 이 게송이 나오게 된 배경도 아주 흥미진진합니다.

우리가 생각하기에는 부처님께서 법문을 하시는데 딴짓을 할 사람이 있을까 싶지만, 부처님 당시에 그런 사람들이 있었습니다. 부처님께서 법문하시는데 한 사람은 계속 자고 있고, 다른 한 사람은 계속 땅을 파고 있고, 또 한 사람은 나뭇가지를 흔들고 있고, 또 한 사람은 허공만 쳐다보는 등 부처님께서 법문을 하시는데 딴짓을 하는 겁니다. 다섯 명의 신도들이 부처님께 법문을 듣고 있는데, 4명이 딴짓을 하고 있고 한 명만 제대로 듣고 있었습니다.

이러한 모습을 지켜보던 아난 존자가 참다못해 "부처님은 우레 같고 폭포수 같은 감로수 법문을 설하고 계시는데, 저 사람들은 어찌하여 저렇게 딴짓을 할 수 있습니까? 참으로 불가사의합니다"라고 여쭙자, 부처님께서 "과거 500생 동안의 행이 습관이 되어서 지금도 저러고 있다"고 말씀해 주셨습니다.

계속 조는 사람은 과거 500생 동안 뱀으로 태어나서 맨날 따리를 틀고 겨울잠을 자던 습관이 배어 인간으로 태어났는데도 불구하고 계속 졸고 있는 겁니다. 그리고 손가락으로 계속 땅을 파고 있는 사람은 500생 동안 지렁이로 태어나서 땅속을 파고 다니던 습관이 있어서 지금도 땅만 보면 후벼 파는 겁니다. 또한 나뭇가지를 붙들고 흔드는 사람은 500생 동안에 원숭이로 태어나서 나무를 타고 다니던 습관 때문이라는 거예요. 하늘만 쳐다보고 있는 사람은 과거 500생 동안에 점성술사였기 때문이랍니다. 점성술사는 하늘을 바라보면서 점을 치는 사람이잖아요.

"오직 한 사람, 주의 깊게 법문을 듣고 있는 사람은 과거 500생 동안 열심히 공부를 하던 바라문이었다. 그래서 금생에도 저렇게 열심히 한다"는 말을 듣고 보면 아이들에게 공부 안 한다고 잔소리를 할 필요도 없습니다. 애들 공부하는 것도 타고 난 것이 있으니 너무 다그치지 말아야 합니다. 전생에 공부 안 한 애들은 부처님 앞에서도 딴짓을 하는데 학교 공부야 오죽하겠습니까?

수많은 세월을 겪어오면서 익히는 것을 'habit energy'라고 합니다. 습기習氣, 습관적인 기운이라는 게 있습니다. 그래서 공부 잘하는 아이들은 알아서 잘하고, 못하는 아이들은 아무리 다그쳐도 안 합니다. 물론 부모로서 기본적인 독려와 후원은 아낌없이 해 주어야겠지만, 공부를 하고 안 하고는 본인한테 달려 있는 것입니다. 과거 오랜 생 동안 익힌 습기에 좌우되는 경우가 많기 때문에 무조건 공부하라고 닦달하기보다는 자기의 적성과 소양을 찾아서 살아가는 게 좋습니다.

사람들이 살아가는 모습들을 보면, 과거생의 습기를 반복하고 있는 경우가 대부분인데, 좋지 않은 습관은 다스려서 고쳐야 삶이 업그레이드됩니다. 탐욕이 많은 사람은 탐욕을 좀 더 줄이고, 화를 잘 내는 사람은 화를 좀 더 줄이고, 어리석은 사람은 어리석음을 좀 더 줄이려고 노력해야 합니다. 그런데 희한하게도 단점을 없애려는 노력보다 장점을 살리려는 노력이 훨씬 더 효율적이라고 합니다. 왜냐하면 자기가 늘 해 오던 것이기 때문에 잘한다는 겁니다. 자기가 잘하는 것을 찾아서 장점을 살리다 보면 자연히 단점도 보완된다고 합니다.

저도 제가 잘하는 게 뭘까? 좋아하는 게 뭘까? 곰곰이 생각해 보았습니다. 부처님 말씀을 공부하고 전하는 것을 가장 좋아하고, 가장 잘할 수 있는 일이라는 생각이 들더군요. 그래서 경전교실도 열고 또 불교방송, 불교텔레비전, 불교잡지 등 여러 매체를 통해 부처님 말씀을 전하면서 나 자신도 신이 나고 사람들도 좋아하는 것 같습니다. 그러다보니 자연히 제 단점들도 보완이 되고 즐겁게 살아가고 있습니다. 한마디로 자기가 좋아하는 일, 잘할 수 있는 일을 빨리 찾아내서 최선을 다하는 것이 성공의 비결입니다.

　다시 게송으로 돌아와서, 왜 부처님은 법문을 듣지 않고 딴짓을 하는 사람들에게 탐욕은 불길, 성냄은 밧줄, 어리석음은 그물, 갈애는 강물에 비유한 게송을 들려 주셨겠습니까? 그 사람들이 과거 500생 동안 탐·진·치에 묶여서 살았기 때문에 부처님을 만났으면서도 딴짓을 하는 거라는 말씀입니다. 탐·진·치 삼독과 갈애야말로 진리에서 멀어지게 하는 원인이요, 삼독심에서 벗어나고 갈애를 놓는 것이 진리로 가는 길임을 깨우쳐 주신 겁니다.

주인공으로 살아가기

치솟는 분노를 잘 다스리는 사람

> 달리는 마차를 능숙하게 멈추듯이
> 치솟는 분노를 잘 다스리는 사람
> 그가 진정한 마부다.
> 나머지 사람들은 그저 말고삐만 잡고 있을 뿐.

본격적으로 화를 다스리는 게송입니다. 이 게송의 비유가 참 멋있지 않습니까? '달리는 마차를 능숙하게 멈추듯이', '치솟는 분노를 잘 다스리기' 위해서는 분노심에 액셀러레이터accelerator를 달면 안 되고 브레이크break를 달아야 한다는 겁니다. 화가 화를 부른다고 합니다. 화를 내면 상대방이 또 화를 내기 때문에 처음에는 작은 것, 별것 아닌 것으로 시작되었다가도 나중에는 감정에 붙이

붙어서 점점 증폭되어 나중에는 큰 사고를 치게 됩니다.

위 게송은 옛날식 표현이고 요새는 말 대신 주로 자동차를 타므로 현대식으로 표현하자면, "달리는 차를 능숙하게 멈추듯이 치솟는 분노를 잘 다스리는 사람이 베스트 드라이버best driver다. 나머지 사람들은 운전대만 잡고 있을 뿐!"이라고 할 수 있습니다. 이 게송은 어떤 상황에서 나왔는지 살펴보겠습니다.

부처님 당시에 부처님께서 제자들에게 꾸띠를 허용했습니다. 꾸띠는 스님들이 개인적으로 수행할 수 있도록 나무와 풀 같은 것으로 얼기설기 지은 개인초막입니다. 초창기에는 허용하지 않다가 나중에 스님들의 숫자가 늘어나면서 허용하게 되었습니다. 그러자 많은 스님들이 개인 초막을 짓기 시작했지요.

어느 날 한 스님이 꾸띠를 짓기 위해 나무를 베려 하는데, 마침 그 나무에는 목신木神이 살고 있었습니다. 자기가 살고 있는 나무를 베려고 하니까 목신이 스님의 꿈에 나타나서, "베지 마라"고 부탁했는데도 "이 나무 외엔 적합한 게 없다"고 하면서 베는 겁니다. 보통 어린아이를 보면 마음이 약해지므로, 아이를 보면 마음이 약해지지 않을까 하고 아이를 나무에 올려 놓는 바로 그 순간 이 스님이 가지를 자르려고 도끼질을 해서 아이의 팔이 잘라져 버렸습니다.

그때 목신이 화가 벌컥 일어나서 '에이 이것을 그냥 확' 하고 스님을 죽이려고 했습니다. 그러다가 '아, 이 스님은 청정한 수행을 하고 있는 분이다. 내가 이 스님을 죽이면 나중에 목신이 스님을 죽였다고 해서 제2, 제3의 유사한 예가 많이 생겨날 것이다. 그리고 나는 지옥에 떨어질 수도 있다. 이러한 사실을 그의 스승인 부처님께 가서 따져야겠다' 하고 순간적으로 마음을 돌이켰습니다. 목신이 부처님한테 가서 전후 사정을 말씀드렸더니 부처님께서 목신에게 "사두 사두! 참기 힘든 분노를 가라앉힌 것, 쏜살같이 달리는 마차처럼 멈추기 힘든 분노를 가라앉힌 것은 정말 잘한 일이다" 라고 말씀하시면서 위 게송을 읊어 주신 것입니다.

위 게송에서 마부로 비유한 것은, 마부가 말을 잘 제어하는 것처럼 자기 마음을 다스리라는 것입니다. 흔히 주인공으로 살라고 하는데, 자신의 진정한 주인이 되어 주인공으로 살려면 먼저 자기 마음을 잘 다룰 줄 알아야 합니다. 탐욕심도 못 다스리고 분노심도 못 다스리고 어리석음도 못 다스리면 주인이라고 할 수 없습니다. 자기 마음대로 다스릴 수 있어야 주인이라 할 수 있지요.

앞에서 말씀드린 대로 달리는 자동차를 능숙하게 멈추듯이 치솟는 분노를 잘 다스리는 사람이 진정한 '베스트 드라이버best driver'요, 그렇지 못한 사람들은 그저 운전대만 잡고 있을 뿐이라는 것입니다.

화가 날 때 그냥 막무가내로 참으면 터져버릴 수도 있습니다. 만일 화가 나면 위 게송을 생각하고, 제3자의 입장이 되어 여섯 살배기 내 모습을 바라보면 멈추기 힘든 분노가 가라앉혀지고 다스려집니다. 화를 바라보는 것만으로도 사라지는 경험을 해 보십시오.

칭찬과 비난에도 흔들리지 않는다

마음은 대지와 같아
칭찬과 비난에도 흔들리지 않고
성문의 기둥처럼 견고하며
티 없이 맑은 호수처럼 고요하다.
이런 사람에게 더 이상 윤회는 없다.

이 게송은 사리뿌뜨라 존자와 관련된 일화가 있습니다.
사리뿌뜨라 존자가 안거가 끝날 무렵 함께 수행했던 스님들에게
"○○○ ○○○ 스님, 정진하느라 수고했습니다. 다음에 또 봅시
다"라는 식으로 이름을 불러주면서 인사를 했습니다. 그런데 이름
을 다 외우지는 못하잖아요. 한 스님이 자기 이름을 안 불러주자
'왜 내 이름은 빼먹지?' 하고 서운한 마음을 품게 되었습니다.

어느 날 사리뿌뜨라 존자의 가사자락이 그 스님을 살짝 스치
고 지나갔습니다. 사리뿌뜨라 존자가 떠나자마자 부처님께 찾아가
서 "사리뿌뜨라 존자가 저를 주먹으로 치고 가는 바람에 제 귀가
떨어져 나갈 뻔했습니다. 그런데도 사과 한마디 없었습니다"라고
거짓으로 일렀습니다. 우리는 본인한테 물어보지도 않고 단정 지
어서 오해하는 일이 많은데, 경전에 보면, 부처님께서는 꼭 본인에
게 직접 사실 확인을 하십니다. 사리뿌뜨라 존자가 떠나가는 것을
보고서 거짓으로 고해 바쳤는데 부처님께서 사리뿌뜨라 존자를 다

시 불러오게 하자 이 비구는 당황해서 안절부절 못했습니다.

사리뿌뜨라 존자가 오자 앞에 앉혀놓고, 부처님께서 "그대가 이 비구를 때리고 사과 한마디 없이 떠났는가?" 하고 묻습니다. 그때 사리뿌뜨라 존자가 이런저런 변명을 하지 않고 사자후를 토합니다. 그 주변에 소문을 듣고 스님들이 궁금해서 쫙 모였을 것 아닙니까? 그래서 더욱 여러 스님들에게 함께 들으라고 답변을 하는데, 그게 하나의 법문이고 관觀입니다.

사리뿌뜨라 존자의 사자후

부처님이시여,
몸에서 몸에 대한
마음챙김이 확립되지 않았다면
저는 동료비구를 때리고
화해하지 않고 유행을 떠났을 것입니다.

부처님이시여,
마치 땅이 똥, 오줌, 피, 침, 고름 등을
깨끗하거나 더럽거나 간에
싫어하거나 피하지 않고 받아들이듯이
저도 땅과 같이 광대하고 무량한 마음으로

화를 내거나 나쁜 마음을 품지 않고 머뭅니다.

부처님이시여,
몸에서 몸에 대한
마음챙김이 확립되지 않았다면
저는 동료비구에게 상처를 주고
화해하지 않고 유행을 떠났을 것입니다.

부처님이시여,
마치 물이 똥, 오줌, 피, 침, 고름 등을
깨끗하거나 더럽거나 간에
싫어하거나 피하지 않고 씻어버리듯이
저도 광대하고 무량한 마음으로
화를 내거나 나쁜 마음을 품지 않고 머뭅니다.

부처님이시여,
몸에서 몸에 대한
마음챙김이 확립되지 않았다면
저는 동료비구에게 상처를 주고
화해하지 않고 유행을 떠났을 것입니다.

부처님이시여,

마치 불이 똥, 오줌, 피, 침, 고름 등을
깨끗하거나 더럽거나 간에
싫어하거나 피하지 않고 태워버리듯이
저도 광대하고 무량한 마음으로
화를 내거나 나쁜 마음을 품지 않고 머뭅니다.

부처님이시여,
마치 바람이 똥, 오줌, 피, 침, 고름 등을
깨끗하거나 더럽거나 간에
싫어하거나 피하지 않고 날려버리듯이
저도 광대하고 무량한 마음으로
화를 내거나 나쁜 마음을 품지 않고 머뭅니다.

부처님이시여,
마치 청소부가 똥, 오줌, 피, 침, 고름 등을
깨끗하거나 더럽거나 간에
싫어하거나 피하지 않고 다 쓸어버리듯이
저도 광대하고 무량한 마음으로
화를 내거나 나쁜 마음을 품지 않고 머뭅니다.

부처님이시여,
다 떨어진 넝마를 입은 짠달라(불가촉천민)가

깡통을 들고 이 마을 저 마을
겸손한 마음으로 돌아다니며 구걸하듯이
저도 광대하고 무량한 마음으로
화를 내거나 나쁜 마음을 품지 않고 머뭅니다.

부처님이시여,
마치 잘 길들여진 뿔 잘린 황소가
뒷발이나 뿔로 사람들을 해치지 않고
도로나 거리를 돌아다니듯이
저도 광대하고 무량한 마음으로
화를 내거나 나쁜 마음을 품지 않고 머뭅니다.

부처님이시여,
마치 장신구를 좋아하는 여인이나
남자나 아이가 머리를 감으면서
뱀이나 개의 시체를 목에 감고 있다면
사람들이 싫어하고 혐오하듯이
저도 이 깨끗하지 못한 몸을
싫어하고 혐오합니다.

부처님이시여,
몸에서 몸에 대한

마음챙김이 확립되지 않았다면
저는 동료비구를 때리고
화해하지 않고 유행을 떠났을 것입니다.

부처님이시여,
마치 한 남자가 기름이 질질 새고 있는
구멍 난 냄비를 사용하듯이
저도 구멍이 나서 새고 있는
이 몸에 머물고 있습니다.

부처님이시여,
몸에서 몸에 대한
마음챙김이 확립되지 않았다면
동료비구에게 상처를 주고
화해하지 않고 유행을 떠났을 것입니다.

사리뿟뜨라 존자가 위와 같은 사자후를 토했습니다.
"마치 한 남자가 기름이 질질 새고 있는 구멍 난 냄비를 사용하듯이 저도 구멍이 나서 새고 있는 이 몸에 머물고 있습니다"라는 대목을 설할 때, 아직 수다원과를 얻지 못한 비구들은 눈물을 참지 못해 울먹였고, 아라한과를 성취한 비구들도 잔잔한 감동을 느꼈다고 합니다.

몸을 구멍 난 냄비에 비유한 것이 참으로 절묘합니다. 우리 몸에서 눈물, 콧물, 똥, 오줌이 나오지 않습니까?

"몸에서 몸에 대한 마음챙김이 확립되지 않았다면…", 이 대목에도 큰 뜻이 담겨 있습니다. 사리뿟뜨라 존자가 "이 몸은 실체가 없는 것이다. 이 몸이 내 것이 아니라 잠시 관리를 맡은 것일 뿐이고, 구멍 난 냄비 같은 것이다. 끊임없이 변화하고 있는 것이고, 언젠가는 늙고 병들어서 죽는 것, 결코 내가 애착할 게 없는 것이다"라는 것을 마음챙김으로 알고 있다는 것을 말합니다. "이 몸이 내 것이다. 이 몸이 나다"라고 하면 그것은 마음챙김을 확립하지 못한 것입니다.

몸에 대한 마음챙김을 확립한 사람이 동료비구를 때리고 화해도 하지 않고 떠날 리가 있겠느냐는 게송을 들으면서 수다원과를 얻지 못한 스님들은 눈물을 흘렸고, 아라한과를 성취한 스님들도 잔잔한 감동을 느꼈다고 합니다. 결국 이 스님이 "제가 잘못했습니다. 거짓말을 했습니다"라고 참회를 합니다. 사리뿟뜨라 존자가 그 자리에서 용서를 받아주면서 "스님을 용서해 드립니다. 제가 혹시 스님에게 상처를 주거나 서운하게 한 적이 있으면 용서 바랍니다"라고 말합니다.

이러한 사리뿟뜨라 존자의 모습을 보고 부처님께서 "사리뿟뜨라 같은 비구들은 화를 내거나 미워하는 마음을 일으킬 수가 없다."고 하시면서 아래의 게송을 읊으셨습니다.

마음은 대지와 같아
칭찬과 비난에도 흔들리지 않고
성문의 기둥처럼 견고하며
티 없이 맑은 호수처럼 고요하다.
이런 사람에게 더 이상 윤회는 없다.

광활한 대지는 더럽다고 해서 안 받아주고 깨끗하다고 해서
받아주는 게 아니라 똥이나 침이나 피고름이나 다 받아줍니다.
사리뿌뜨라의 마음이 모든 것을 다 받아주는 대지와 같다는 것이
지요.
'성문의 기둥처럼 견고하다'는 것은, 문은 하루 종일 수십 차
례 열리는데 기둥은 어떻습니까? 항상 그 자리에 있습니다. 기둥
이 항상 그 자리에 있는 것처럼 마음이 여여부동하다는 겁니다. 누
가 자기를 모함해서 부처님한테 거짓말로 일렀다고 해도 마음이
흔들림이 없으면 화를 내지 않습니다. 우리 마음이 기둥 같아야 하
는데, 문짝 같아서 하루 종일 탐욕의 문·분노의 문·어리석음의
문이 수십 번씩 열렸다 닫혔다 하니까 정신이 없는 겁니다.
'고요한 호수와 같다'는 것은, 사리뿌뜨라 존자 같은 아라한들
은 잔잔한 호수와 같은 마음을 지니고 있다는 것을 부처님께서 인
증해 주신 것입니다.

화내는 마음이 더 부끄럽다

때린 것보다 더 부끄러운 일

수행자를 때려서도 안 되지만
때린 자에게 화내서도 안 된다.
수행자를 때린 것도 부끄러운 일이지만
때린 자에게 화내는 것은
더욱 부끄러운 일이다.

보통 화를 버럭 내고 '아이고 그때 조금 참을 걸' 하고 후회하는 경우가 많습니다. 이 '후회'라는 말을 보면, 늦을 후後 자, 뉘우칠 회悔 자입니다. 뒤늦게 뉘우친다는 말입니다. 그래서 후회를 하지 않기 위해서는 참을 인忍 자를 가슴에 새기고 살아야 한다고 합니다. 참을 '인'자를 보면, 칼 도刀 자에 마음 심心 자가 들어 있습니다. 칼을 남에게 휘두르면 업業이 되고 자기 자신도 상처를 입게 됩니다. 나와 남에게 모두 상처를 입히는 원인이 되므로 일인장락 忍長樂이라, "한 번 참으면 오래 동안 즐거움이 온다"는 경구도 있습니다.

　인지가 발달하고 대중들의 의견이 중시되면서 너무 지나치게 참으면 화병도 생기고, 우울증도 생기고, 사람 대접을 못 받지 않느냐, 자기주장을 당당히 해야 대접을 받는다는 주장도 있습니다. 물론 의사 표명은 해야 하는데, 표현하는 방식이 중요합니다. 목소리를 높이고 성질을 내는 것보다는 차분하게 자기 의사를 표현하는 것이 품은 뜻을 이룰 수 있는 확률이 높습니다.

　위 게송에 대해 살펴보겠습니다.

　"수행자를 때려서도 안 되지만, 때린 자에게 화내서도 안 된다. 수행자를 때린 것도 부끄러운 일이지만 때린 자에게 화내는 것은 더욱 부끄러운 일이다."

　여기에서는 수행자에 국한시켰지만 좀 더 확장시켜서, "남을 괴롭히지 않는 것도 훌륭하지만 괴롭힘을 당하고서도 화를 내지 않는 것은 더욱 훌륭하다"고 바꾸어 표현할 수 있습니다. 그런데 과연 남에게 괴롭힘을 당하고서도 화를 내지 않을 수가 있을까 생각하면 참 어려운 일입니다. 부처님께서 이 게송을 설하게 된 계기가 있습니다.

이교도에게 맞고도
화내지 않은 사리뿌뜨라 존자

부처님의 10대 제자 중에 지혜제일 사리뿌뜨라 존자는 어떤 상황에서도 화를 내지 않는 것으로 유명했습니다. 한 이교도 바라문이 그 소문을 듣고 '그래? 그럼 내가 한번 시험을 해 볼까?' 하는 생각을 했습니다. 그리곤 어느 날 탁발을 하고 있는 사리뿌뜨라 존자에게 다가가서 주먹으로 등을 세게 내리쳤습니다. 걸어가다가 아무 이유 없이 알지도 못하는 사람한테서 한방 맞으면 어떻게 하겠습니까? 보통사람들 같으면 돌아다보고 언쟁부터 시작해서 화를 크게 낼 만한데, 사리뿌뜨라 존자는 무덤덤하게 자기 가던 길을 갑니다. 오히려 때린 사람이 머쓱해진 겁니다.

'정말 소문대로 화를 안 내는 분이구나'라는 것을 깨닫고 "저를 용서해 주십시오" 하면서 참회를 합니다. 그때 존자님께서 흔쾌히 "나는 그대를 용서합니다"라고 하면서 그의 참회를 받아들였습니다. 이교도 바라문은 사리뿌뜨라 존자님이 고마워서 "저희 집에서 공양을 올리겠습니다. 발우를 주십시오"라고 청합니다. 스님들이 빈발우를 들고 탁발하러 다닐 때 공양을 올리겠다고 청한 집에 가서 발우를 내 주면 발우에 가득 음식을 넣어줍니다. 사리뿌뜨라 존자는 아무 일도 없었다는 듯이, 자기를 때린 사람의 집에 가서 공양을 받아 가지고 나오셨습니다.

사리뿌뜨라 존자를 때린 바라문이 존자님의 발우를 들고 앞장서 나오고 그 뒤를 존자님이 따라나오는 모습을 보고 사람들이 들고 일어났습니다. "저 놈이 우리 사리뿌뜨라 존자님을 아무 이유도 없이 때린 놈이다"라고 하면서 곡괭이 자루, 삽자루, 돌 등을 들고 나왔습니다. 사리뿌뜨라 존자가 가만히 지켜보니 분위기가 심상치 않은 것이 잘못하면 바라문이 사람들한테 맞아 죽을 것 같았습니다. 그래서 신도들에게 묻습니다.

"여러분, 왜 그러십니까?"

"존자님을 이유 없이 때린 저놈에게 앙갚음을 하기 위해서 왔습니다."

그때 사리뿌뜨라 존자님께서 말씀하시기를, "이 사람이 당신들을 때렸습니까? 아니면 나를 때렸습니까?"라고 묻습니다. "존자님을 때렸죠"라고 대답하는 사람들에게 "나는 이미 이 사람을 용서했습니다. 여러분이 흥분하실 필요가 있겠습니까?"라고 하시는 겁니다. 존자님의 말씀을 듣고 보니 신도들이 할 말이 없어져서 모두들 자기 집으로 돌아갔습니다. 이 일화에 대한 소문을 들은 스님들의 의견이 각기 달랐습니다.

"사리뿌뜨라 존자는 대단하다"는 스님도 있고, "사리뿌뜨라 존자는 배알도 없어. 자기를 때린 사람에게 가서 공양을 받아 와?"라고 하는 스님들도 있었습니다. 어떻게 자존심도 없이 자기를 때린 사람을 금방 용서해 주고 그 사람한테 공양을 받아 올 수 있느냐면서 시비거리로 삼는 스님들도 있었습니다.

부처님께서 이와 같은 사리뿌뜨라 존자의 소문과 후일담을 들으시고 위의 게송을 읊으신 겁니다.

저도 다니다가 때리는 정도까지는 아니지만, 공격적인 선교를 하는 이교도들에게서 비슷한 일을 자주 겪었습니다. 승복을 입고 도시를 다니려면 항상 준비가 되어 있어야 합니다. 특히 지하철, 기차역, 공공터미널 같은 대중교통을 이용할 때 이런 경우를 자주 당합니다. 가끔 택시기사 중에서도 공격적으로 얘기하는 사람들이 있습니다. 처음에는 저도 너무나 무례한 그들의 행동에 당황했습니다.

본인들은 자기 종교를 전도하기 위한 일이겠지만, 스님에게 "교회 와라, 예수 믿고 천국 가라"는 말을 하면서 전단지를 나누어 주는 것은 예의가 아니지요. 또 지하철에서 갑자기 저한테 와서 일부러 소리를 버럭버럭 지르는 등 황당하고 무례한 경우를 자주 당했습니다. 서울시내 지하철에서 왔다 갔다 하면서 선교 활동을 하는 사람들 있잖아요? 그들이 ○○천국 불신지옥 하며 떠들 때마다 '어떻게 해야 하나? 똑같이 맞대응해서 싸울 수도 없고' 해서 고민한 적이 많습니다. 몇 번은 점잖게 얘기를 해 보았는데, 전혀 듣지 않는 겁니다. 일방적으로 자기 말만 해 대니 대화도 안 되고, 맞서서 싸울 수도 없고 참 난감할 때가 여러 차례 있었습니다.

부처님 당시에도 데와닷따가 부처님을 반역하고 500명의 비구들을 데리고 교단에서 떨어져 나가서, 여러 차례 부처님을 시해하려 했습니다. 데와닷따는 결국 지옥에 떨어졌는데, 부처님께서는 그렇게 되리라는 것을 알고 계셨다고 합니다. 그래서 "왜 악행을 저지를 것을 아시면서 데와닷따의 출가를 받아 주셨느냐?"고 질문하는 이에게 인연을 맺어놓으면 나중에 데와닷따가 제도가 되어 부처가 된다고 말씀하셨습니다.

삼불능三不能 가운데 하나가 '연緣이 없는 중생은 제도할 수 없다'는 것입니다. 좋은 인연은 선연善緣이고, 껄끄러운 인연은 악연惡緣입니다. 선연이든 악연이든 연을 맺어야 제도가 되는 겁니다. 법화경에서 "데와닷따는 나중에 부처가 되리라", 초기경전에서도 "데와닷따가 이 다음에 빠째까붓다가 되리라" 하고 부처님께서 수기를 내리시는 것도 그런 경우입니다. 그걸 보고 '악연도 연이구나. 악연이라도 맺어두면 저 사람이 언젠가 제도가 되어서 부처가 되는구나' 하는 것을 배웠습니다. 선연이든 악연이든, 연이 있어서 저 사람과 내가 마주치게 된 것입니다. 그래서 '저 사람이 어려움에서 벗어나 건강하고 행복하기를… 마침내 모든 중생을 제도하는 부처님이 되시기를…' 하고 축원을 해 줍니다. 이렇게 축원하는 연습을 하니 먼저 제 마음이 편해지더군요.

해치려는 마음이 엷어지면 괴로움도 사라진다

남을 괴롭히지 않는 것도 훌륭하지만
괴롭힘을 당하고서도

화내지 않는 것은 더욱 훌륭하다.
해치려는 마음이 옅어질수록
괴로움도 사라지리라.

'해치려는 마음이 옅어질수록 괴로움도 사라지리라'는 것도 대단한 경지입니다. '저 원수 같은 놈 가만 안 둬. 언젠가는 응징할 거야'라고 하면서 누군가를 해치려는 마음이 들면 먼저 자기 자신부터 괴롭습니다. 자기 마음에 삼독심이 생기고, 독소를 품게 되고 성냄이라는 에너지가 작동을 하면 자기부터 나쁜 영향을 받게 됩니다. 평온한 마음도 없어지고, 주변사람들도 두려워하게 되고 멀어지게 됩니다. 또한 해치고 나면 후련해질 것 같지만 오히려 더 큰 괴로움이 도사리고 있습니다.

앞으로는 자기를 괴롭히는 사람이 있을 때, 일단 '악연도 연이다' 한마디 해놓고, '이 악연에 의해서라도 저 사람이 어려움에서 벗어나 행복하기를! 또 마침내 모든 중생을 제도하는 부처님이 되시기를!' 하고 축원을 해 주십시오. 그런 마음을 연습하면 그 축원에 의해서 분명히 악연이 선연으로 바뀔 것입니다.

사리뿟뜨라,
화를 내지 않는 아라한의 대명사

> 화를 내지 않고
> 해야 할 바를 하는 사람
> 계율을 잘 지키고
> 감각기관을 잘 다스리고
> 이번이 마지막 몸인 사람
> 그를 일컬어 아라한이라 한다.

어떠한 경우에도 화를 내지 않는 사리뿟뜨라 존자의 일화를 보면 정말 성인의 면모가 드러납니다. 교단에서 부처님이 아버지 같은 존재였다면 사리뿟뜨라 존자는 어머니 같은 존재였다고 합니다. 사리뿟뜨라 존자는 대중스님들이 탁발을 나가면 맨 나중까지 남아서 뒷정리를 다 해 놓고 나가고, 아픈 이가 있으면 간병도 해 주는 등 스님들의 세세한 일상사까지 자상하게 일일이 다 챙겨주었다고 합니다. 위의 게송도 사리뿟뜨라 존자와 관련된 내용입니다. 이 게송의 배경은 다음과 같습니다.

사리뿟뜨라 존자가 500명의 비구들과 함께 어머니가 계신 마을로 탁발을 나갔습니다. 사리뿟뜨라 존자는 7남매 중 장남으로 남동생이 셋, 여동생이 셋 있었습니다. 그런데 장남인 사리뿟뜨라 존자가 먼저 출가해서 아라한이 되고, 동생들을 차례차례 다 출가시켜서 7남매가 전부 아라한이 되었습니다. 사리뿌뜨라 존자의 어머니는 일곱 아라한을 낳은 위대한 어머니입니다.

그런데 안타깝게도 이 어머니는 이교도였습니다. 사리뿌뜨라 존자의 집은 굉장한 부자였는데, 자식들이 수많은 재산을 다 놔두고 모두 출가해 버리니 재산을 다 국가에 빼앗기게 되었습니다. 그 당시에는 자식이 없으면 재산이 국가에 귀속되었습니다. 사리뿌뜨라 존자의 어머니는 종교도 다른데다가 자식들이 모두 출가해서 재산도 국가에 다 빼앗기게 되었고 손자도 못 보게 되었으니 불만이 한두 가지가 아니었습니다. 그래서 만인의 존경을 받는 아라한이요, 부처님의 으뜸 제자요, 자기 큰아들인 사리뿌뜨라 존자가 다른 스님들 500명을 데리고 탁발을 왔는데 화가 머리끝까지 치솟은 겁니다.

"남이 먹다 남은 찌꺼기나 먹는 자여, 시큼한 쌀죽도 제대로 얻지 못하고 낯선 이들과 섞여 이 집 저 집 돌아다니며 국자 뒤에 붙어 있는 시큼한 쌀죽이나 핥고 다니는 자여, 이렇게 동냥질이나 하려고 8억 냥의 재산을 던져버리고 비구가 되었느냐? 나를 망친 녀석아, 밥이나 먹어라."

위와 같이 온갖 욕설을 퍼부으면서 먹을 것을 주었습니다. 사리뿌뜨라 존자한테만 욕한 것이 아니라 같이 온 스님들에게도 "내 아들을 심부름꾼으로 만든 녀석들아, 밥이나 먹어라"라고 욕하면서 마지못해 먹을 것을 준 겁니다.

다른 스님들이 자기 어머니라는 것을 뻔히 다 아는데, 사리뿌뜨라 존자가 얼마나 난처했겠습니까. 자기가 욕을 먹는 것도 기분 나쁘지만, 자기가 거느리고 있는 사람들이 욕을 먹으면 더 기분 나쁘잖아요? 부처님의 상수제자인 자기에게 욕설을 퍼붓고, 그것도 모자라서 스님들한테까지 욕설을 퍼부었으니 얼마나 망신살이 뻗쳤겠습니까? 그런데도 사리뿌뜨라 존자는 아무 일도 없었다는 듯이 밥을 먹고 돌아왔습니다.

사리뿌뜨라 존자가 그냥 참은 것이 아닙니다. 억지로 참다 보면 쌓이고 쌓여서 언젠가는 터지게 되어 있습니다. 무아법無我法에 통달했기 때문에 할 수 있는 행동입니다. 무아, 내가 없는 겁니다. 욕설을 해도 마치 공기에다 대고 한 것과 같아서 그냥 지나가는 거예요. "왼쪽 귀로 듣고 오른쪽 귀로 흘린다"는 말처럼 무아이기 때문에 그냥 흘러 나가는 것입니다. 애시당초 감정을 담아 둘 그릇이 없는 겁니다.

사리뿌뜨라 존자가 어머니의 반응을 예상했으면서도 어머니한테 탁발을 나간 이유는 그렇게 해서라도 불교와 스님과 부처님과 연을 맺어주기 위해서였습니다. 스님들이 탁발을 하는 가장 큰 이유도 밥 한 끼를 받은 인연으로 "저 사람이 이 다음에 부처님 되시기를! 이 인연에 의해서 저 사람이 어려움에서 벗어나서 건강하고 행복하기를! 마침내 모든 중생을 제도하는 부처님이 되시기를!" 하고 기원해 주면서 연을 맺기 위한 겁니다. 앞에서도 말씀드렸지만, 악연도 연이요, 밥을 받는 것은 선연善緣이기 때문입니다. 악연도 마침내 제도가 되는데 선연을 맺어 놓으면 얼마나 좋겠습니까?

사리뿌뜨라는 아라한입니다. '아라한'을 한자어로 번역하면 응공應供이라 합니다. '응당 공양을 받을 만한 이', 공양을 받을 자격이 있는 분을 뜻합니다. 그래서 아라한에게 공양을 올리면 '밥 한 끼 잘 올려도 천상에 태어난다'고 합니다.

불교에서는 사향사과四向四果라고 하여 수다원, 사다함, 아나함, 아라한 네 단계의 수행 계위가 있습니다. 수다원을 향해서 가고 있다 해서 수다원향, 수다원의 열매를 이미 맺었다 해서 수다원과라고 합니다. 사다함향·사다함과, 아나함향·아나함과, 아라한향·아라한과의 사쌍팔배四雙八輩로 말하기도 합니다. 수행 결심을 하고 계위로 향해 가는 사람과 그 경지에 도달한 사람을 구분한 것이지요.

아라한과는 그중에서 가장 위에 있습니다. 이번에 마지막 몸인 사람, 더 이상 윤회하지 않는다는 과위입니다. 윤회를 한다는 것은 아직 여한이 남아 있다는 말입니다. 돈, 사랑, 사람 등이 남아서 불완전 연소했기 때문에 이것을 태우기 위해 다시 몸을 받아서 윤회를 하는 겁니다.

우리는 좋게 말하면, 공부하기 위해서, 체험학습을 하기 위해서 윤회하는 것입니다. 몸으로 부딪쳐서 배워야 습득이 잘 되는 것처럼 이 몸이 체험학습의 교재입니다. 그런데 아라한은 이미 모든 공부를 마친 분으로 완전 연소해서 해탈했기 때문에 금생이 마지막 몸입니다. 모든 속박에서 벗어나서 윤회할 필요가 없어서 더 이상 태어나지 않는 경지입니다. 그래서 불가에서는 공부가 많이 될

수록 태어나지 않는다고 합니다.

예를 들어서 수다원修陀洹은 칠왕래라 하여 앞으로 천상과 인간을 일곱 번 왔다 갔다 해야 합니다. 그보다 높은 단계인 사다함斯陀含은 일왕래, 한 번만 왔다 갔다 하면 됩니다. 아나함阿那含은 원웨이티켓one way ticket으로 천상에 가서 오지 않는 경지이고, 아라한阿羅漢은 금생에 마칩니다.

비슷비슷한 용어라 헷갈릴 텐데, 외우는 요령을 말씀드리겠습니다. 일곱 번을 왔다 갔다 해야 하는 수다원은 아직 수다 떨 일이 많이 남아서, 사다함은 천상에 가서 한 번만 '살다 온다'고 해서, 천상에 가서 '안 와'서 아나함이고, 다 '알아버려서' 아라한이라 하면 더 잘 외워질 것입니다.

인간의 몸으로 태어난 것은 축복입니다. 불교에서는 삼난難이라고 해서, 정말 어려운 세 가지가 있다고 합니다. 인신난득人身難得이라 하여 인간 몸 받기 어렵고, 불법난봉佛法難逢이라 하여 불법을 만나기 어렵고, 대도난성大道難成이라 하여 큰 도를 이루기 어렵다고 합니다.

첫 번째, '인간 몸 받기 어렵다'는 것은 육도 중에서 인간은 천상 바로 아래입니다. 수 · 우 · 미 · 양 · 가로 따지면 우에 해당되므로 인간의 몸을 받았다는 것만으로도 참으로 고마운 일입니다. 또한 인간의 몸을 받은 사람은 수없이 많지만 불법을 만난 사람은 그리 많지 않습니다. 이 세상의 대부분의 종교는 신을 섬기는 종교입니다. 불교는 수행해서 아라한이 되면 신들이 오히려 섬기고 공양을 바친다고 합니다. 아라한은 신들보다 상위계층이요, 사과위 중에 첫 번째인 수다원과에만 들어가도 신들이 함부로 못 대한답니다. 수다원은 죽으면 바로 신이 되기 때문입니다.

부처님 법을 만나기도 어렵고 만났다는 것만으로도 행운이라 할 수 있습니다. 우리나라는 대승불교국가로서 보살을 신앙의 대상으로 삼기도 하고 스스로 보살이 되고자 합니다. 지금까지 사향사과를 얘기하면서 수행이 될수록 적게 태어난다고 했는데, 아라한보다 위에 있는 보살은 어떤가? 살펴보겠습니다.

성문聲聞(부처님의 말씀을 듣고 깨달은 자. 자신의 해탈만을 목적으로 하는 수행자), 연각緣覺(독각 · 벽지불이라고 해서 부처님의 가르침에 의하지 않고 스스로 수행하여 깨달은 자), 보살菩薩(무상보리를 구해 중생의 이익이 되고 부처님의 깨달음을 열고자 하는 자) 다음이 부처입니다.

보살은 수도 없이 태어납니다. 수행이 될수록 적게 태어난다고 해 놓고 보살은 왜 많이 태어나느냐 궁금하시죠? 중생들은 업業으로 인해 태어나고 보살은 원願으로 인해 태어나기 때문입니다. 쉽게 말해서 중생들은 학생으로 오는 것이고, 보살은 중생들을 가르치기 위해 선생님으로 자원해서 오는 것입니다. 그래서 대승불교에서는 보살을 가장 수승한 존재로 여기는 겁니다. 우리 모두 인간 몸 받고, 불법을 만났으니, 이제 대도를 이룰 수 있도록 용맹정진해야겠습니다.

아라한, 무지의 빗장을
뽑아버린 사람

성냄의 끈, 갈애의 끈

미세번뇌와 사견의 밧줄을 끊어버린 사람

무지의 빗장을 뽑아버리고

진리를 깨달은 사람

그를 일러 아라한이라 한다.

'아라한 장풍대작전'이라는 영화를 보셨나요? 영화를 재미있게 하려고 '아라한'이라는 용어를 갖다 쓴 것 같습니다. 왜냐하면 아라한이 되면 신통력이 생기기 때문입니다. 아라한이라 해서 다 똑같은 신통력이 생기는 것은 아니고 장르별로 다릅니다. 과거에 어느 수행을 많이 했느냐에 따라서 각기 다른 신통력이 생기는데, 그 신통력에 의해서 무술도 더 잘할 수 있지 않느냐 하는 생각에서 만든 영화인 것 같습니다. 이 영화에서 공중을 날아다니는 장면이 나오는데, 초기경전에도 아라한과를 얻어서 공중을 날아다니는 내용이 자주 나옵니다.

어쨌든 초기경전에 의하면, 당시에 '아라한'이 수행의 표상이었음을 알 수 있습니다. 부처님의 제자는 물론이고 부처님도 스스로를 '아라한'이라고 지칭한 적도 있습니다. '아라한'은 무아법에 통달했기 때문에 탐·진·치 삼독三毒을 잘 다스립니다. 보통 화를 다스린다고 하는데, 이미 일어난 '화'를 없애는 개념과는 달리 '아라한'에게는 애당초 '화'라는 것 자체가 일어나지 않는 겁니다. 이 게송의 배경을 살펴보겠습니다.

외부의 끈과 내면의 끈을 끊어 버려라

부처님 당시에 황소를 한 마리씩 가지고 있는 두 명의 바라문이 있었습니다. 어느 날 서로 자기 황소의 힘이 더 세다고 언쟁이 붙었습니다. '누구 황소가 더 무거운 짐을 실어 나르느냐?'는 것으로 테스트를 하자고 했습니다. 여러 가지로 내기를 하다가 나중에는 모래를 잔뜩 실은 수레를 강가에 놓고 그것을 끌어내는 실험을 했습니다. 황소들이 힘이 세긴 센데, 짐이 너무 무거우니까 수레는 안 움직이고 밧줄이 끊어져 버렸다고 합니다.

그때 그 근처에서 목욕을 하던 스님들이 그 일을 보고 돌아와서 부처님께 말씀 드렸습니다. 스님들에게 전후사정에 대해 듣고,

부처님께서 위 게송을 말씀해 주셨습니다. 외부의 끈은 오히려 끊기가 쉽습니다. 우리가 끊어야 할 것은 내면의 끈입니다. 다시 말해서 성냄의 끈, 갈애 즉 갈망과 애착의 끈이야말로 끊기 힘든 것입니다. 그것을 끊은 사람이 바로 '아라한'입니다. 결국 끈이 끊어져서 황소 두 마리의 힘겨루기 자체가 무색해졌습니다.

'미세번뇌와 사견의 밧줄을 끊어버린 사람', 여기서 '미세번뇌'라는 것은 자기도 알아차리지 못하는 번뇌를 말합니다. 지나친 욕심이나 성냄 등 극심한 번뇌는 알아차리기 쉽습니다. 그런데 번뇌인지 아닌지 잘 모르는 번뇌를 미세번뇌라고 합니다.

'사견邪見의 밧줄'이라 했는데, 사견은 잘못된 견해, 삿된 견해를 말합니다. 인과법, 인연법을 부정하는 견해는 다 사견입니다. "콩 심은 데 콩 나고, 팥 심은 데 팥난다"는 것이 정견正見입니다. 그런데 '콩을 심든 팥을 심든 무엇이 날지는 신에게 달려 있다'는 것(존우화작인론)이 사견입니다. "콩을 심든 팥을 심든 무엇이 날지는 이미 결정되어 있다"는 것(숙명론)도 사견입니다. "콩을 심든 팥을 심든 무엇이 날지는 아무도 알 수 없다"는 것(회의론, 불가지론)도 사견입니다.

"모든 현상에는 원인이 있다. 여래께서는 그 원인에 대해 설하신다. 원인이 소멸한 결과에 대해서도 또한 여래께서는 설하신다"는 것이 정견입니다. 정견에 입각해서 살면 불자이고, 불자라고 해도 사견을 가지고 있으면 진정한 불자가 아닙니다. 불확실성의 시대라서 인과법因果法을 옳게 믿는다는 것도 쉬운 일이 아닙니다.

인과를 믿지 않는 원인 중의 하나가 시차가 있기 때문입니다. 지금 결과가 바로 나타날 수도 있고, 몇 년 후, 몇 십 년 후 또는 내생에 나타날 수도 있습니다. 한 생만 놓고 보니 '믿을 수 없다'는 것이지 인과에는 한 치의 오차도 없습니다.

식물도 어떤 것은 씨앗을 심고 나서 한 달쯤 뒤에 파릇파릇 새싹이 돋는 것이 있고, 훨씬 더디 나오는 게 있습니다. 과일은 십 년 이상 걸리는 것도 있는 것과 마찬가지 이치입니다. 제가 사는 하동의 화개가 벚꽃으로 유명합니다. 특히 섬진강을 따라 죽 늘어서 있는 십리 벚꽃길이 장관입니다. 오랜 시간 동안 벚나무를 계속 심은 사람이 있기 때문에 뒷날 많은 사람들이 보고 즐길 수 있는 겁니다. 나무를 심자마자 꽃이 만발하진 않잖아요? 사견의 밧줄을 과감하게 끊고 긴 안목을 갖고 사는 사람을 진정한 보살이라고 할 수 있습니다.

바라드와자 4형제가 출가하여 아라한이 된 이야기

어리석은 자는 모욕을 퍼부으면서
이겼다고 생각하네.
하지만 인내가 무엇인지 아는 자에게
승리가 돌아가네.

성내는 자에게 다시 성내는 자는

아직 법이 무르익지 않은 것이라네.

영화나 텔레비전 화면에 화가 날 때 물건을 때려 부수는 것이 비춰지곤 합니다. 실제로도 그런 사람이 있고, 화날 때 무언가를 부수는 것이 보편적인 반응이기 때문에 그러한 상황을 연출했겠지요. 하지만 진짜 부수어야 하는 것은 물건이 아닌 성내는 그 마음을 부수어야 평안하게 살고 슬픔이 없다는 것입니다. 이 게송의 배경을 살펴보겠습니다.

부처님께서 죽림정사에 머무시며 수행하실 때의 일입니다. 앞에서도 언급한 바 있습니다만, '바라드와자'라는 사람은 불자였던 부인 덕분에 부처님께 귀의하게 되었습니다. 우리가 '나무아미타불' '관세음보살' 하듯이 그의 부인은 늘 입에 '나모 땃사 바가와또 아라하또 삼먁삼붓다사'를 달고 살았습니다. 산스크리트어 '나모'는 '귀의한다'이고, '땃사'는 '지극한', '바가와또'는 '세존' 즉 존귀하신, '아라하또'는 '아라한' 즉 '응당 공양 받을 만한' 그리고 '삼먁삼붓다사'는 밝고 두루 아시는 또는 일체지를 지니셨다는 뜻으로 '지극히 존귀하고 응당 공양 받을 만하고 모든 것을 두루 아시는 부처님께 귀의합니다'라는 말입니다.

바라드와자가 아는 사람들을 불러서 잔치를 벌였는데, 그의 부인이 물건을 나르다가 접시가 떨어지자 바로 '나모 땃사 바가와또 아라하또 삼먁삼붓다사'라고 한 것입니다. 바라드와자는 물론이고 그의 지인들도 불자가 아니었기 때문에 매우 싫어했습니다. 심지어 욕을 하면서 돌아가는 사람도 있었지요. 바라드와자가 화가 나서 따지려고 부처님을 찾아갔는데, 부처님의 자애삼매에 감화를 받았습니다. 그때 부처님께서 다음과 같은 게송을 읊어주셨습니다.

성냄을 부수어야 편안히 살고
성냄을 부수어야 슬픔이 없네.
뿌리에는 독이 있지만 꼭지는 달짝지근한
성냄을 부수는 것을 성자들이 칭찬하나니
성냄을 부수면 더 이상 슬픔이 없기 때문이네.

바라드와자는 이 게송을 듣고는 출가해서 얼마 되지 않아 아라한이 됩니다.

'뿌리에는 독이 있지만, 꼭지는 달짝지근한'이 내포한 뜻은, 성냄이라는 것 자체가 뿌리에는 독이 있지만 꼭지는 달짝지근한 열매와 같아 결국에는 자기를 해치게 된다는 것입니다. 화를 낼 때 속이 좀 시원해지는 것 같지만, 결국에는 자기를 해치는 원인이 된다는 말이지요. '성냄을 부수면 더 이상 슬픔이 없다'는 것은, 성질이 나서 막 해 대면 나중에는 그것으로 인해 슬픈 일이 생기게 되므로 성냄을 부수면 더 이상 슬퍼할 일이 생기지 않는다는 겁니다.

그는 사형제 중의 맏이였는데, 둘째동생이 형이 출가했다는 소리를 듣고 화가 나서 부처님을 찾아갔습니다. 부처님을 보자마자 마구 욕설을 퍼부었는데 부처님은 묵묵히 계셨습니다. 어느 정도 시간이 지나면 화가 좀 가라앉잖아요? 상대방이 대응을 하면 맞불이 일어나서 화가 더 치솟기도 하겠지만, 상대가 묵묵히 듣고 있으면서 대응하지 않으니 저절로 가라앉게 되는 겁니다. 그가 조용해지자 부처님께서 "이제 다 하셨습니까?" 하고 물으셨습니다. "다 했다"는 대답을 듣고 부처님께서 이렇게 말씀하십니다.

"바라문이여, 만약 잔치를 하려고 음식을 잔뜩 준비했는데 손님들이 그 음식을 안 먹고 가버렸다면 이 음식이 누구의 것입니까?"

"당연히 준비한 사람의 것이 되겠지요."

"그것과 마찬가지입니다. 그대가 내게 엄청난 욕설의 음식을 차려 주었지만, 나는 하나도 먹지 않았습니다. 욕설이 누구의 것이 되겠습니까?"

이 사람이 부처님의 말씀과 모습에 감화를 받고 출가를 했습니다. 그러자 셋째동생(순다리 바라드와자)이 "우리 큰형과 둘째형을 출가시켰다고?" 하면서 부처님께 따지러 왔습니다. 부처님께 온갖 추악한 말로 비난하고 모욕을 주었습니다. 그런데도 조용히 침묵하시는 부처님께, "사문 고따마여, 그대가 졌다. 내가 이겼다"라고 말하면서 의기양양해졌습니다. 그때 부처님께서 이 게송을 읊으셨습니다.

어리석은 자는 모욕을 퍼부으면서
이겼다고 생각하네.
하지만 인내가 무엇인지 아는 자에게
승리가 돌아가네.
성내는 자에게 다시 성내는 자는
아직 법이 무르익지 않은 것이라네.

"성내는 자에게 다시 성내는 자는 아직 법이 무르익지 않은
것이라네." 여기서 법이 무르익지 않은 것이란, 공부가 아직 덜 되
었다는 것이지요. 자기가 이겼다고 생각했는데, 게송을 들어보니
그게 아니거든요. 셋째도 부처님께 "You win!" 하면서 감화를 받
고 출가한 지 얼마 되지 않아서 아라한과를 성취했답니다.

막내인 넷째 빌랑기까 바라드와자가 그 소식을 듣고 부처님
을 찾아왔습니다. 형들이 부처님께 화를 내고 욕설을 마구 퍼붓다
가 졌다는 것을 알고는 묵묵히 가만히 한쪽에 서 있었습니다. 그의
그런 모습을 보고 부처님께서 게송을 읊으셨습니다.

악이 없고 청정하고 허물이 없는
사람에게 잘못을 저지르면
악의 과보가 자기에게 돌아가네.
바람을 거슬러 먼지를 날리면
자기가 뒤집어쓰듯이.

그래서 결국은 성질 급한 사형제가 다 출가를 해서 아라한과를 얻었습니다. 악연도 연이라는 말이 딱 맞는 것 같습니다. 싸우려고 작정하고 부처님께 찾아가서 욕설을 퍼부었는데, 그 덕분에 부처님께 게송을 듣게 되고, 그 덕분에 출가하게 되고, 아라한과를 얻게 된 겁니다.

위와 같은 '사형제의 출가'와 같은 일화를 보면, 부처님이 참으로 지혜와 복덕이 충만하신 분임을 잘 알 수 있습니다. 아라한의 경지까지는 아니더라도 보통 화를 낼 수 있는 상황에서 화를 내지 않게끔 꾸준한 수행을 해야 합니다. 그렇게 되기 위해서는 먼저 한 번 듣고 잊어버리지 말고 게송을 자주 읽고 뜻을 음미해야 합니다. 게송을 들었을 때는 화를 내지 말아야지 하다가도 막상 닥치면 또 화를 낼 수 있습니다. 그러나 화를 내면서도 '아, 화를 내면 안 되는데…' 하고 느낄 수 있다면, 그것은 자기가 가야 할 바를 안다는 것이고, 그것은 곧 목적지를 안다는 것입니다. 그러면 시간이 문제일 뿐 조금씩조금씩 진전이 있게 됩니다.

그리고 자기를 자꾸 바라보는 연습을 하는 게 좋습니다. 성질이 나려고 할 때 얼른, 몸 밖으로 나가서 성질이 나려고 하는 나를 제3자가 되어 바라봐야 합니다. 앞에서도 말씀드렸지만, '화'는 참으면 병이 되고 터뜨리면 업業이 되는데, 바라보면 사라집니다. 바라보는 연습이 아주 중요합니다.

저도 그와 비슷한 일이 있었습니다. 어느 여름날 법당에서 법문을 강의하고 있는데 마당에서 소란을 피우는 사람들이 있었습니다. 문을 다 열어 놓아서 더 시끄럽게 들렸지요. 그런데 바로 법당 밖의 사람들이 오해 때문에 내 성질을 건드리려고 일부러 그렇게 떠들썩한 상황을 만든 것이었습니다. 그때 정말 성질이 나려고 하더군요. 더군다나 많은 사람들 앞에서 강의를 하고 있었는데, 수업을 방해할 정도로 시끄러웠기 때문입니다. 성질이 올라오려는 순간 얼른 제3자가 되어서 저를 바라봤습니다. 그랬더니 올라오려던 것이 가라앉고 차분해져서 그 순간을 잘 넘겼습니다. 결국은 오해도 풀고 잘 해결되었습니다. 그때 만일 버럭 화를 냈으면 참으로 부끄러울 뻔했는데, '참 잘했다'는 생각이 듭니다.

화를 억지로 '참아야지' 하면 가슴이 답답해지고 그것으로 인해서 병이 될 수도 있습니다. 하지만 제3자가 되어서 자기를 바라보면 화가 일어나지 않습니다. 특히 명상·참선을 하면 자기를 바라보는 힘이 점점 강해집니다. 참선이나 명상이 남을 보는 게 아니라 자기를 보는 연습이기 때문입니다. 우리 눈이 밖을 향해 있어서 평상시에는 남을 보는 데 익숙한데, 거꾸로 돌려서 자기를 바라봐야 합니다.

자기의 몸뚱이 안에서만 자기를 바라보는 게 아니라 마음은 얼마든지 이동 가능하기 때문에 밖에 나가서 자기를 바라볼 수도 있습니다. 마치 촬영할 때 카메라가 자기를 쳐다보듯이, 카메라가 되어서 바라보는 겁니다. 우리가 아무리 화를 내고 욕을 해도 저 카메라는 화를 내지 않습니다. 그냥 바라볼 뿐! 묵묵히 촬영만 합니다. 그렇듯 카메라 같은 마음이 되어 그냥 바라보면서 자기 자신을 촬영할 수 있는 정도가 되어야 합니다. 그것이 수행법입니다.

지금까지 화를 다스리는 게송을 살펴보았습니다. 우리의 대표적인 번뇌가 탐욕과 성냄과 어리석음의 탐 · 진 · 치 삼독심입니다. 삼독심을 뿌리째 뽑은 분이 수행자의 표상입니다. 어떻게 해서든 탐욕을 줄이고, 성냄을 다스릴 줄 알게 되고, 어리석음에서 벗어나는 것들에 초점을 맞추어 게송을 말씀해 주셨습니다.

모든 사람이 게송을 듣고 확 변하는 것은 아닙니다. 하지만 이미 과거부터 수행을 했거나 그러한 연緣이 있는 사람은 게송 하나 듣고 바로 수다원과나 아라한과를 얻을 수 있습니다. 또한 그게 아니더라도 게송을 읽고 그 뜻을 음미하면서 꾸준히 연습을 하다 보면 깨닫게 됩니다.

행복을 부르는
게송

대부분의 사람들은 미래를 기약하면서 행복을 저당 잡히고 산다 해도 과언이 아닙니다. '이 다음에 돈 좀 더 벌면, 아파트 평수 넓히면, 좀 더 건강해지면' 이렇게 생각하면서 맨날 행복의 뒤꽁무니만 쫓아가다 보니 행복하다고 생각할 겨를이 없는 겁니다. 그 '이 다음에'라는 것이 '우물쭈물하다가 내 이렇게 될 줄 알았다'는 버나드 쇼의 말처럼, 죽을 때까지 미룹니다. 아니 그런 사람은 죽어서도 좀 더 있다가, 좀 더 있다가 하면서 내생으로 미룰 것입니다.

이제부터라도 위의 택시기사님처럼 비워내고 덜어내어 소욕지족의 행복을 바로 지금 이 자리에서 누리시길 빕니다.

진정한 행복은 무엇인가

우물쭈물하다가
내 이렇게 될 줄 알았다

불교경전을 떠올리면 무조건 어렵게 여기는 분들이 많은 것 같습니다. 한자도 많고, 모르는 용어도 많고 해서 보고 싶은데도 미리 겁내는 분들도 있으신데, 요즈음은 대부분의 경전들이 현대적인 언어로 번역이 되어 있고, 주석본까지 번역되어 있을 뿐만 아니라 이 책처럼 즐겁게 읽으면서 진리를 깨칠 수 있는 경전 해설서도 많이 출간되고 있으니 불교경전이 어렵다는 선입견을 훌훌 떨쳐버렸으면 합니다.

이 장에서는 행복을 부르는 게송을 살펴보겠습니다. 이 게송들만 외워도 행복이 솔솔 훈훈한 봄바람처럼 밀려드는 것 같습니다.

지금 여러분은 행복하십니까?

행복의 의미에 대해서도 의견이 저마다 다를 수 있습니다. '행복을 부르는 게송' 중에도 그러한 내용이 나옵니다. 진정한 행복이 무엇일까요? 궁금증을 갖고 시작하도록 하겠습니다.

영국의 극작가인 버나드 쇼가 이렇게 유언했다고 합니다.

내가 죽고 나서 내 묘비에다 이렇게 새겨 줘라.
'우물쭈물하다가 내 이렇게 될 줄 알았다.'
I knew if I stayed around long enough something like this would happen.

실제로 버나드쇼의 묘비명에 이러한 글귀가 새겨져 있다고 합니다. 뭔가 계획했으면서도 막상 실행하지 못하고서 우물쭈물 세월만 보내는 게 보통사람들의 인생이라 할 수 있습니다. 제가 아는 분 중에 20여 년 전부터 출가하겠다고 말하면서 아직까지도 출가를 하지 않은 사람이 있습니다. 이제는 나이가 너무 들어서 조계종단으로는 출가할 수가 없습니다.

이렇게 우물쭈물하면서 인생을 낭비하는 경우가 태반인데, 특히 행복은 미룰 필요가 없는 것입니다. '행복은 미룰 필요가 없다!' 세상에는 미루어도 좋은 일이 있고 미룰 필요가 없는 일이 있습니다. 행복은 절대로 미룰 필요가 없는 것인데도 사람들은 행복을 자꾸 미룹니다. '내가 좀 더 부자가 되면 행복하겠지?' '좀 더 여

유가 생기면 행복하겠지?' '좀 더 친구가 많이 생기면 행복하겠지?'
'좀 더 건강해지면 행복하겠지?' 이런 식으로 하는 것이 행복을 미
루는 겁니다. 행복은 미룬다고 해서 오는 게 아닙니다. 바로 지금
이 자리에서 마음 한번 바꾸면 행복해질 수 있습니다.

원한 없이 쾌락을 쫓지 않고
행복하게 사는 법

아, 우리 행복하게 살아가세!
원한 많은 사람들 속에서 원한 없이
미워하는 사람들 속에서 미움 없이
우리 진정 행복하게 살아가세!

아, 우리 행복하게 살아가세
병든 사람들 속에서 건강하게
아파하는 사람들 속에서 아픔 없이
우리 진정 행복하게 살아가세!

아, 우리 행복하게 살아가세!
쾌락을 쫓는 사람들 속에서 쾌락을 쫓지 말고
갈망하는 사람들 속에서 갈망 없이

우리 진정 행복하게 살아가세!

진정한 행복에 대해서 일깨워 주는 게송입니다. 진정한 행복은 원한 없이, 미움 없이, 건강하게 아픔 없이, 쾌락을 쫓지 말고 갈망 없이 사는 것입니다. 행복은 크게 무엇인가를 얻어서 오는 행복과 놓아 버림으로써 오는 행복으로 나눌 수 있는데, 불교적인 행복은 놓아 버림으로써 오는 행복이라 할 수 있습니다. 원한 없이, 미움 없이, 아픔 없이 등에서 알 수 있는 게 놓아 버리는 행복, 덜어내는 행복을 얘기한다는 것을 알 수 있을 것입니다. 물론 어느 정도 기본적인 의식주는 충족되어야 합니다. 하지만 거기서 조금 더 조금 더 하다 보면 결국 행복을 미루는 게 됩니다. 행복을 미루지 마세요. 바로 지금 여기에서 충분히 체험할 수 있는 것이 행복입니다.

미움을 쉬고… 아픔을 내려놓고… 또 갈망을 쉬고… 이것들은 다른 사람이든 사물이든 바깥 경계의 문제가 아닙니다. 내가, 내 마음으로 할 수 있는 것, 마음먹기에 따라서 얼마든지 한생각 돌리면 되는 것입니다.

마음만 잘 먹어도 지금 이 순간에 행복을 마음껏 누릴 수 있습니다. 또 시간이 지난 다음에 누릴 수 있는 것은 그때 가서 온전히 누리면 됩니다. 그런데 지금 누릴 수 있는 행복을 포기하고 자꾸 미래의 행복만 뒤쫓아 가다 보면 결국 뒤쫓기만 하다가 죽게 되는 겁니다. 버나드쇼의 묘비명에 있는, "우물쭈물하다가 내 이렇게 될 줄 알았다"는 말과 똑같은 상황이 연출되겠지요. 이 게송이 나온 배경을 살펴보겠습니다.

사끼야 족과 꼴리야 족의 싸움을 중재하신 부처님

부처님께서 사끼야 지방에 가셨을 때, 사끼야 족과 꼴리야 족 간에 다툼이 생겼습니다. 사실 사끼야 족은 부처님의 친족이고 꼴리야 족은 부처님의 외족이었습니다. 다시 말해서 친가와 외가가 한판 싸움이 붙은 겁니다.

부처님께서는 항상 새벽에 세상을 관찰하십니다. 수다원과를 얻을 만한 사람이 있는가를 관찰하시는 겁니다. 부처님께서 어느 날 새벽 세상을 관찰해 보니 두 부족 간에 분쟁이 생겨서 자칫하면 정말 큰 싸움으로 번지게 생겼습니다. 그래서 '이 싸움을 말려야겠다' 하고 중재하기 위해 부처님께서 사끼야 지방으로 가셨습니다.

이 싸움은 물 때문에 일어났습니다. 사끼야 족과 꼴리야 족은 로히니 강물을 사이에 두고 살았는데 그해에 엄청난 가뭄이 들었습니다. 가뭄이 들어서 물이 부족해지니까 논이고 밭이고 다 말라서 땅바닥이 쩍쩍 갈라지고 농작물이 타들어 가는 겁니다.

그래서 서로 강물을 자기네 쪽으로 끌어 들이려고 하다 보니 작은 다툼이 시작되었고 점점 더 큰 싸움으로 번지게 된 것입니다. 처음에는 이 강이 원래 우리 강이다, 니네 강이냐? 하면서 서로 다투다가, 점점 싸움이 커져서 부족 간의 분쟁으로 확대된 것이지요.

서로 싸우면서 욕을 퍼부어 대다가 종족의 기원까지 들추면서 싸웠다고 합니다. 꼴리야 족의 농부들은 사끼야 족의 농부들에게 이렇게 욕하면서 조롱했습니다.

"너희들은 아이들을 데리고 너희들이 사는 땅 까삘라왓뚜로 돌아가라. 재칼 같은 짐승들처럼 자기 누이동생들과 결혼해서 사는 녀석들아! 그런 형편없는 녀석들이 공격한다고 우리가 당할 것 같은가."

부족마다 내려오는 전설과 신화가 있습니다. 사끼야 족의 기원을 보면, 누이동생들과 결혼해서 사는 얘기들이 나옵니다. 그러자 사끼야 족의 농부들이 되받아쳐 욕을 퍼부었습니다.

"이 문둥이 자식들아, 너희들이나 아이들을 데리고 너희들 땅으로 되돌아가라. 속이 빈 왕대추 나무속에서 짐승처럼 살았던 천민들아! 너희 같은 녀석들이 우리를 공격한다고 우리가 당할 것 같은가."

꼴리야 족 사람들의 기원을 보면, 속 빈 왕대추 나무 속에서 살았다는 전설이 있습니다. 그것을 들춰내서 욕설을 퍼부으며 맞대응을 한 겁니다. 그렇듯 서로 상대방의 허물을 들추어내고 덧붙이고 하면서 점점 더 분쟁이 커졌습니다.

부처님께서 새벽에 관찰하시다가, '두 부족 간에 큰 분쟁이

나서 자칫하면 살상이 벌어지겠구나. 많은 사람들이 다치겠구나. 내가 가서 중재를 해야겠다' 하고 직접 나서신 겁니다. 이와 같은 것을 보더라도 불교는 결코 숙명론이 아닙니다. 부처님께서 안 나서셨다면, 두 부족 간에 전쟁이 나서 많은 사람들이 피 흘리며 죽었을 겁니다. 그러나 부처님께서 싸움을 하고 있는 그들에게 찾아가서 중재하셨기 때문에 다행히 그런 일이 벌어지지 않았습니다.

부처님께서 공중으로 날아가서 로히니 강 한 가운데에 가부좌를 틀고 앉으셨습니다. 강을 마주보고 서로 활, 화살, 창, 검, 방패를 들고 싸울 준비를 단단히 한 상태에서 언쟁을 벌이고 있는 중인데, 강 한가운데 부처님이 가부좌를 틀고 앉아 계시니까 깜짝 놀라서 다들 그 쪽으로 시선이 집중되었겠지요. 일단 두 부족이 무기를 다 내려 놓고 부처님께 삼배를 올립니다. 그때 부처님께서 허공에서 말씀하십니다.

"도대체 무슨 일로 이렇게 무기를 들고 싸우려고 하는가?"

"부처님이시여, 물 때문에 싸움을 하게 되었습니다."

부처님이 두 부족에게 물어보십니다.

"강물이 더 소중한가? 그대들의 몸속에 흐르는 피가 더 소중한가?"

농부들이 대답합니다.

"당연히 저희 몸속에 흐르는 피가 더 소중합니다."

부처님이 다시 묻습니다.

"그런데 왜 싸우려고 하는가? 그대들의 생명이 이 물보다 더

소중한 것 아니냐? 물을 얻기 위해 생명을 죽인다면 주객이 전도
된 것이 아니냐?"

먹고살기 위해 강물을 서로 자기 쪽으로 끌어오려는 건데, 전
쟁을 일으켜 서로 싸우면 살상을 피할 수가 없고, 이기는 쪽이든
지는 쪽이든 엄청나게 많은 사람들이 죽게 됩니다. 결국 강물은 핏
물이 되어 흐르겠지요.

부처님께서는 언제나 위와 같은 방법으로 법문을 설하십니
다. 이치에 맞게 예를 들어서 알아듣기 쉽게 말씀해 주시는 것입니
다. 결국 부처님의 법문을 듣고 다들 무기를 버리고 화해를 했습니
다. 강물을 사이좋게 나누어서 사용하기로 협상을 했습니다. 예를
들어서 하루는 사끼야 족이 사용하고 하루는 꼴리야 족이 사용하
는 식으로 하자고 협상을 한 것이지요. 이렇게 서로 나누어서 물을
대고 농작물을 관리해서 흉년을 면했다고 합니다.

부처님께서 참으로 지혜롭게 외가 쪽과 친가 쪽의 싸움을 화
해시키신 것입니다. 외가와 친가의 싸움, 이거 참 골치 아픈 상황
이지요. 어느 한 편을 들었다가는 다시는 얼굴을 볼 수 없는 상황
이 벌어질 수도 있지요. 그런 와중에 부처님께서 두 부족 간의 싸
움을 지혜로써 모면케 해 주셨습니다. 부처님의 말씀을 듣고 두 부
족 사람들 모두 "우리가 결국 다 먹고 살자고 하는 짓인데, 이것 때
문에 싸워서 다 죽어버리면 무슨 소용이냐? 협상을 하자" 해서 화
해를 시키고, 서로 차례차례 물을 대 주니까 불만이 없어진 겁니
다. 처음에는 양쪽 다 자기 욕심만 채우려고 하다 보니 다투게 되

고, 작은 싸움이 큰 싸움이 되는 것입니다. 처음엔 농부들끼리 싸우다가, 나중에는 군인이 오고, 왕도 와서 일촉즉발의 전쟁이 일어날 뻔한 상황인데 부처님께서 무마시킨 겁니다. 전쟁이라는 것은 어쨌든 양쪽 다 죽고 다치기 마련입니다. 이런 상황에서 나온 부처님의 게송이 세 편인데 하나씩 살펴보겠습니다.

> 아, 우리 행복하게 살아가세!
> 원한 많은 사람들 속에서 원한 없이
> 미워하는 사람들 속에서 미움 없이
> 우리 진정 행복하게 살아가세!

원한과 미움을 없애서 진정한 행복을 누리라는 것입니다. 다음 두 번째 게송입니다.

> 아, 우리 행복하게 살아가세!
> 병든 사람들 속에서 건강하게
> 아파하는 사람들 속에서 아픔 없이
> 우리 진정 행복하게 살아가세!

일단, 아프면 행복할 수가 없습니다. 아픈 사람 당사자도 그렇거니와 환자의 가족이나 주위사람들의 행복도 방해합니다. 가족들 중에 아픈 분이 있을 때를 회상해 보세요. 웃기가 미안해서 웃을 수 없는 경우도 많습니다. '남은 아파서 끙끙 앓으며 누워 있는데 뭐가 좋다고 저렇게 웃나' 하고 오해할 수도 있기 때문입니다. 또 집안에 중환자나 치매 등 병든 분들이 있으면 집안 전체 분위기가 우울해집니다. 몸을 잘 관리해서 아픔 없이 행복하게 살아야 한다는 생각이 저절로 들지 않습니까? 하기야 육체적인 병보다 더한 정신적인 아픔이 있습니다. 정신적인 번뇌를 다스릴 줄 알아야 합니다. 그래서 건강은 건강할 때 지켜야 된다는 말이 절대적으로 옳습니다.

건강에도 인因과 연緣이 있습니다. 인因은 자기가 만들어가는 것이고, 연緣은 외부의 환경입니다. 적당히 먹고 운동을 많이 해야 합니다. 그래서 우리 경전교실에서도 한 달에 한 번씩은 약사여래기도를 합니다. 약사여래藥師如來(중생의 질병을 고쳐주는 약사신앙의 대상이 되는 부처님)는 사람들을 건강하게 해 주겠다는 발원을 한 부처님이십니다. 매달 첫째 일요일 오전에 약사여래기도를 하고, 오후에는 산행을 합니다. 엊그저께도 삼각산에 다녀왔습니다. 보현봉이 잘 보이는 형제봉까지 세 시간 정도 산행을 했습니다. 직접 집 밖으로 나와서 좋은 공기 마시면서 운동하는 것, 이것은 건강의 인因을 충실히 해 주는 것입니다. 그리고 약사여래기도를 해 주는 것은 건강의 연緣을 충실히 해 주는 것이지요. 스스로 건강을 위해서 적절히 먹고 적당히 운동을 해 주고, 기도를 통해서 연을 충실히 해 주면 건강하게 살 수 있습니다.

병의 원인은 여러 가지가 있지만 불가佛家에서는 크게 세 가지로 분류합니다.

첫 번째가 몸에서 오는 병, 몸을 잘못 다스려서 오는 병입니다.

두 번째가 마음을 잘못 다스려서 오는 병입니다.

세 번째가 업장에서 오는 병입니다.

몸을 잘못 다스려서 오는 병은 몸을 잘 다스려 주어야 합니다. 예를 들어서 자세가 구부정하면 당연히 소화가 안 되어서 위장병이 생길 것입니다. 자세로 인한 위장병은 자세를 바르게 해 주고 적절히 운동을 해 주면 됩니다.

원한심, 분노심, 지나친 탐욕 등은 병을 불러옵니다. 이렇게 마음을 잘못 먹어서 오는 병은 마음을 다스려 주어야 합니다. 이 두 가지는 알아듣기 쉬울 것입니다. 그런데 업장에서 오는 병은 이해하기 힘들 수도 있습니다. 이 병은 과거에, 과거생이 되었든 금생의 과거가 되었든 과거에 지은 살생이나 도둑질 등 나쁜 업장에서 오는 병입니다. 업장에서 오는 병은 참회나 기도, 발원을 통해서 없애야 합니다. 그래서 "병고病苦의 인因과 연緣을 같이 다스려야 한다"는 말입니다. 다음으로 세 번째 게송입니다.

아, 우리 행복하게 살아가세!
쾌락을 쫓는 사람들 속에서 쾌락을 쫓지 말고
갈망하는 사람들 속에서 갈망 없이
우리 진정 행복하게 살아가세!

쾌락을 너무 쫓다 보면 몸과 마음이 망가지기 마련입니다. 과유불급過猶不及이라, '모든 것은 지나치면 모자람만 못하다'고 합니다. 쾌락을 지나치게 쫓다 보면 천신들도 죽고, 업에 따라 인간으로 태어나거나 축생으로 태어납니다. 그런데 하물며 인간이야 오죽하겠습니까? 인간이 쾌락을 지나치게 쫓으면 자기 복이 다해서 일찍 죽거나 병고액난에 시달리게 됩니다. 감정조차도 중도적인 습관이 필요합니다. 중도가 체득되면 삶의 희로애락에 흔들리지 않습니다. 부처님께서는 항상 "쾌락을 쫓지도 말고 지나친 고행을 쫓지도 말라"고 하시면서 중도적인 수행법을 강조하시면서 오욕락五慾樂을 경계하셨습니다.

오욕락은 식욕食慾, 성욕性慾, 재욕財慾, 수면욕睡眠慾, 명예욕名譽慾 등 다섯 가지 욕심을 말합니다. 보통 나이가 들면 식욕, 성욕, 수면욕은 줄어듭니다. 어르신들은 늦게 주무시고도 일찍 일어나시는 것만 봐도 잘 알 수 있을 것입니다. 그런데 나이가 들수록 물욕과 명예욕은 오히려 늘어날 수도 있다고 합니다. 사실 세상에서 살아가려면 재물이 어느 정도는 필요합니다. 그런데 욕심이 한이 없다고 사람들은 자기 분에 넘치는 복을 원합니다. 그렇듯 넘치는 욕심을 내다 보면 몸과 마음이 상하게 됩니다.

'분수에 맞게 산다'는 것이 참으로 중요한 일입니다. 만약 자기가 복을 10 정도 지어 놓았으면, 그중에서 5~6만 누리고 살면 나머지 4~5는 저축이 되어 살림살이가 점점 업그레이드upgrade됩니다. 그런데 5 지어놓고 10만큼 쓰니 마이너스 통장이 되는 것입니다. 그렇기 때문에 세상을 살아가면서 지나친 쾌락을 좇지 않도록 자기 몸과 마음을 잘 다스려야 합니다. '쌓아 놓은 복의 반 정도만 쓰다 간다'고 생각하고 실천하는 것이야말로 복을 잘 누리는 비결입니다. 만일 자기가 쌓아 놓은 복은 별로 없으면서 지나치게 쾌락을 좇다 보면 인생이 다운그레이드downgrade, 점점 하강곡선을 그리기 마련입니다.

부처님 말씀은 결코 뜬구름 잡는 말씀이 아닙니다. 우리가 마음을 조금만 조절해도, 다시 말해서 중도적인 마음가짐만 가져도 바로 지금 이 자리에서 행복해질 수 있습니다. 그런데 항상 지나치거나 모자라기 때문에 거기에서 문제가 생기는 것입니다. '수위 조절만 잘해도 행복해질 수 있다'는 마음가짐을 가져야 됩니다. 분수에 맞게 살아야 합니다. 무엇이든 지나치면 부작용이 생기기 때문입니다.

예를 들어서 스님들 중에서도 특히 토굴에서 생활하시는 스님들 중에 그런 분이 많습니다. 선방에서 정진할 때는 대중생활이므로 정진시간, 공양시간, 수면시간이 정해져 있습니다. 대중들과 맞춰서 규칙적인 생활을 하다 보면 아주 건강해집니다. 그런데 선방에서 대중들과 함께 정진할 때는 이런 생각이 듭니다. '공부가 될 만하면 일어나야 하고, 공부가 될 만하면 밥 먹어야 하는군. 이거 안 되겠다. 나 혼자 열심히 해 봐야겠다' 하고 개인 토굴생활을 합니다.

하지만 혼자서 하면 잘 될 것 같은데 결코 그렇지가 않습니다. 처음에는 조금 공부가 되는 것 같습니다. 그러다가 조금 시간이 지나다 보면, 밥도 잘 못 챙겨 먹게 되고 생활 리듬이 깨지게 됩니다. 규칙적인 생활을 하지 않고 생활 리듬이 깨지면서 오히려 몸이 망가집니다. 그뿐만 아니라 십중팔구 마음에 번뇌만 쌓여가지고 나오는 경우가 많습니다. 그런 분들을 여러 명 봤습니다. 그래서 공부든 일이든 한쪽으로 치우쳐서 하면 안 됩니다. 물론 집중적으로 해야 할 필요가 있을 때가 있긴 합니다만, 단기적으로 하고 다시 정상적인 생활 리듬을 타야 합니다. 그것을 무시하고 한쪽으로 치우친 생활을 하다 보면 몸과 마음에 병이 들기 쉽습니다.

저성장시대에 행복지수 높이기

이기고 지는 다툼을 버리면 행복하다

승리자는 증오를 낳고
패배자는 괴로움 속에서 살아가네.
평화로운 자는 이기고 지는 다툼을 버리고
행복하게 살아가네.

앞에서도 행복에 대해 말씀드렸습니다만, 불교의 행복은 덜어내는(비워내는) 행복이 많습니다. 자꾸 채워가는 행복을 추구하는 일반인들에게 얼핏 생소하게 느껴질 수도 있습니다. 하지만 오늘날과 같은 저성장시대에는 불교의 비워내는 행복을 배워야 합니다. 쉽게 분수로 표현을 하자면, 5분의 1, 6분의 2 등 분모와 분자가 있을 때 불교의 행복은 분모를 줄여 나가는 것입니다.

행복지수라 표현할 수도 있는데, 분모를 줄여나가는 공식을 구체적으로 설명해 드리겠습니다. 5분의 1만큼 행복했던 사람이 분모를 4, 3, 2, 1로 줄여 나가면 행복이 점점 커지기 마련입니다. 5분의 1보다 4분의 1이 크고, 4분의 1보다 3분의 1이 크고, 3분의 1보다 2분의 1이 크고 2분의 1보다 1분의 1이 크지 않습니까? 분자는 그대로 있어도 분모가 줄어드니까 점 점 점 점 행복이 커지는 겁니다. 만일 분모가 영(0)이 되면 0분의 1이니까 행복은 무한대가 되지요. 모든 숫자는 영(0)으로 나누면 무한대가 되잖아요. 그것처럼, 자기 마음을 공空하게 만들면, 무아법無我法에 통달하게 되면, 무한한 행복이 옵니다.

그러나 세상 사람들은 분모를 줄일 생각은 하지 않고 분자만 키울 생각을 합니다. 분모를 그대로 놔두고 분자만 늘려도 행복이 커지는데, 분모도 같이 키워 나가는 것입니다. 분모가 바로 '바라는 것', 욕망입니다. 그래서 분자를 조금씩 키워 나가도 욕망이 더 커지니까 행복감이 줄어듭니다. 예를 들어서 5분의 1을 놓고 볼 때 자기 재산이 1이었는데, 2로 늘어났습니다. 5분의 2가 되면 행복지수가 높아지는데, 그동안에 욕망은 15로 세 배나 늘어나 15분의 2가 되므로 행복지수는 더 낮아지는 겁니다.

우리나라 같은 경우 과거 10년, 20년, 30년에 비하면 경제적으로 훨씬 풍요로워졌습니다. 그러나 사람들이 느끼는 행복지수는 훨씬 낮아졌습니다. 지금 우리나라의 경제규모는 10위권 안팎인데도 행복지수는 100위권 밖으로 밀려난 것이 이런 상황을 그대로 보여주는 겁니다. 10년 전, 20년 전에 비해서 재산은 2배, 3배 늘어났는데 욕망은 4배, 5배 늘어나 버렸다면, 지금보다 더 가지려고 하는 욕심과 주변사람이 더 가진 것 같은 느낌이 들면 행복을 못느낍니다. 욕망(분모)과 재산(분자)이 행복 공식이요, 분모(욕망)가 커질수록 행복지수는 낮아진다는 것을 명심해야 합니다.

어느 택시기사의 행복 이야기

몇 달 전 어느 날 택시를 탔는데, 택시 기사님이 콧노래를 부르면서 아주 친절하게, 운전도 여유 있게 잘하셨습니다. 일반적으로는 한 푼이라도 더 벌려고 서두르는 분들이 많은데, 느긋하고 편안하게 운전하시는 모습이 인상적이어서 대화를 나누게 되었습니다. 그런데 기사님 하시는 말씀이 자기도 얼마 전까지는 바쁘게, 한 명이라도 더 태워서 돈을 더 벌려고 속도위반도 하고 차선위반도 했다는 겁니다. 그러다 보니 건강도 나빠지고, 사실 서둘러서 조금 더 벌었다 해도, 접촉사고가 나거나 교통위반 범칙금으로 다날려 버리면서 자기 자신을 돌이켜보게 되었답니다.

어렸을 때 소원이 아주 소박했답니다. '어른이 되면 흰쌀밥에 고등어구이 반찬을 먹었으면 소원이 없겠다'고 했답니다. 그런데 생각해 보니 지금도 쌀밥에 고등어구이는 먹을 수 있다는 겁니다. 이미 어렸을 때 소원을 성취했는데, 주위사람들과 비교하면서 조금 더 조금 더 하다 보니 그렇게 바쁘게, 힘들게 살았던 것이지요. 그러다 보니 스트레스도 많이 받고 건강도 안 좋아졌겠지요. 그런데 마음을 바꿔먹기 시작했답니다. '야, 내가 이미 소원을 성취했구나. 쌀밥에 고등어구이 반찬을 먹을 수 있구나. 더 이상 바랄 게 없구나.'

이렇게 마음을 편하게 먹으면서부터 건강이 좋아졌답니다. 그리고 수입에도 큰 차이가 없더랍니다. 조금 더 벌면서 불안하고 초조한 것이 낫겠습니까? 조금 덜 벌더라도 편안한 것이 좋겠습니까? 무엇보다 건강이 좋아지니 승객들에게 친절히 대하게 되고, 친절하게 대하니 승객들도 좋아하고, 승객들이 좋아하는 것을 보면 자기도 기분이 좋아지는 것입니다. 그야말로 마음먹기에 따라 마음과 몸이 좋아지는 일거양득의 효과를 얻었다고 합니다.

이 택시기사님의 말씀을 들으면서 '이 사람이야말로 참 불자다. 일상에서 도를 깨우친 참다운 불자다'라는 생각이 들었습니다. 상황은 전혀 바뀌지 않았지만 마음을 바꿈으로써 완전히 행복을 느꼈다는 것은 가히 깨달음의 경지라 할 수 있습니다.

대부분의 사람들은 미래를 기약하면서 행복을 저당 잡히고 산다 해도 과언이 아닙니다. '이 다음에 돈 좀 더 벌면, 아파트 평수 넓히면, 좀 더 건강해지면' 이렇게 생각하면서 맨날 행복의 뒤꽁무니만 쫓아가다 보니 행복하다고 생각할 겨를이 없는 겁니다. 그 '이 다음에'라는 것이 "우물쭈물하다가 내 이렇게 될 줄 알았다"는 버나드 쇼의 말처럼, 죽을 때까지 미룹니다. 아니 그런 사람은 죽어서도 좀 더 있다가, 좀 더 있다가 하면서 내생으로 미룰 것입니다. 이제부터라도 위의 택시기사님처럼 비워내고 덜어내어 소욕지족의 행복을 바로 지금 이 자리에서 누리시길 빕니다.

아자따삿뚜르 왕에게 패한 빠세나디 왕의 수치심과 분노

부처님께서 제따와나(기원정사)에 계실 때, 꼬살라 국의 빠세나디 왕이 마가다 국의 아자따삿뚜르 왕과의 전쟁에서 패하고 돌아왔습니다. 사실 계보를 따지자면, 아자따삿뚜르 왕은 빠세나디 왕의 조카벌이 됩니다. 조카에게 지고 돌아왔으니 얼마나 억울했겠습니까. 빠세나디 왕은 분해서 어쩔 줄 몰라 하며 부처님께 하소연했습니다.

"부처님, 저는 세 번이나 전쟁에서 패하고 돌아왔습니다. 젖비린내 나는 조카도 이기지 못하는데 살아서 뭐하겠나 싶고, 입이 타들어갈 것 같아 식음을 전폐하고 누워 있습니다."

빠세나디 왕이 원래 대식가였다고 합니다. 한 끼 먹을 때마다 일반 그릇으로 안 먹고 양푼으로 먹었다고 합니다. 그런데 얼마나 마음에 충격을 받고 실망했으면 대식가가 밥을 다 굶고 끙끙 앓으면서 누워 있었겠습니까? 아자따삿뚜르 왕은 아기 때부터 봤기 때문에 젖비린내 나는 놈이라고 생각했는데, 막상 세 번이나 연달아

패해서 국토를 상당 부분 빼앗긴 것입니다. 그 상실감 때문에 음식도 먹지 않고 병석에 누워 있던 빠세나디 왕에게 부처님께서 이 게송을 읊어주셨습니다.

승리자는 증오를 낳고
패배자는 괴로움 속에서 살아가네.
평화로운 자는 이기고 지는 다툼을 버리고
행복하게 살아가네.

이 게송을 듣고 빠세나디 왕이 아자따삿뚜르 왕과 화해를 합니다. 아자따삿뚜르 왕에게 딸을 부인으로 주는 등 정략결혼으로 평화로운 분위기를 조성했습니다. 부처님께서 말씀해 주신 게송이 증오심과 괴로움에서 벗어나게 해 주는 결정적인 역할을 하게 된 것입니다.

부처님의 행복론

부처님을 만나고 진리와 조금씩 가까워지면서 진정한 행복의 의미를 조금씩 알게 됩니다. 부처님 당시에도 500명의 비구들이 모여서 '진정한 행복이 무엇일까?'에 대해서 난상토론을 벌였습니다.

어떤 분들은 왕이 되는 것, 요새 말로 하자면 대통령이 되는 것이 최고의 행복이라고 했고, 또 어떤 분들은 감각적 쾌락을 원 없이 즐기는 것이라고 했습니다. 맛있는 거 먹고 아름다운 미녀와 멋진 곳에서 음주가무를 즐기는 것이 최상의 행복이라고 하는 분, 또 어떤 분들은 맛있는 것을 원 없이 먹을 수 있는 부자가 되는 것 등등 자기 나름대로의 행복관을 가지각색으로 피력했습니다. 사람마다 다 가치관이 다르고 생각이 달라서 결론이 나지 않는 겁니다.

그때 500명의 비구들이 부처님께 찾아가서 이 문제에 대해 여쭈었습니다.

"부처님, 우리가 행복에 대해서 난상토론을 벌였는데, 결론이 나지 않습니다. 도대체 진정한 행복이란 무엇입니까?"

이때 부처님께서 다음 게송으로 진정한 행복에 대해 답변을 해 주신 것입니다.

행복은 붓다가 세상에 나심이요,
행복은 으뜸가는 성스러운 진리를 배움이요,
행복은 성스러운 제자들이 서로 화합함이다.
더욱 큰 행복은 위의 셋이 잘 조화되어 실천됨이네.

불·법·승 삼보를 만난 것이 진정한 행복이고, 최상의 행복은 불·법·승 삼보가 잘 조화되어 실천하는 것이라는 말씀입니다. 다시 말해서 부처님과의 만남이 참된 행복입니다. 행복도 여러 가지가 있는데, 세간에서 말하는 감각적 쾌락으로 인한 행복은 작은 행복이고 조건부 행복입니다. 하지만 불·법·승 삼보를 만나서 진리를 깨달아 법희선열을 느끼는 출세간의 행복은 큰 행복이고 무조건적인 행복입니다.

예를 들어서 미인과 함께 있는 것이 세간에서의 행복이라면, 먼저 미인이 있어야 행복해질 수 있지 않습니까? 어디 그뿐인가요? 그 미인이 자기를 좋아해야 하고, 자기 말을 따라주어야 하고, 만일 그 미인에게 다른 남자가 생기면 바로 불행해지게 됩니다. 그렇기 때문에 이것은 조건부 행복이라는 것입니다. 그러나 불·법·승 삼보를 가까이 하면서 법을 배우고 기뻐하고 참선을 하면서 느끼는 선열禪悅, 선의 즐거움은 얼마든지 혼자서도 느낄 수 있는 겁니다. 그래서 조건부가 아닌 진정한 행복인 것입니다.

돈이 많아야 오는 행복은 돈이 줄어들면 불행해지고, 미녀를 만나야 오는 행복은 미녀와 헤어지면 불행해지고, 건강해야 오는 행복은 늙고 병들면 불행해지는 조건부 행복입니다. 참다운 행복이 아닙니다. 붓다(佛)·담마(法)·상가(僧), 그 다음에 이 세 가지가 잘 조화되어 실천하는 것이야말로 무조건적인 참다운 행복입니다.

행복은 어디에서 오는가

욕망보다 더 큰 불길은 없고
미움보다 더 큰 허물은 없다.
오온보다 더한 괴로움은 없고
닙바나(열반)보다 더한 행복은 없다.

이것은 '닙바나(열반)'에 대해 언급한 게송입니다. 결론적으로 '진정한 행복, 궁극적인 행복은 닙바나'라는 것입니다. 앞에서 설명 드렸듯이 빨리어 닙바나는 산스크리트어로 니르바나nirvana, 한자어로는 열반을 말합니다. 이 게송이 나오게 된 상황에 대해 말씀드리겠습니다.

신부의 모습에
정신이 팔린 신랑

부처님 당시에 부처님께서 제따와나(기원정사)에 계실 때 귀족 가문의 한 처녀가 결혼식을 했습니다. 경전에 보면, 부처님도 초대받아서 결혼식장에 가셨다는 것을 알 수 있습니다. 그런데 사실 스님들에게 제일 어울리지 않는 자리가 결혼식장입니다. 저도 몇 차례 간 적이 있는데, 굉장히 어색하더군요. 주례를 한 번 해 준 적도 있고, 하객으로 동참한 적도 있습니다. 차라리 주례를 서는 경우는 부처님 말씀을 전해 주는 자리여서 덜 어색한데, 하객으로 앉아 있는 경우는 참으로 어색해서 시간이 정말 길게 느껴졌습니다.

그래서 '부처님도 결혼식장에 가셨을까?' 하는 궁금증을 가지고 경전을 살펴보니 부처님도 인연이 있는 신도들의 결혼식에 참석하셨다는 것을 발견하고 한바탕 웃은 적이 있습니다. 부처님은 신도들의 경·조사에 참석하는 것을 아주 당연하게 여기셨습니다. 당신이 직접 가지 못할 경우에는 제자들에게 경·조사를 챙겨 주도록 이르셨습니다. 우리가 생각하기에는 부처님은 늘 여법하고 엄숙하게 설법만 하셨을 것 같은데 결혼식장에 가서서 축하해 주는 모습을 상상하는 것만으로도 마음이 즐겁고 푸근해집니다.

어느 날 부처님께서 결혼식장에 가셨는데, 신부가 아주 예뻤나 봅니다. 신랑이 결혼식장에서 신부한테 눈이 팔려서 아무것도 하지 않고 헤벌레~ 입만 벌리고 있었다고 합니다. 아마도 신부한테 푹 빠져서 '어떻게 하면 빨리 신부를 껴안을 수 있을까' 하는 생각만 하고 있었나 봅니다. 부처님께서 신랑의 그 마음을 다 읽으시고는 신통력으로 신부가 안 보이게 만들었습니다. 그러니까 신랑이 깜짝 놀라서 헤매다가 부처님을 만나게 되고, 바로 그때 부처님께서 이 게송을 읊으셨습니다.

> 젊은이여, 욕정보다 더한 불길은 없고
> 미움보다 더한 허물은 없다.
> 오온보다 더한 고통이 없고
> 닙바나보다 더한 행복이 없다.

다시 말해서 지금 아름다운 여인과 결혼하는 것도 행복이지만 그것은 작은 행복이고 진정한 행복, 큰 행복은 닙바나, 니르바나에 이르는 것이라는 말씀입니다.

"욕정보다 더한 불길은 없고, 미움보다 더한 허물은 없다"는 구절과 "욕망보다 더 큰 불길은 없고, 미움보다 더 큰 허물은 없다"는 구절이 서로 연결되는 것입니다.

욕망은 보통 '탐욕의 불길이 타오른다', '욕정의 불꽃' 등 불로 많이 비유하여 표현합니다. 김기덕 감독이 연출한 영화 「봄·여름·가을·겨울」에 그러한 내용이 적나라하게 담겨 있습니다. 엄마를 따라서 한 소녀가 요양을 하기 위해 절에 옵니다. 소녀의 엄마는 아픈 딸을 절에 맡겨 놓고 떠나갑니다. 절의 동자승과 동갑내

기였던 소녀는 절에서 같이 지내면서 친해집니다. 어느 정도 완쾌된 소녀는 집으로 돌아갑니다. 홀로 절에 남겨진 동자승은 소녀를 그리워하다가 몇 년 뒤 마침내 그 여자를 찾아서 떠납니다. 천신만고 끝에 여자를 만나서 서로 사랑을 확인합니다. 그런데 세월 지나서 장년이 된 그가 다시 절로 돌아옵니다. 문제는 사랑하는 여자를 죽이고 살인자가 되어 경찰에 쫓기는 몸으로 돌아온 것입니다. 두 사람은 같이 살다보니 자꾸 부딪히게 됩니다. 사랑하는 여자가 다른 남자를 좋아한다는 것을 알고 증오심과 질투심에 불타 그 여자를 살해하고 오갈 데 없이 방황하다가 다시 절로 돌아오게 된 것입니다.

그와 같이 욕망이라는 것은 불같이 일어나는 것이라서 주체하기 어렵습니다. 욕망이 자기 뜻대로 이루어지면 좋은데, 자기 뜻대로 안 됩니다. 절에서 둘만 있을 때는 한눈을 팔지 않았지만, 세상에 나가서 살다 보면 자연히 한눈 팔 일이 생기기 마련입니다. 그런데 사랑하는 여인이 다른 남자에게 한눈을 파는 것을 보고 배신감에 치를 떨며 말할 수 없이 치솟는 미움 때문에 살인죄를 저지르게 되었겠지요. 그래서 "미움보다 더 큰 허물이 없다"는 것입니다.

"오온보다 더한 괴로움은 없고, 닙바나보다 더한 행복은 없다." 오온이라는 것은 다섯 가지 쌓임〔색色·수受·상想·행行·식識〕으로 우리의 몸과 마음을 뜻합니다. 몸은 색色이고, 수受·상想·행行·식識은 마음을 단계적으로 분류해서 표현한 것입니다. 우리의 이 몸과 마음이 오온입니다. 오온이 항상 건강하고, 항상 좋은 일만 생기고, 항상 주변사람들이 나를 따르고 받들어 주면 즐겁겠지만 그렇지 않은 게 현실입니다. 아무리 건강했던 사람도 나이가 들면 늙고 병들어서 죽게 되기 마련이고, 가장 사랑했던 아들딸이 병에 걸려서, 혹은 갑자기 사고로 죽기도 합니다.

또한 주변 사람들도 항상 다 자기 뜻대로 되지 않습니다. 사고를 치기도 하고 대들기도 합니다. 물론 모든 것이 순조롭게 되는 경우도 있지만 그것은 일시적이고 작은 행복입니다. 모든 번뇌에서 해탈(해방)되는 것, 애착에서 놓여지는 닙바나, 니르바나보다 큰 행복은 없습니다. 닙바나야말로 궁극적인 행복이자 지속적인 행복입니다.

배고픈 농부의 깨달음

배고픔이 가장 큰 병이요,
상카라가 가장 큰 괴로움이네.
이것을 있는 그대로 알면
닙바나를 성취할 수 있나니
닙바나는 으뜸가는 행복일세.

 부처님께서 제따와나에 계실 때의 일입니다. 여느 때처럼 부처님께서 새벽에 세상을 살폈습니다. 그런데 한 농부가 눈에 들어왔습니다. 부처님께서는 이 농부가 수다원과를 얻게 될 인연이 되었다는 것을 아셨습니다. 그래서 이 농부 한 사람을 제도하기 위해서 30요자나를 걸어가십니다. 보통 사람이 하루에 걸어갈 수 있는 거리가 1요자나입니다. 그러니까 부처님께서 30일, 한 달이 걸리는 거리를 걸어가신 것입니다. 부처님께서는 이 세상 사람들이 과위를 성취하도록 돕기 위해서 오셨기 때문에, 어떤 사람이 수다원이나 아라한을 얻게 될 인연이 되면 천리를 멀다 않고 찾아 가셨습니다. 30요자나라는 그 머나먼 거리를 제자들과 함께 걸어가셔서 마침내 한 달 만에 이 농부가 사는 마을에 도착했습니다.

그날따라 농부가 키우던 소가 외양간에서 빠져나와 멀리 도망쳤습니다. 농부는 새벽부터 아침도 못 먹고 그 소를 찾으러 나가서 헤매다가 한낮이 다 되어서야 겨우 소를 찾아서 돌아옵니다. 농부는 마을사람들에게 부처님께서 오셨다는 소식을 듣고, '부처님께 법문을 들으러 가야 하는데 너무 늦었구나' 하고는 밥도 안 먹고 부처님께서 법문을 하시는 곳으로 향합니다. 아침도 굶고 점심도 안 먹었으니 얼마나 배가 고팠겠습니까. 하지만 수다원과를 얻을 기연이 되었으니 배고픈 것도 마다않고 법문을 들으러 온 것이겠지요.

부처님께서 대중들과 함께 앉아 계시다가 그 농부가 헐레벌떡 다가오는 것을 보시고 비구들에게 물으셨습니다.

"아까 공양을 하고 남은 음식이 있느냐?"

"네, 아직 손도 대지 않은 음식이 있습니다."

"그렇다면 그 음식을 먼저 저 사람에게 주거라."

그래서 농부는 부처님 덕분에 때 아닌 때에 밥을 먹고 허기를 면했습니다. 부처님께서는 농부가 밥을 다 먹을 때까지 기다렸다가 법을 설하셨습니다. 부처님의 법문을 듣고 이 농부는 바로 수다원과를 성취했습니다.

부처님 제자들이 '이상하다. 부처님께서는 지금까지 단 한 번도 음식이 남았느냐고 물으신 적이 없었는데, 오늘은 왜 그런 질문을 하셨을까?'라고 의문을 품었습니다. 예전에는 음식에 관한 질문을 한 적이 한 번도 없었다고 합니다. 그런데 그날만 유독 남은 음식이 있느냐는 질문을 하셨을까 하고 의아해서 자기네들끼리 대화를 나누고 있으니까 부처님께서 물어 보십니다.

"지금 무슨 얘기를 하고 있느냐?"

"여차저차해서 이러저러한 얘기를 나누고 있습니다."
라는 제자들의 말을 듣고 부처님께서 말씀하셨습니다.

"비구들이여, 내가 30요자나를 걸어서 여기까지 온 것은 순전히 이 농부가 수다원과를 성취할 인연이 무르익었기 때문이다. 그는 이른 아침부터 잃어버린 소를 찾아 숲속을 돌아다녔다. '배고픔의 고통을 겪고 있는 사람에게 법문을 하면 이해하지 못할 것'이라고 생각해서 음식을 가져다 주라고 한 것이다. 비구들이여, 이 세상에 배고픔의 고통보다 더한 고통은 없다."

굉장히 현실적인 말씀입니다. 사실 한 나라의 태자였던 부처님께서는 배고픔의 고통을 모르다가 출가해서 6년 고행을 하실 때 극도의 단식을 하셨습니다. 간혹 사진에도 나오지만, 피골이 상접하다는 말이 연상되는 고행상을 생각하면 당시의 상황을 미루어 짐작할 수 있을 것입니다.

그때 고행을 마치시고 부처님께서 말씀하셨습니다.

"지금까지 어느 누구도, 또 앞으로 어느 누구도 나와 같은 고행을 한 자는 없을 것이다."

심지어 새들이 죽은 사람인 줄 알고 부처님 머리에 둥지도 틀 정도였다고 합니다. 가만히 앉아서 밥도 안 먹고 잠도 안 자고 움직이지도 않았으니 살아 있는 사람처럼 보이지 않았을 것입니다. 아마도 당신이 그 정도로 고행을 하셨기 때문에 배고픔에 대해서도 잘 아셨던 것 같습니다.

게송 중에서 '이것을 그대로 알면'의 이것이란, 바로 "배고픔이 가장 큰 병이요, 상카라가 가장 큰 괴로움이네"라는 사실을 말하는 것입니다. 다시 말해서 배고픔이 가장 큰 병이라는 것을 있는 그대로 알고, 상카라가 가장 큰 괴로움이라는 것을 있는 그대로 안다는 것이지요. 여기서 '상카라'라는 것은 한문으로 번역할 때 행行이라고 합니다. '색色 · 수受 · 상想 · 행行 · 식識' 등 육경六境 중의 행입니다. 그런데 이 행이 여기에서는 오온五蘊을 대변해서 하는 말입니다.

색 · 수 · 상 · 행 · 식에서 색色은 물질, 즉 이 몸뚱이를 뜻합니다. 그 다음 수受부터 식識까지가 마음의 작용입니다. 다시 말해 수

受는 느낌, 즉 감수 작용으로 물질을 있는 그대로 받아들이는 것입니다. 그 다음에 상想은 거기에 한 생각이 더 나아가서 '크다·작다·거칠다·부드럽다'를 아는 작용입니다. 감수 작용에서 한 걸음 더 나아가서 판단하는 것입니다. 행行은 '부드러우니까 내가 가져야겠다, 거치니까 내가 밀쳐내야겠다' 하는 의지 작용입니다. 그 행行이 바로 '상카라'입니다. 그리고 식識은 기억 작용입니다. 지금까지 앞에서 한 것들을 기억하고 저장하는 것입니다.

여기에서 의지 작용인 상카라가 가장 큰 괴로움이라고 합니다. 왜냐하면 마음대로 되지 않는 몸과 마음이 사실은 고통덩어리이기 때문입니다. 생각해 보십시오. 내 마음대로 되는 게 있습니까? 누구든지 계속 건강하고 싶고, 계속 아름답고 싶고, 계속 피부도 부드럽고 싶고, 계속 많은 사람들에게 예쁘다고 칭찬받고 싶어 합니다. 그런데 그것이 마음대로 안 됩니다. 사람은 누구나 일정 정도 나이가 들면 쪼글쪼글 점점 늙어갑니다. 여자는 16세, 남자는 20세가 전성기라고 합니다. 그러니까 그 나이 이후에는 점점 하향 곡선을 그리는 겁니다. 그래서 상카라가 고통이라는 말입니다.

부처님께서는 게송을 말씀하시기 전에 밥을 먹지 않은 농부에게 밥부터 먹으라고 하면서 챙겨주셨습니다. 여기에서도 부처님의 깊은 배려심이 느껴집니다. 이 농부를 위해 정말 엄청난 배려를 하신 겁니다. 부처님께서 근 한 달 동안 30요자나를 걸어오셨고, 이 농부가 집 나간 소를 찾으러 가느라 법회에 오지 않으니까 법문을 하지 않으신 채 기다리셨습니다. 뒤늦게 밥도 먹지 않고 헐레벌떡 뛰어온 농부에게 밥부터 먹이라고 하셨습니다. 농부가 허기를 면하고 난 다음에야 법문을 해 주십니다. 배고프면 눈에 뵈는 게 없다고 하는데, 부처님께서는 그런 것까지 파악하고 법문을 해 주실 정도로 배려심이 깊은 분이셨습니다.

부처님 덕분에 다이어트에 성공한 빠세나디 왕

건강이 으뜸가는 이익이요
만족이 으뜸가는 재산이요
신뢰가 으뜸가는 친척이요
닙바나가 으뜸가는 행복이네.

이 게송에서도 닙바나가 으뜸가는 행복이라고 합니다. 왜냐하면 닙바나는 윤회에서 우리를 벗어나게 해 주는 것이기 때문입니다. 사람들이 흔히 행복이라고 느끼는 것들, 예를 들어 좋은 집에서 좋은 자동차를 굴리면서 잘 먹고 잘 산다고 하는 것들은 결국은 윤회를 초래하는 행복입니다. 그러나 그렇다고 해서 이러한 것들을 무조건 무시해서는 안 됩니다. "건강이 으뜸가는 이익이고, 만족이 으뜸가는 재산이고, 신뢰 즉 믿음이 으뜸가는 친척이다"라는 말씀을 해 주신 것을 보면 잘 알 수 있습니다.

부처님 당시 코살라 국왕이었던 빠세나디 왕은 신심 깊은 불자였습니다. 한편 빠세나디 왕은 앞에서도 말씀드렸듯이 밥을 한 양푼씩 먹을 정도로 대식가였다고 합니다. 큰 양푼에다 비빔밥을 해서 여러 사람이 둘러앉아서 먹으면 더 맛있습니다. 그렇게 먹다 보면 양을 가늠할 수 없어서 평소보다 많이 먹게 됩니다. 그런데 빠세나디 왕은 혼자서 그렇게 많은 양을 먹었다고 하니 엄청난 대식가였던 것 같습니다. 그러다 보니 빠세나디 왕의 비만은 아주 당연한 것이었겠지요. 게다가 늘 식곤증에 시달렸을 것입니다.

어느 날 빠세나디 왕은 부처님께 법문을 들으러 오기 직전에 잔뜩 밥을 먹고 온 겁니다. 부처님 앞에서 법문은 들어야겠는데 식곤증으로 눈은 자꾸 감기고 배는 불러서 헉헉대며 가쁜 숨을 내쉬었습니다. 졸리는데다 앉아서 법문을 듣고 있으니 뚱뚱한 다리가 얼마나 저리고 아팠겠습니까? 눈을 억지로 겨우 뜨고 뻗고 싶은 다리 또한 버티고 앉아 있으려니 참 가관이었을 것입니다.

부처님께서 빠세나디 왕에게 말씀하셨습니다.

"많이 피곤해 보이는데 좀 쉬시지 왜 오셨습니까?"

"아닙니다. 부처님, 저는 밥을 먹고 나면 항상 식곤증 때문에 괴롭습니다."

그러자 부처님께서 빠세나디 왕에게 "과식은 괴로움을 초래합니다. 음식을 절제하면 몸이 편안합니다"라고 말씀하시면서 다음과 같은 게송을 읊어 주셨습니다.

멍청하게 먹기만 하는 집돼지처럼

이리저리 뒹굴며 잠자는 어리석은 이는

계속해서 자궁에 들어감을 면치 못하리라.

참으로 우회적인 표현입니다. 먹고 자고 먹고 자고 하면서 살이 피둥피둥 찌는 돼지처럼 먹고 뒹굴며 잠만 자는 어리석은 사람은 "계속해서 자궁에 들어감을 면치 못하리라"고 했습니다. 윤회를 벗어나지 못한다는 뜻이지요. 그렇기 때문에 윤회에서 벗어나려면 돼지처럼 마구 먹어서도 안 되고, 이리저리 뒹굴면서 잠만 자도 안 되는 것입니다. 이 게송을 들으면 먹다가도 식욕이 끊어지겠죠? 이 글을 읽는 독자들 중에 다이어트가 필요하신 분이 있으시다면 이 게송을 자꾸 외워 보세요. 아마도 다이어트가 절로 되실 것 같습니다.

절에서는 공양供養(음식을 먹는 것)을 할 때 먼저 게송을 외우고 먹습니다. 보통 오관게五觀偈를 합니다.

"이 공양이 어디서 왔는가. 내 덕행으로 받을 만한가. 탐·진·치 삼독을 여의고 육신을 지탱하는 약으로 삼아 도업을 이루고자 이 공양을 받습니다"라는 내용의 오관게를 해도 되고, 위의 게송을 외워도 좋습니다. 위의 게송을 되뇌다 보면 자연스레 소식小食하게 되고 빠세나디 왕처럼 다이어트에 성공하시고 건강하게 장수하실 것입니다.

저는 부처님과 빠세나디 왕의 이 일화를 보면서 얼마나 웃었는지 모릅니다. 부처님께서는 말귀를 알아듣는 사람에게는 이렇듯 돌직구를 날리셨습니다. 살짝 우회적으로 표현했을 뿐 한마디로 "대왕이여, 음식을 절제해야 합니다. 적당히 먹어야지 그렇게 돼지처럼 많이 먹으면 윤회에서 벗어날 수 없습니다"라고 말씀하신 것입니다. 부처님께서는 이렇게 충격적인 내용의 게송을 읊으시고 나서 게송을 하나 더 읊어 주셨습니다.

언제나 마음을 챙겨서 음식을 절제하면
괴로움이 적어지고
목숨을 보존하여 천천히 늙어간다.

언제나 마음을 챙겨서 음식을 절제하면 적어도 세 가지 이익이 있습니다.

첫째, 괴로움이 적어집니다. 피둥피둥 살이 찌면 보통 괴로운게 아닙니다. 혈압도 올라가고 당뇨병도 생기는 등 갖가지 성인병이 생깁니다. 비만이 온갖 성인병의 원인이라는 것은 이미 잘 알고 계실 것입니다.

둘째, 목숨을 보존할 수 있습니다. 건강하게 명(命)대로 살 수 있다는 것입니다.

셋째, 천천히 늙어간다고 합니다. 늙는 것은 피할 수 없지만 빠르게 늙느냐, 천천히 늙느냐는 자기가 조절할 수 있는 겁니다.

음식만 잘 조절해도 위와 같은 세 가지 큰 이익이 있다는 겁니다. 부처님께서는 이렇듯 굉장히 현실적이고 구체적인 내용의 게송으로 중생을 깨우쳐 주셨습니다.

빠세나디 왕은 기억력이 좋지는 않았나 봅니다. 그래서 신하에게 이 게송을 알려 주고, 빠세나디 왕이 식사할 때마다 옆에서 이 게송을 읊어 주라고 했답니다. 부처님께서 알려주신 게송은 이를테면 채찍과 당근을 같이 주는 겁니다.

멍청하게 먹기만 하는 집돼지처럼
이리저리 뒹굴며 잠자는 어리석은 자는
계속해서 자궁에 들어감을 면치 못하리라.

이처럼 채찍질을 한 다음에, 당근을 줍니다.

언제나 마음을 챙겨서 음식을 절제하면
괴로움이 적어지고
목숨을 보존하여 천천히 늙어간다.

그런데 위의 게송을 마지막 숟가락을 뜨려고 할 때 읊게 했습니다. 그러니까 마지막 한 숟가락을 더 먹으려고 하다가 그 게송을 듣고는 입맛이 뚝 떨어져서 숟가락을 놓게 되는 겁니다. 중요한 것은 그 다음날 빠세나디 왕의 밥을 할 때는 한 숟가락 분량을 덜고 했습니다. 그 다음날에 먹을 때 또 한 숟가락 덜게 하고, 그렇게 계속 밥할 때와 먹을 때 한 숟가락씩 덜어 나가다 보니 나중에는 한 공기의 밥만으로도 만족하게 되었다고 합니다.

이렇게 빠세나디 왕은 부처님 덕분에 식습관을 고치고 다이어트에 성공했습니다. 몸이 가벼워지고 식곤증의 고통에서 벗어난 빠세나디 왕이 기뻐하며 부처님께 "저는 이제 아주 행복합니다"라고 말씀드렸습니다.

빠세나디 왕도 젊었을 때는 아주 보기 좋은 체격이었다고 합니다. 사냥 나가서 산짐승을 잡을 정도로 몸이 날랬는데, 점점 비대해져서 사냥은 꿈도 꿀 수 없는 상황이 되었겠지요. 그런데 다이어트에 성공해서 젊은 날의 강건한 체격을 회복했으니 얼마나 기뻤겠습니까?

"부처님, 저는 이제 아주 행복합니다. 저는 한때 야생동물이나 말까지도 따라가서 잡을 수 있었습니다. 저는 제 조카인 아자따삿뚜르 왕과 매일 전쟁을 치러야 했습니다. 그러나 최근에 제 딸 와지라 공주를 아자따삿뚜르 왕과 결혼시키고 딸의 결혼지참금으로 마을도 하나 주었습니다. 이제 두 나라가 전쟁을 끝내고 평화를 찾아 행복합니다. 또한 저는 부처님의 제자들과 좋은 인연을 지속시키기 위해 사끼야 족(석가모니 부처님의 종족)의 딸을 아내로 맞이하였습니다. 그래서 저는 행복합니다."

빠세나디 왕이 위와 같이 여러 가지 덕분에 행복해졌다는 것을 부처님께 말씀드리자, 부처님께서 바로 이 게송을 읊어주셨습니다.

건강이 으뜸가는 이익이요,

만족이 으뜸가는 재산이요,

신뢰가 으뜸가는 친척이요,

닙바나가 으뜸가는 행복이네.

건강을 잃으면 모든 것을 잃게 되므로 건강이야말로 으뜸가는 이익입니다. 또한 만족할 줄 아는 것이 으뜸가는 재산이라고 했습니다. 아무리 재산이 많아도 만족을 모르면 항상 헐떡이게 되고 행복과는 멀어집니다. 그래서 만족할 줄 아는 것이 으뜸가는 재산이라 한 것입니다.

신뢰가 으뜸가는 친척이라고 한 점도 인상적입니다. 세상 사람들 중에 그래도 친척이 가장 믿을 만하겠지요. 신뢰가 있으면 뭐든지 할 수가 있습니다. 그런데 신뢰를 잃으면 철저하게 홀로 서기를 해야 하기 때문에 삶이 고달프고 불행해지기 쉽습니다. 그러나 건강도 중요하고 만족도 중요하고 신뢰도 중요하지만 '최상의 행복은 닙바나'라는 겁니다. 닙바나에 이르는 것은 결코 어렵지 않습니다. 자기 마음을 다스리면 됩니다. 마음 한번 돌리면 바로 지금 이 자리에서 최상의 행복인 닙바나에 이를 수 있습니다.

저는 늘 행복합니다. 닙바나가 따로 필요 없습니다. 내가 하고 싶은 일, 부처님의 말씀을 배우고 전할 수 있다는 것, 이것보다 더 행복한 일이 없기 때문입니다.

네잎클로버는 행운을 상징하고 세잎클로버는 행복을 상징한다고 합니다. 문득 "멀리 있는 행운을 잡으려 말고 가까이 있는 행복을 지키라"는 말이 생각납니다. 언제나 우리 가까이에 있는 세잎클로버만으로도 감사할 줄 알면 바로 지금 여기에서 행복해질 수 있습니다. 그런데 '이거는 아니야' 하면서 멀리 있는, 잘 보이지 않는 네잎클로버를 찾다 보니 세잎클로버는 안중에도 없게 되는 겁니다. 먼저 내 가족, 친구 등 주위사람들과의 만남에서 행복을 느끼다 보면 멀리 있는 행운은 저절로 다가온다고 생각합니다.

법을 맛본 이의 삶

법을 맛본 이는
고요한 마음으로
항상 행복하게 살리라.
부처님의 가르침 안에서
맑은 마음으로
항상 기뻐하며 살리라.

이 세상에는 단맛·쓴맛·짠맛·신맛·매운 맛 등 혀로 느
낄 수 있는 음식 맛의 종류도 여러 가지이고, 어떤 사물이나 현상
에 대한 느낌이나 분위기, 어떤 일에 대해 느끼는 만족감이나 재미
등도 맛으로 표현합니다. 그런데 여러 가지 맛 중에서 최상의 맛이
법法의 맛이라는 것입니다. 법의 맛을 보면 마음이 고요해지고 언
제나 행복하게 살 수 있기 때문입니다. 법의 맛을 본 사람은 무엇

이든 뒤로 미루지 않고 바로 지금 여기에서 자신의 몸과 마음을 챙기고 또 주변사람들의 몸과 마음까지 챙겨줍니다. 찰나 찰나에 충실하게 챙기다 보니 허튼 짓을 안 하게 됩니다. 당연히 저 멀리 있는 행운을 쫓느라 헐떡이지도 않겠지요.

실제로 부처님 공부를 열심히 하다 보면, 마음이 고요해지고 차분해집니다. 마음이 환히 열립니다. 마음이 열리면 주변 사람들의 마음이 어느 정도 읽혀집니다. 타심통이라고까지는 할 수 없어도 '내가 지금 어떤 생각을 하고 있구나, 내 주위사람들이 어떤 생각을 하고 있구나' 하는 것을 환히 알게 됩니다. 사람들의 사정을 알게 되면 이해하게 되고, 이해하면 화를 낼 일도 없고 사랑하게 되고 배려하게 됩니다. 자연스레 행복하게 살 수 있는 조건이 생기는 겁니다. 그렇기 때문에 요즘처럼 복잡다단한 사회일수록 부처님 공부, 마음 공부를 더 열심히 해야 합니다.

요즘 사람들을 보면 대부분 열심히는 살고 있습니다. 그런데 행복과는 무관하게 열심히 사는 사람들이 많은 것 같습니다. 아버지는 아버지대로 열심히 회사에 다니면서 돈을 벌고 있고, 어머니는 어머니대로 열심히 살림하고 있고, 애들은 애들대로 책상에 앉아서 열심히 공부하고 있습니다. 개인적으로 놓고 보면 다들 열심히 사는 것 같은데 가족을 한자리에 모아 놓고 행복한지 물으면 선뜻 답변을 못합니다. 그것은 열심히만 산다고 행복해지는 게 아니기 때문입니다.

"부처님의 가르침 안에서 맑은 마음으로 항상 기뻐하며 살리라"는 게송 구절에서도 잘 알 수 있듯이 법의 맛을 봐야 진정으로 행복해 질 수 있습니다.

마음이 맑아지면 주변상황이 잘 보입니다. 물이 흐리면 바닥이 보이지 않지만, 물이 맑으면 바닥도 보이고 깊은지 얕은지도 알 수 있습니다. 깊은 데는 피하고 얕은 데로 건널 수도 있고, 진주나 조개가 있으면 줍기도 하면서 맑은 마음으로 기뻐하며 살아갈 수 있습니다.

마하깝삔나 왕, 500명의 신하들과 함께 출가하다

석가모니 부처님 당시에 '마하깝삔나'라는 왕이 있었습니다. 그는 과거 빠드무따라 부처님 당시에 직조공이었습니다. 그때 서원을 세우고 벽지불(빠쩨까붓다)에게 공양을 올린 공덕으로 천상에서 살다가 다시 인간으로 태어나 한 나라의 왕이 되었습니다. 마하깝삔나 왕은 늘 삼보三寶(붓다, 담마, 상가)를 그리워했습니다. 과거생에 삼보를 공경한 공덕으로 천상의 신이 되어 말로 표현할 수 없는 영화를 누리다가 다시 인간으로 왔기 때문에 항상 삼보에 대한 아련한 그리움이 있었던 것입니다.

그래서 왕이 된 후에도 신하들을 사방으로 보내 새로운 소식이 있는지 알아오게 했습니다. 요즘에는 인터넷으로 세계 뉴스를 시시각각 알 수 있지만, 그 당시에는 인터넷이 없었으니 일일이 다니면서 소식을 묻고 다닐 수밖에 없었지요.

그러던 어느 날 마하깝삔나 왕이 신하들과 함께 성 밖으로 멀리 나갔다가 때마침 상인들을 만났습니다. 그 당시에는 각 나라를 돌아다니며 장사를 하는 상인들이 뉴스 전달자였습니다. 상인들에게 물으면 "이 나라에는 이런 일이 있더라, 저 나라에 가니까 저런 일이 있더라" 하면서 소식을 전해 주었기 때문입니다. 마하깝삔나 왕이 상인들에게 "좋은 소식이 없느냐?"고 물으니, 상인들의 대표가 하는 말이 "있긴 있는데, 양치질을 해야 말할 수 있는 소식"이라고 합니다. 그래서 물을 주고 양치를 하게 하고 나서, "무슨 소식이냐?"고 물으니, "붓다께서 세상에 출현하셨습니다"라고 말하는 겁니다. 왕은 부처님이 이 세상에 출현하셨다는 소식을 듣고 깜짝 놀라서 다시 물어보았습니다.

"really? 정말? 진짜?"

제3, 제4 확인을 하고나서 "부처님께서 진짜 이 세상에 출현하셨구나" 하고 기뻐하면서 이 기쁜 소식을 전한 상인에게 상금으로 10만 냥을 주겠다고 언약했습니다. 그 다음에 또 "다른 소식은 없느냐?"고 물으니, "법(담마)이 이 세상에 출현하였습니다"라고 하는 겁니다. 불佛·법法·승僧 삼보 가운데 하나인 법은 팔리어로는 '담마damma', 산스크리트어로는 '다르마dharma'입니다. 법이 출현했다는 말을 듣고 기쁨에 못 이겨서 상인에게 또 10만 냥을 주겠다고 합니다. 그 외에 "다른 소식은 없느냐?"고 물으니, "상가(saṃgha, 僧)

가 세상에 출현하셨습니다." 상가는 한자어로는 승가로 번역하는
데 부처님의 제자들을 뜻합니다. 그 소식을 듣고 또 10만 냥을 주
기로 해서 총 30만 냥을 주기로 약조를 하였습니다.

마하깝삔나 왕은 신하들에게 "나는 성으로 돌아가지 않고 출
가해서 부처님의 제자가 될 것이다. 그대들은 어떻게 하겠는가?"
라고 하니, "저희들도 출가하겠습니다"라고 하며 왕의 뜻을 따랐
습니다. 이 500명의 신하들은 과거 전생부터 마하깝삔나 왕과 인
연이 깊은 사람들이었습니다. 과거 전생에 마하깝삔나 왕이 직조
공으로 일하면서 서원을 세우고 빠째까붓다에게 공양을 올릴 때도
같이 있었습니다. 그 공덕으로 금생에도 왕과 신하로 만나 함께 나
라를 다스리다가 출가하게 된 것입니다.

그때 부처님께서는 슈라와스티, 즉 사위성의 기수급고독원에
계셨습니다. 자그마치 120요자나나 멀리 떨어진 부처님을 뵙기 위
해 마하깝삔나 왕이 500명의 신하들과 함께 길을 떠났습니다.

그런데 이 사람들이 부처님을 뵈러 가는 도중에 폭이 4~5km,
10리나 되는 큰 강을 만나게 되었습니다. 500명이나 되는 인원이
강을 건너야 되는데, 뗏목도 없고 배도 없는 아주 난감한 상황이었
습니다. 그때 마하깝삔나 왕과 500명의 신하들은 삼보에 대한 명
상 중 붓다에 대한 명상을 외우면서 진실한 맹세를 했습니다.

우리는 진실로 삼보를 위해 출가합니다.
이 진실한 맹세에 의한 초월적인 힘으로

이 강물이 땅으로 변해지이다.

이렇게 붓다에 대한 명상을 외우자, 흐르는 강물 위로 500명의 사람들이 말을 탄 채로 건너가게 되었다고 합니다. 말발굽에도 물기의 흔적조차 없었다고 하니 대단한 신통력입니다. 진실하게 삼보에 대한 명상을 하면서 맹세하면 초월적인 힘, 초능력이 생긴다고 합니다. 아무튼 그렇게 부처님께 가다가 두 번째 큰 강을 만났을 때는 담마에 대한 명상을 해서 무사히 건너고, 또 세 번째 큰 강을 만났을 때는 상가에 대한 명상을 해서 무사히 건넜습니다. 이 붓다·담마·상가에 대한 명상을 하면서 난관을 극복해서 마침내 부처님을 만나서 출가 제자가 되었습니다.

마하깝삐나 왕비와 500명 신하의 아내들도 출가하다

앞에서 마하깝삐나 왕이 출가를 결심하는 데 도움을 준 상인들에게 30만 냥을 주기로 약속한 것은 어찌 되었을까요? 왕은 출가하기 위해 길을 떠나기 전 금판에 "이 사람들에게 30만 냥을 주시오"라는 내용을 쓰고 사인을 한 다음 왕비를 찾아가서 돈을 받으라고 상인들에게 주었습니다. 상인들은 왕의 사인이 새겨진 금판을 가지고 왕비를 찾아가서 보여 주었습니다. 왕비가 상인들에게 물었습니다.

"그대들이 도대체 무슨 말을 했기에 30만 냥이나 되는 거금을 주라고 했느냐? 이유가 무엇인지 말해 보라."

"다른 것이 아니오라 굿 뉴스good news, 좋은 소식, 기쁜 소식을 전했습니다."

"그것이 무엇이란 말이냐?"

"붓다가 세상에 출현하셨습니다."

상인들의 말을 듣고 왕비도 깜짝 놀라며 다시 얘기해 보라고 합니다.

왕비는 제3, 제4 확인을 하고 상인들에게 말합니다.

"아니 그렇게 기쁜 소식을 전했는데 겨우 30만 냥을 주라고 했느냐?"

"붓다가 출현하셨다고 말씀드리니 10만 냥, 담마가 출현했다고 하니 10만 냥, 상가가 출현했다고 하니 10만 냥, 그래서 합이 30만 냥입니다."

이러한 상인의 대답을 듣고 왕비는 "아니, 겨우 10만 냥씩 준다고? 내가 30만 냥을 더 보태겠다"고 해서 붓다 출현 소식에 30만 냥 추가해서 40만 냥, 담마 출현 소식에 30만 냥 추가해서 40만 냥, 상가 출현 소식에 30만 냥 추가해서 40만 냥을 합해서 총 120만 냥을 건네 주었습니다. 마하깝삐나 왕이 주라는 것보다 훨씬 더 많이 보태서 4배로 준 것입니다. 그만큼 값어치가 있는 소식이라는 겁니다.

왕비는 마하깝삔나 왕이 과거 전생에 직조공으로 일할 때 그의 아내였습니다. 그때 같이 공덕을 지었기 때문에 이 왕비도 붓다·담마·상가가 출현했다는 소식을 듣고 말할 수 없이 좋아하면서 소식을 전해 준 상인들에게 크나큰 사례를 한 것입니다. 왕비는 왕과 함께 출가한 신하들의 아내 500명에게 물었습니다.

"나는 왕을 따라서 부처님의 제자가 될 것이다. 그대들은 어떻게 하겠는가?"

"저희들도 부처님의 제자가 되겠습니다."

왕비는 500명의 신하들의 아내들을 데리고 바로 출가했습니다. 왕비도 부처님께 가는 길에 역시 큰 강을 만났습니다. '이 강을 어떻게 건넜을까?' 고민하다가 '아, 삼보에 대한 명상을 했을 거다'라는 생각이 들었습니다. 마하깝삔나 왕과 똑같이 삼보 즉 붓다에 대한 명상, 담마에 대한 명상, 상가에 대한 명상을 하고 "저희는 진실로 삼보를 위해 출가합니다" 하는 진실한 맹세를 했습니다.

이렇게 똑같은 절차를 거쳐서 강을 건너갔다고 합니다. 남자들이 말 타고 건너는 대신 왕비와 신하들의 아내들은 500대의 마차를 타고 강을 건너갔는데 마차바퀴에도 전혀 물이 닿지 않았다고 합니다. 흐르는 강물에 폭이 4~5km 되는 강물 위를 건너는데 삼보에 대한 명상으로 바퀴에 물기조차 묻지 않았다니 참으로 신기한 일입니다.

이렇게 우여곡절 끝에 왕비와 신하들의 아내 500명이 출가하기 위해 부처님을 찾아 뵈었습니다. 그녀들이 부처님께 처음 법문을 들을 때 그 자리에 그녀들의 남편인 왕과 신하들도 있었습니다. 하지만 부처님께서 신통력으로 남편들을 보이지 않게 해 놓은 상태에서 법문을 했다고 합니다. 부처님의 법문을 듣고 여자들이 수다원과를 얻을 때, 남자들도 바로 그 자리에서 아라한과를 얻었는데, 그 후에야 서로를 볼 수 있게 했답니다.

왜냐하면 부부가 떨어졌다가 오랜만에 만나게 되면 아무래도 마음이 심란해질 수도 있고 법문을 듣는 집중도가 떨어질 것입니다. 그래서 일단 깨달음을 얻게 하고 나서 서로 만나게 한 것입니다. 이미 그때는 남자들은 아라한과를 얻었고, 여자들도 수다원과를 얻었기 때문에 법의 맛을 깊이 알게 되어 더 이상 마음이 흔들리지 않는 것은 자명한 사실입니다. 그리고 여자들은 부처님의 지시로 다시 비구니 교단으로 출가해서, 마침내 모두 다 아라한과를 얻었다고 합니다.

혼자서만 기뻐하지 말고 법을 전하라

출가하고 나서 마하깝삐나 왕은 "아, 행복하다. 나는 행복하다" 하면서 돌아다녔다고 합니다. 보통 사람들은 부와 명예를 추구하기 때문에 왕으로 지낼 때가 가장 행복했을 거라고 생각할 수도 있습니다. 그래서 마하깝삐나 왕의 이런 모습을 보고 다른 비구들이 '마하깝삐나는 왕이었던 때를 회상하면서 행복하다고 중얼거리며 돌아다니는가 봐'라고 생각한 겁니다. 이렇게 오해를 한 비구들이 부처님께 자초지종을 말씀드리면서 여쭙자, "아니다, 깝삔나는 과거를 회상하는 것이 아니다"라고 하시면서 비구들의 오해를 풀어 주셨습니다.

실제로 마하깝삔나 왕은 국토와 신하와 재산을 다 버리고 출가한 뒤 정말 홀가분한 행복을 느낀 것입니다. 게다가 아라한과까지 성취하여 지금까지 전혀 맛보지 못했던 최상의 맛! 법의 맛을 알게 된 충만한 기쁨에 벅차서 '아, 행복하다'고 하며 돌아다닌 겁니다. 부처님께서는 이와 같은 상황을 다른 제자들에게 알려 주기위해 마하깝삔나를 불러 이 게송을 설해 주셨습니다.

법을 맛본 이는
고요한 마음으로 항상 행복하게 살리라.
부처님의 가르침 안에서
맑은 마음으로 항상 기뻐하며 살리라.

그리고 "혼자서만 기뻐하지 말고 법을 전하라"고 하시면서 마하깝삔나에게 전법을 부촉하셨습니다. 부처님의 부촉을 받은 다음부터 마하깝삔나가 법을 전하기 시작했습니다. 그의 법문을 듣고 한꺼번에 천 명이나 되는 비구들이 모두 아라한이 될 정도로 법문을 잘했다고 합니다. 부처님께서 크게 칭찬하신 것은 말할 것도 없지요.

이렇듯 스스로 법의 기쁨을 맛보고 전해서 다른 사람들을 깨달음에 이를 수 있도록 돕는 것이야말로 진정한 행복입니다. 재산이 늘어난다거나 명예가 높아지는 등 기타 외부적인 조건이 충족되어야 누릴 수 있는 행복은 일시적이고 의타적인 행복입니다. 일시적이고 의타적인 행복은 상황이 바뀌면 사라지기 마련입니다. 가족과의 행복도 일시적이고 의타적인 행복일 뿐입니다. 가족 구성원이 죽을 수도 있고, 부부가 뜻이 안 맞아 이혼하거나 별거할 수도 있습니다. 특히 요즘은 이런저런 이유로 가족이 해체되기 쉬운 세상입니다. 그렇기 때문에 가족과의 행복도 궁극적 행복으로 알아서는 안 된다는 겁니다. 물질이 되었든 가족이 되었든 외부적 조건과 결부된 행복은 진정한 행복이 아닙니다. 외부적 조건이 바뀌면 없어지는 일시적 행복이기 때문입니다.

가까운 데서 행복을 찾아야 한다는 말도 맞는 말입니다. 하지만 이 말은 정말 가까운 것, 바로 자기 마음에서 찾아야 한다는 말입니다. 실로, 법을 맛본 이는 자기 스스로 마음이 고요해지고 맑아지므로 진정한 행복을 누릴 수 있습니다. 그 행복은 외부조건과 상관이 없는 자생적 행복, 자기 자신에게서 생겨나는 궁극적 행복입니다.

이제 진정한 행복, 궁극적인 행복을 찾아야 할 필요를 느끼셨습니까? 그럼 어떻게 해야 할까요?

마하깝삔나 왕과 왕비, 500명의 신하들과 그들의 아내들은 어떻게 했습니까? 진실한 서원을 세우고 삼보에 대한 명상을 했습니다. 그것을 기억하고 실천하면 됩니다. 어려운 일이 닥쳤을 때는 더더욱 그렇고, 평상시에도 삼보에 대한 명상을 하면서 임하면 만사형통, 소원 성취할 수 있습니다. 붓다에 대한 명상을 게송으로 읊겠습니다.

붓다에 대한 명상

부처님께서는 공양을 받을 만한 분이시며
바르게 깨달으신 분이시며
지혜와 실천을 구족하신 분이시며
피안으로 잘 가신 분이시며
세상을 잘 아는 분이시며
가장 높은 분이시며
세상을 잘 길들이는 분이시며
신과 인간의 스승이시며
깨달으신 분이시면
가장 존귀하신 분이시다.

부처님에 대해 몇 마디로 압축해 놓은 게송입니다. 부처님이 도대체 어떤 분이신가? 막상 절에 10년, 20년을 다녔어도 붓다에 대한 명상을 모르면 허송세월을 했다고 할 수 있습니다. 부처님이 어떤 분인지도 모르고 불교를 믿으면 안 됩니다. 우리가 알고 있는 여래 십호, 여래의 열 가지 호칭이 바로 붓다에 대한 명상입니다. 먼저 공양을 받을 만한 분은 '응공應供'이라고 합니다. 바르게 깨달으신 분은 '정변지正編知', 지혜와 실천을 구족하신 분은 '명행족明行足', 피안으로 잘 가신 분은 '선서善逝', 세상을 잘 아는 분은 '세간해世間解', 가장 높은 분은 '무상사無上師', 세상을 잘 길들이는 분은 '조어장부調御丈夫', 신과 인간의 스승은 '천인사天人師', 깨달으신 분은 '불타佛陀(붓다)', 가장 존귀하신 분은 '세존世尊', 이것이 바로 여래 십호입니다. 여기서 '무상사', '더 이상 위가 없다는 게 무슨 뜻이냐며 궁금해 하는 분들이 많습니다. 무상사는 지존至尊, 최고·최상의 존재라는 것입니다. 그것도 인간에서 최고라는 게 아니고 삼계三界, 인간과 신들의 세계를 통틀어서, '최상의 으뜸가는 존재'라는 말입니다.

담마에 대한 명상

법은 부처님에 의해서
잘 설해졌고
스스로 보아 알 수 있고
시간이 걸리지 않고
와서 보라는 것이고
향상으로 인도하고
지혜로운 자들이

스스로 알 수 있는 것이다.

여기서 "시간이 걸리지 않는다"는 것은 말 그대로 오랜 시간이 걸리지 않아도 알 수 있다는 것입니다. 부처님 당시에는 앞에서 예를 든 마하깝뻰나 왕과 500명의 신하들처럼 출가한 지 얼마 안되서 부처님의 법문을 듣고 아라한과를 얻었습니다. 또한 왕비와 500명의 여인들도 부처님을 만나자 마자 그 자리에서 수다원과를 얻었습니다.

이러한 일화에서도 알 수 있듯이 부처님의 가르침은 그렇게 어려운 게 아닙니다. 물론 어렵지는 않지만 부처님께 듣기 전에는 알 수 없는 것이기도 합니다. 부처님의 십대 제자 가운데 지혜제일로 손꼽히는 사리뿌뜨라(舍利弗)도 부처님을 만나기 전에는 수다원과조차 못 얻었다고 합니다. 어릴 때부터 아주 명석했던 사리뿌뜨라는 굉장히 많은 공부를 했다고 합니다. 그는 육사외도를 따라서 공부하기도 하고 바라문 스승 밑에서도 공부했는데, 어디서든 금세 스승의 경지를 따라잡았다고 합니다. 그럼에도 불구하고 수다원과조차 얻지 못하다가 부처님의 제자로서 5비구 중의 한 분인 앗사지 존자를 만나 게송 한 자락 얻어듣고는 바로 수다원과를 성취하게 됩니다. 그 게송이 바로 그 유명한 "모든 현상에는 원인이 있다. 여래께서는 그 원인에 대해 설하신다"는 것입니다.

그래서 전법이 그렇게 소중한 것입니다. 왜냐하면 부처님의 게송을 한 자락이라도 들어야 수다원과도 얻고, 아라한과도 얻을 수 있기 때문입니다. 사리뿌뜨라 같은 뛰어난 사람도 부처님의 게송을 만나기 전에는 수다원과를 못 얻었는데 하물며 보통사람들은 말할 것도 없겠지요.

수행을 해서 내 힘만 가지고 성취하기는 참으로 어려운 일입니다. 부처님의 힘을 입으면 훨씬 빨리 성취할 수 있습니다. 부처님의 힘을 입는다는 것이 다른 게 아닙니다. 바로 부처님의 바른 가르침을 만나는 것, 가르침을 듣고 스스로 깨닫게 되는 것이 부처님의 힘을 입는 것입니다. 이 책의 게송 한 자락 전해 주는 것도 굉장히 소중한 일입니다. 이 게송을 듣고 수다원과를 얻기도 하고 사다함, 아나함, 아라한과를 얻을 수도 있기 때문입니다.

상가에 대한 명상

붓다의 제자들인 상가는
도를 잘 닦고
붓다의 제자들인 상가는
바르게 도를 닦고
붓다의 제자들인 상가는
참되게 도를 닦고
붓다의 제자들인 상가는
합당하게 도를 닦으니
곧 네 쌍의 인간들이요

여덟 단계에 있는 사람들이다.

이러한 붓다의 제자들인 상가는

공양 받아 마땅하고

선사 받아 마땅하고

보시 받아 마땅하고

합장 받아 마땅한

세상의 위없는 복전이다.

"도를 잘 닦고, 바르게 도를 닦고, 참되게 도를 닦고, 합당하게 도를 닦는다"고 해서 중도법을 취하라고 합니다. 쾌락에도 탐닉하지 말고 고행에도 빠지지 말고 적절한 수행을 통해서 사성제四聖諦, 팔정도八正道를 제대로 닦아야 합니다.

네 가지 성스러운 진리라는 뜻을 가진 사성제는 석가모니 부처님께서 녹야원에서 처음으로 설법한 내용으로 불교의 근본교리입니다. 고苦·집集·멸滅·도道 사성제를 살펴보면, "삶은 고이다. 고통의 원인은 집착에 있다. 집착이 소멸하면 고통이 소멸한다. 집착을 소멸하려면 팔정도를 닦아야 한다"는 것으로 요약할 수 있습니다.

고통을 소멸하기 위한 여덟 가지 바른 길인 팔정도八正道는 정견正見, 정사유正思惟, 정어正語, 정업正業, 정명正命, 정정진正精進, 정념正念, 정정正定입니다. 쉽게 말해서 도道를 닦는 비결인데 팔정도가 비슷비슷해서 외우기 어려워서 쉽게 외우는 법을 개발했습니다.

양 손을 머리에 대고 머리는 바른 생각(正思), 입은 바른 말(正語), 팔(어깨)은 바른 행동(正業), 배는 바른 직업(正命), 바른 직업을 가져야 살 수 있잖아요. 다리로는 걸으니까 바른 정진(正精進), 발바닥으로 알아차려야 하니 발은 알아차림(正念), 그 다음에 위로 올라와서 양 손을 배꼽 아래 단전에 두고 바른 선정(正定)이라 하면서 참선할 때의 선정인을 취합니다. 그리고 맨 마지막으로 양 손바닥을 옆으로 펴서 엄지손가락만 구부리면 사성제, 팔정도가 됩니다. 맨 마지막에 "그래서 바른 견해"라고 하면서 박수를 한번 칩니다.

이것을 노래와 율동을 겸해서 하니까 기억이 훨씬 더 잘 되더군요. 저도 기억력이 안 좋아서 이렇게 연구를 해서 외웁니다. 어린 아이들이 하는 노래 중에 ♪머리–어깨–무릎–발–무릎–발♪ 하는 그 노래의 리듬에 맞추어서 하면 됩니다. ♪바른 생각, 바른 말, 바른 행위, 바른 직업, 바른 정진, 알아차림, 바른 선정, 바른 견해!!! ♪ ♪ ♪

일시적이고 의타적인 행복은 다른 것을 통해서 얻을 수 있습니다. 하지만 진정한 행복, 궁극적 행복, 자생적 행복을 얻으려면 삼보와 가까이 지내는 방법밖에 없습니다. 붓다·담마·상가와 연을 맺고 가까이 지내다 보면 진정한 행복을 맛보게 되고, 다른 사람에게 전해 주는 공덕을 지을 수도 있으니 이보다 더 큰 행복이 어디 있겠습니까.

보배경, 삼보는 보배 중의 보배

앞에서 불 · 법 · 승 삼보야말로 궁극적 행복의 근원이라는 것을 자세하게 밝혀 놓았습니다. 참으로 행복에 대해 얘기할 때 삼보를 제외하면 할 말이 없습니다. 왜냐하면 윤회에서 벗어나야 진정한 행복을 맛볼 수 있고, 윤회에서 벗어나려면 삼보를 알아야 하기 때문입니다. 삼보는 보배 중의 보배인데, 보배경(Ratana sutta)에서도 그 뜻이 잘 드러나 있습니다.

　　이곳에 모인 모든 존재들
　　지상이나 하늘 어디에 있든지
　　신과 인간의 존경받는 부처님(붓다)을 공경하여 행복하여지이다.

　　이곳에 모인 모든 존재들
　　지상이나 하늘 어디에 있든지

신과 인간의 존경받는 이 가르침(담마)을 공경하여 행복하여지이다.

이곳에 모인 모든 존재들
지상이나 하늘 어디에 있든지
신과 인간의 존경받는 승가를 공경하여 행복하여지이다.

"모든 존재들, 지상이나 하늘 어디에 있든지"라고 하였는데, 지상에 있는 인간을 비롯한 모든 존재와 하늘에 있는 천신 등의 온갖 정신적 존재들을 다 포함해서 어디에 있든지 신과 인간의 존경을 받는 붓다·담마·상가 즉 삼보를 공경하여 행복해지기를 소망하는 행복기원문입니다. 말하자면, 언제 어디서든지 항상 삼보를 공경하여 행복해지기를 기원해 주는 것입니다.

저도 평소 많이 연습하고 있습니다. 엘리베이터에 탔을 때, 모르는 사람이든 아는 사람이든 비좁은 공간에 함께 있다 보면 괜히 머쓱해집니다. 그렇게 분위기가 어색할 때 저는 "지금 이 엘리베이터 안에 있는 사람들이 모두 행복하여지기를… 어려움에서 벗어나 건강하고 행복하기를…" 하고 축원을 해 줍니다. 물론 우리 불자님들이 함께 모인 장소에서는 소리를 내서 해 드리지만 불특정 다수가 모인 자리에서는 소리를 내지 않고 마음속으로 해 줍니다. 소리를 내면 이교도나 무신론자 등은 '저 사람 왜 저러나?' 하며 불편해 할 수도 있기 때문입니다. 그렇게 행복을 축원해 주면,

제 마음도 좋아집니다. 머쓱한 마음도 없어지고 함께 있는 사람들이 더 반갑게 느껴집니다. 어쨌든 다른 사람을 위해서 행복을 축원해 주고, 기원해 준다는 것은 매우 기분 좋은 일입니다. 불자든 불자가 아니든 우리는 모두 이 다음에 다 부처님이 되실 분들이잖아요. 여러분도 한번 해 보세요. 정말 좋습니다! 보배경이 탄생하게 된 배경도 아주 흥미진진합니다.

전생에 지은 복덕으로 보이신 기적

부처님 당시 인도 바이샬리(웨살리) 지방에 극심한 가뭄이 들었습니다. 오랫동안 비가 오지 않으니 농작물이 타들어 가고 당연히 흉년이 들었겠지요. 그 당시에는 농업을 기반으로 살아갔기 때문에 가뭄으로 흉년이 들면 나라 전체가 흔들립니다. 사람들이 먹을 게 없어서 굶으면 면역력이 떨어지고 건강이 악화되기 마련입니다. 흉년에 굶어서 죽은 사람들의 시신이 썩으면서 전염병이 더욱 창궐하게 되는 것입니다. 그러다 보니 또 냄새나고 더러운 데를 좋아하는 잡귀들이 출몰하게 됩니다. 웨살리에 큰 재앙이 한꺼번에 몰아닥쳤습니다. 극심한 가뭄으로 인한 흉년, 기근饑饉, 전염병, 잡귀들의 출몰로 국가대책회의가 열렸습니다.

'이 난국을 어떻게 극복해야 할까?' 하고 임금과 왕자, 성城의 대신들이 모여서 회의를 했습니다. 머리를 맞대 회의하면서 내린 결론은 그 무렵 웨살리 인근에 머물고 계셨던 부처님을 모셔오자는 것이었습니다. 부처님은 지혜와 복덕이 충만하신 분이니 분명히 해결책을 주실 것이라고 판단한 겁니다. 사절단을 파견하여 부처님을 찾아뵙고 "저희 국민들이 큰 재앙에 시달리고 있습니다. 자비로써 섭수하여 주십시오" 하고 간절하게 청합니다. 부처님께서는 그 나라에 가시면 재앙이 소멸될 것을 아시고 허락을 하십니다. 부처님은 곧바로 사람들을 재앙에서 구원해 주기 위해 웨살리로 가십니다. 웨살리로 가는 중간에 갠지스 강이 있습니다. 갠지스 강이 나라의 경계선인지라 반드시 건너가야 합니다.

부처님께서 배를 타고 갠지스 강을 건너시고 배에서 내려 웨살리 영토에 발을 딛자마자 먹구름이 몰려오더니 그렇게 가물어서 내리지 않던 비가 억수같이 쏟아집니다. 비가 많이 내리니 가뭄이 해소되어 만물이 소생했습니다. 또한 거리에 쌓여 있던 시신을 비롯해서 지저분한 것들이 싹~ 쓸려나가 저절로 물청소가 되었습니다. 부처님 덕분에 가뭄이 순식간에 해결되고 더러운 국토가 깨끗해졌습니다. 어떻게 이런 일이 생겼을까요?

제자들이 궁금해서 부처님께 여쭈었습니다.

"부처님, 신통력으로 하셨습니까?"

"아니다. 내가 과거 전생에 빠쩨까붓다의 사리탑을 돌보면서 그 주변에 물을 뿌리고 꽃을 심고 공경한 적이 있다. 그 공덕으로 지금 비가 내린 것이다."

라고 대답하셨습니다. 과거 전생에 지은 복덕 덕분에 기적 같은 일이 일어난 것입니다. 이와 같이 불교는 철저히 인과설因果說입니다. 과거생이든 금생이든 지어 놓은 것이 있어야 받을 수 있는 것입니다. 금생이든 내생이든 지은 대로 받는 삼세인과의 도리를 명심해야 합니다.

마침내 부처님 일행은 웨살리 성에 도착했습니다. 그때 하늘의 천신들의 왕인 삭까 천왕이 야차들을 수행원으로 대동하고 부처님을 뵙기 위해서 웨살리로 내려왔습니다. 그런데 야차들이 온 것을 보고 잡귀들이 도망가기 바쁜 겁니다. 그래서 두 가지가 벌써 해결이 되었습니다.

부처님께서는 아난존자에게 보배경을 가르쳐 주시면서 성을 돌면서 보배경을 암송하라고 시켰습니다. 또한 성을 돌면서 물을 뿌리게 했는데, 물을 뿌릴 때마다 물방울들이 장미꽃송이로 변해서 퍼져나가는 것입니다. 영화 아바타에서도 그런 장면이 연출된 걸로 기억합니다. 물을 공중으로 탁 튕기면 방울이 생기는데, 그 한 방울 한 방울이 다 장미꽃송이 같은 모양으로 변해서 공중을 떠다녔습니다. 그런데 악귀들은 그것이 닿으면 불같이 느껴져 혼비백산 도망가게 되고, 사람들은 병이 나았습니다. 사람들에게는 약수요, 성수였는데 악귀들에게는 불이었던 것입니다. 그 덕분에 온 나라에 창궐하던 전염병으로 앓던 사람들이 다 소생했습니다.

부처님께서 그 나라에 오신 지 1주일 만에 대 재앙이 다 소멸되어 평화와 행복을 찾았습니다. 부처님의 복덕과 보배경이 결정적인 역할을 한 것입니다.

보배경의 내용을 3등분해서 살펴보겠습니다.

여기 모인 모든 존재들
지상이나 하늘 어디에 있든지
기쁜 마음으로 정중하게 가르침을 경청하기를….

실로 모든 이들은 이 경을 경청하여
밤낮으로 재물을 바치는 인간들에게
자비를 베풀고 게으름 없이 그들을 보호하기를….

여기서 말한 '모든 존재들'이란 인간 이외의 신, 용, 야차夜叉와 같은 모든 존재들을 가리킵니다. '지상이나 하늘 어디에 있든지'는, 예를 들어서 산신은 지상에 있고 천신은 하늘에 있고 용신은 물에 있으므로. 육·해·공과 야차까지 다 포함한 것입니다. 야차는 신들과 귀鬼의 중간적 존재로 볼 수 있는데, 보통 무섭게 표현되어 있습니다. 여기 보배경에서는 야차가 잡귀들을 쫓아내는 역할을 합니다.

보배경의 맨 앞에 이 신들에게 "이 경을 잘 경청해서 인간에게 자비를 베풀어라, 보호해 주라"는 부탁을 하는 겁니다. 하지만 신들도 인간의 삶을 대신 살아 줄 수는 없습니다. 내 대신 밥을 먹어 줄 수도 없고, 잠을 자 줄 수도 없고, 강의를 대신해 줄 수도 없습니다. 사실 대신해 주어서도 안 됩니다. 체험 학습을 하기 위해 이렇게 소중한 몸을 받고 세상에 나왔기 때문입니다. 자식이 공부 못한다고 학교를 대신 다녀 줄 수는 없는 것과 마찬가지입니다. 하지만 학업을 도와줄 수는 있습니다. 그래서 이 경에서 "인간에게 자비를 베풀어 줘라. 저 대 재앙에 허덕이고 있으니 보호하고 도와줘라" 하고 기원을 하는 겁니다. 보배경의 맨 처음에 나오는 내용은 신적인 존재들에게 바라는 기원문이라는 것을 먼저 알려 드립니다.

그리고 그 다음부터 진실에 의해서 행복해지기를 기원하는 문장이 열두 개 나옵니다.

> 이 세상과 저 세상의 어떤 재물이든
> 천상의 뛰어난 보배라도
> 여래와 견줄 수는 없으니
> 부처님이야말로 훌륭한 보배
> 이 진실에 의해 행복하기를!

> 사끼야 족 성자께서 삼매에 들어 성취하신
> 번뇌의 소멸, 집착 없음, 불사, 최상승법,
> 이 가르침과 견줄 것 아무것도 없으니
> 이 가르침이야말로 훌륭한 보배
> 이 진실에 의해 행복하기를!

훌륭하신 부처님께서 칭찬하시는 청정한 삼매
즉시 결과를 가져오는 것,
그 삼매와 견줄 것 아무것도 없으니
이 가르침이야말로 훌륭한 보배
이 진실에 의해 행복하기를!

사람들에 의해 칭찬받으시는
네 쌍으로 여덟이 되는 성자들
선서의 제자로서 공양 받을 만하여
그들에게 보시하면 큰 복덕 받으니
승단이야말로 훌륭한 보배
이 진실에 의해 행복하기를!

확고한 마음으로 욕심 없이
고따마의 가르침에 열심인 이들
불사에 뛰어들어 목적을 성취하여
지복을 얻어 적멸을 즐기나니
승단이야말로 훌륭한 보배
이 진실에 의해 행복하기를!

마치 인드라의 기둥이 땅 위에 서 있으면
사방에서 부는 바람에 흔들리지 않듯이,

성스러운 진리를 분명히 보는 이도
이와 같다고 말하노니
승단이야말로 훌륭한 보배
이 진실에 의해 행복하기를!

심오한 지혜를 지닌 부처님께서 잘 설하신
성스러운 진리를 분명히 이해하는 이들
아무리 게을리 수행할지라도
여덟 번째의 윤회를 받지 않으니
승단이야말로 훌륭한 보배
이 진실에 의해 행복하기를!

또한 통찰지를 얻는 순간에
유신견, 의심, 계금취견의
세 가지 법을 모두 소멸하고
사악처에서 벗어나
여섯 가지 큰 잘못을 짓지 않으니
승단이야말로 훌륭한 보배
이 진실에 의해 행복하기를!

경구에 말하기를 진리를 본 사람은
몸과 말과 뜻으로

어떠한 잘못을 저질렀어도
사소한 허물조차 감추지 못하니
승단이야말로 훌륭한 보배
이 진실에 의해 행복하기를!

여름의 첫 더위가 다가오면
숲속의 나뭇가지에 꽃이 피듯이
닙바나에 이르는 위없는 법으로
이와 같은 최상의 이익을 가르치셨나니
부처님이야말로 훌륭한 보배
이 진실에 의해 행복하기를!

으뜸이시며, 으뜸을 아시며
으뜸을 주시고, 으뜸을 가져오시는 분이
위없는 법을 설하셨나니
가르침이야말로 훌륭한 보배
이 진실에 의해 행복하기를!

과거는 소멸하고 다음 생은 없으니
마음은 다음 생에 집착하지 말고
번뇌의 종자를 파괴하고 그 성장을 원치 않는
현자들은 등불처럼 열반에 드니

승단이야말로 훌륭한 보배
이 진실에 의해 행복하기를!

아주 긴 내용이지만 핵심내용은 "삼보야말로 진정한 보배다. 이러한 진실에 의해서 행복하기를 기원한다!"는 것입니다.

살다 보면 허상에 의해서 행복해지는 경우도 있습니다. 하지만 그건 오래 못 갑니다. 허상은 깨져 버리는 것이기 때문입니다. 진정한 행복은 진실에 의해서 오는 것입니다. 진실 가운데 진실은 '삼보(붓다, 담마, 상가)'입니다. 삼보를 통해 윤회에서 벗어날 수 있고, 윤회에서 벗어난 '닙바나(니르바나)'야말로 진정한 행복입니다.

보배경은 진실을 담고 있기에 힘이 있습니다. 앞에서 〈삼보에 대한 명상〉을 하면 초월적인 힘을 갖게 된다고 했는데, 이 보배경도 마찬가지입니다. 내용도 비슷합니다. 다만 〈삼보에 대한 명상〉이 조금 축약되어 있고, 보배경은 그것을 좀 더 풀어서 설명해 준 것입니다. 그러니까 시간이 있을 때는 보배경을 읽고, 바쁠 때는 〈삼보에 대한 명상〉을 읽으면 됩니다.

이 보배경은 경經이지만 게송으로 이루어져 있습니다. 초창기에는 부처님의 가르침을 게송으로 만들어 제자들이 서로 외워서 전했습니다. 그 당시에는 책이 없었기 때문입니다. 가섭 존자가 아라한들을 모아서 경전을 결집했다고 하는데, 그때도 책으로 쓴 게 아니고 암송을 한 겁니다. 아난 존자가 암송을 하면 오백 명의 아라한이 듣고서 "음, 그래 맞지" 하면 넘어갑니다. 그리고 그 다음,

그 다음 해서 암송한 것을 전승했지요.

이와 같이 초창기에는 경전의 내용들을 암송해서 보존하고 전달해야 했기 때문에, 게송으로 만들었습니다. 산문투의 문장은 외우기 어려운데 노래는 잘 외울 수 있기 때문입니다. 게송의 송(頌) 자가 노래 '송' 자인 것에서도 알 수 있듯 게송은 일종의 노래입니다. 그래서 초창기에는 주로 장로게, 장로니게 하는 식으로 게송으로 전해졌습니다. 숫따니빠따, 법구경 등 초창기 경전들이 다 게송으로 전해지는 것에서도 잘 알 수 있을 것입니다.

남방불교에서는 보배경이 매우 친숙한 경전입니다. 우리가 각종 법회나 불교의식에서 천수경을 많이 외우는 것처럼, 남방불교도들은 보배경을 외웁니다. 보배경의 내용이 좀 길어도 자꾸 읽다 보면, 저절로 외워집니다. 그렇게 저절로 외워져야지 억지로 외우면 금방 또 잊어버립니다. 하루에 백 번씩 이백 번씩 읽다 보면 굳이 외우지 않아도 저절로 외워져 줄~줄~ 나오게 됩니다. 또한 이렇게 읽는 것이 잡념을 없애는 비결이기도 합니다.

천수경도 마찬가지입니다. 자꾸 듣고 읽고 하다 보니 저절로 외워집니다. 특히 천수다라니는 산스크리트어로 되어 있어서 외우기가 어려운데 일자무식의 할머니들도 천수경을 줄줄 외우는 것을 봤을 것입니다. 남이 읽는 것도 자꾸 귀 기울여 듣다 보면 외워지는 것입니다. 자꾸 읽는 것은 말할 것도 없겠지요. 처음엔 보고 읽더라도 자꾸 읽다 보면 외워집니다. 천수다라니 108독을 수행으로 하는 절도 많습니다. 저희도 국사암에서 몇 차례 했었는데, 그렇게

108독을 몇 번만 하면 외우는 분들이 상당히 많아집니다.

아무튼 삼보三寶가 보배라는 말입니다. 세상에는 다이아몬드, 루비, 사파이어 등 수많은 보배가 있습니다. 사람이 보배라는 말도 합니다. 그러나 그런 보배들은 오히려 탐착심을 유발시켜 우리를 윤회에 빠지게 합니다. 만일 다이아몬드 반지를 가지고 있으면, '이 비싼 것, 잃어버릴 수도 있으니 잘 보관해야 돼' 하고 꼭꼭 숨겨 놓아야 합니다. 간혹 자랑 삼아 끼고 다닐 때도 항상 조심스럽습니다. 공중화장실에서 손 씻다가 빼놓았다가는 큰일 나잖아요. 그래서 오히려 속박 당하게 되고 괴로움·윤회의 원인이 됩니다.

그런데 붓다·담마·상가는 우리를 윤회에서 벗어나게 해 주고 니르바나를 얻게 해 주고 진정한 대자유인이 되게 해 줍니다. 세간의 보배들은 속박을 받게 되어 자유를 누릴 수 없습니다. 하지만 삼보는 정신적·물질적 속박에서 벗어나게 해 주고 참자유인을 만들어 줍니다. 그러니 이보다 더한 보배가 어디 있겠습니까? 저는 평소 불자님들에게 붓다 귀걸이·담마 목걸이·상가 반지로 장엄하고 다니라고 합니다.

또한 보배 중의 보배인 삼보의 진가眞價를 나타내려면 실천을 해야 합니다. 물론 실천의 전제 조건이 있습니다. 일단 삼보에 대해 잘 알아야 하고 친근해져야 합니다. 알고 친근해지면 자연스레 실천이 됩니다. 다이아몬드 반지가 있어도 집에만 처박아두고 끼지 않으면 의미가 없습니다. 가끔은 끼고 나와서 반지 낀 손가락을 돋보이게 해 놓고 "아, 머리 아파" 하면서 자랑이라도 하는 맛이 있어야 하지 않겠습니까? 그것과 마찬가지로 삼보도 역시 알고 가까이 지내면서 가르침대로 실천해야 합니다. 결국은 알아야 전할 수 있고 가져야 베풀 수도 있습니다. 아는 만큼 전하고 가진 만큼 베푸는 것이 보살행을 실천하는 삶입니다.

요즘에는 알 수 있는 방법, 베풀 수 있는 방법도 많습니다. 방송을 열심히 빠짐없이 듣고 또 들으면 자기 것이 됩니다. 간혹 의미와 궁금한 점이 있으면 인터넷 카페나 블로그, 페이스북, 밴드 등에서 서로 소통하면서 알 수도 있습니다. 자기가 아는 것을 베풀 수도 있지요. 그렇게 같이 공부하다 보면 불·법·승 삼보와 친근하지 말라고 해도 저절로 친근해집니다. 이웃사촌이라는 말이 있듯 오프라인이든 온라인이든 자주 만나야 친해집니다.

보배경 맨 뒤에는 '삼보를 공경해서 행복하여지이다!' 하는 행복과 관련된 기원문을 합니다.

이곳에 모인 모든 존재들
지상이나 하늘 어디에 있든지
신과 인간의 존경받는
부처님을 공경하여 행복하여지이다!

이곳에 모인 모든 존재들
지상이나 하늘 어디에 있든지
신과 인간의 존경받는

이 가르침을 공경하여 행복하여지이다!

이곳에 모인 모든 존재들
지상이나 하늘 어디에 있든지
신과 인간의 존경받는
승가를 공경하여 행복하여지이다!

여기에 덧붙여서 이렇게 축원할 수도 있습니다.

이 책을 보는 모든 이들
지상이나 하늘 어디에 있든지
신과 인간의 존경 받는 삼보를 공경하여 행복하여지이다!

이렇게 다른 사람에게 축원을 많이 해 주면 본인이 더 잘 됩니다. 축원해 주는 마음은 좋은 마음이고 넉넉한 마음이요, 구걸하는 게 아니고 주는 마음이기 때문입니다. 스스로 풍요로움을 체험하고 연습함으로써 자기 자신의 앞날이 더욱 환히 열리는 것입니다.

행복경을 자주 보면
행복해진다

의료기술의 발달과 식생활 개선으로 평균 수명 80세가 넘는 시대입니다. 인생을 평균 수명인 팔십까지 산다고 가정하고 이를 봄, 여름, 가을, 겨울 사계절로 나누면 이십, 사십, 육십, 팔십으로 나눌 수 있을 것입니다. 그렇게 놓고 보니 저도 벌써 가을, 그것도 늦가을에 속하더군요. 나는 아직 한창때인 줄 알았는데, 착각이었습니다. 사실 저 같은 사람이 아주 많을 것입니다. 요즈음 대중매체에서 60대가 청춘이라고 말하는데, 그것은 '그랬으면 좋겠다' 하는 희망사항일 것입니다. 현실을 직시해야 됩니다.

늦가을이 되면 낙엽이 후두둑 떨어집니다. 떨어지는 낙엽을 보면 제행무상諸行無常이 저절로 느껴집니다. 제행무상, '모든 것은 항상함이 없다'는 말인데, 만물은 변화한다는 것입니다. 정신적 존재든 물질적 존재든, 존재하는 것은 모두 변화합니다.

만약 변화하지 않는다고 하면 그것은 존재하지 않는 것과 같습니다. 변화하기 때문에 존재로 느낄 수가 있는 것이고, 존재하는 것입니다. 항상 변화하기 때문에, 지금 이 순간밖에 없는 것입니다. 제행무상의 진리는 '바로 지금 여기서 충실해라! 그뿐이다!'라는 것을 일깨워 줍니다.

참으로 지금 이 순간뿐입니다. 정말 순간순간 행복하게 살아야 합니다. 그럼, 진실한 행복은 무엇일까요?

인간뿐만 아니라 신들조차 진실한 행복이 무엇인지에 대해 논란을 벌였다고 합니다. 그것도 자그마치 12년이나 걸렸는데도 결론이 나지 않아서 결국은 부처님께 찾아와 여쭈었습니다. 그때 부처님께서 설해 주신 경전이 바로 『행복경(Mangala Sutta)』입니다. 'Happiness Sutra', 행복경이라는 경전의 이름처럼 이 경을 읽으면 당연히 행복해집니다. 행복해지려면 어떤 것이 행복인지를 알아야 진정으로 행복해질 수 있습니다. 그렇기 때문에 행복경을 잘 기억해서 암송하면 행복과 친해지게 되고 행복해지는 것입니다.

행복의 이치를 노래한 행복경

많은 천신과 인간들이 최상의 행복을 소망하며
행복에 관해 생각하니
행복에 대해 설해 주소서.
어리석은 이와 사귀지 않고 현자와 가까이하고

존경할 만한 이를 존경하는 것이 최상의 행복!
분수에 맞는 장소에 살고 일찍 공덕을 쌓고
스스로 바른 서원을 세우는 것이 최상의 행복!
많이 배우고 기술을 익히며 계율을 잘 익히고
의미 있는 대화를 나누는 이것이 최상의 행복!
부모를 섬기고 처자식을 돌보고
평화로운 직업을 갖는 이것이 최상의 행복!
보시하고 청정하게 살고 친지를 보호하고
비난 받지 않는 일을 하는 이것이 최상의 행복!
악을 싫어하여 멀리하고 술 마시는 것을 절제하고
가르침에 게으르지 않는 이것이 최상의 행복!
존경하고 겸손하고 만족하고 감사하며 적당한 때
법문을 듣는 이것이 최상의 행복!
인내하고 온화하고 비구와 함께하며 적당할 때
법담을 나누는 이것이 최상의 행복!
감각을 단속하고 청정히 살고 사성제를 숙고하며
닙바나를 실현하는 이것이 최상의 행복!
세상사에 부딪혀도 마음 흔들리지 않고 슬픔에서 벗어나고
오염원을 제거하고 두려움에서 해탈하는 이것이 최상의 행복!
이와 같이 행하는 자는 어느 곳에 있든 실패하지 않고
어느 곳에 가도 평안하리니 이것이 최상의 행복!

행복에 대해 아주 구체적으로 말씀해 주셨습니다. 행복해지기 위한 세세한 실천덕목이라 할 수도 있는 내용입니다. 물론 사람에 따라서 그 수준이나 상황에 따라 어느 것을 더 실천해야 할 것인가 주안점을 두는 내용은 다를 수도 있습니다.

얼마 전에 인도 성지순례를 다녀왔습니다. 인도 다람살라에서 열린 달라이라마 존자님 법회에도 참석했습니다. 전 세계에서 온 수많은 남녀노소와 함께 달라이라마 존자님의 법문을 경청하고 있는 그 순간 정말 행복했습니다. '세계 각지에서 기쁜 마음으로 모인 사람들이 함께한 법석에 동참하고 있구나' 하는 것만으로도 행복이 느껴졌습니다.

달라이라마 존자님의 법회에 사흘간 참석하고 나서 인도 중부 마디아프라데시에 있는 산치대탑에 갔습니다. 부처님과 사리뿌뜨라, 목갈라나 존자님의 사리가 모셔져 있는 아주 상서로운 곳입니다. 그곳에서 해가 지는 일몰日沒에 데칸 고원을 바라보며 일몰명상을 했습니다. 함께 간 불자님들과 같이 앉아서 명상을 하는데 어떤 말로 표현할 수 없는 평안·평화·행복감으로 충만해졌습니다. 산치대탑은 인도 전역을 통틀어 가장 평화로운 곳이라고 할 수 있습니다. 아마도 부처님과 부처님의 으뜸가는 제자들의 사리가 있는 곳이라서 그렇게 느껴지는 것 같기도 합니다.

인도 성지순례는 가는 곳마다 마음 깊은 감동을 느낍니다. 아잔타 석굴에서의 감동 또한 잊을 수가 없습니다. 석굴에서 독경하고 기도를 하는데, 정말 벅찬 감동을 느꼈습니다. 석굴이 주는 울림이 더해져 공명이 되더군요. 마음이 울리고 눈물이 저절로 나옵니다. 함께한 불자님들은 물론이고 저도 그냥 나오는 대로 실컷 울었습니다. 울고 나니 카타르시스가 되더군요. 마음이 개운해지면서 업장이 소멸되는 느낌을 받았습니다. 그때 참 행복했습니다.

아잔타 석굴 끝자락에 가면 폭포가 있는데 거기에 파랑새가 날아다니는 겁니다. 그 평화로운 정경을 놓칠 수 없었습니다. 거기에 앉아서 떨어지는 폭포소리를 들으면서, 해질 때까지 명상을 했습니다. 폭포 아래 소沼가 있는데, 폭포에서 소로 흐르는 물을 바라보며 명상하는 것도 일품이더군요. 그때 최근 들어 가장 행복했던 것 같습니다. 그런 느낌은 평생 남습니다.

제가 10여 년 전에 혼자 인도 배낭여행 때 다 들러서 미리 그러한 체험을 했던 곳입니다. 그때 '언젠가는 불자님들과 같이 와서 이 행복감을 나누고 싶다'는 생각을 했는데 10년 만에 실현된 것입니다. 혼자 왔을 때도 좋았지만 불자님들 70명과 같이 와서 함께 명상하고 기도를 하니 더 좋았습니다. 또 여럿이 왔으니 동굴사원에서 한 시간씩 목탁 치고 기도도 하지 혼자서는 도저히 그렇게 기도할 수 없습니다. 여럿이어서 시너지 효과가 확실했습니다. 사실 그냥 여행으로 가면 주마간산격으로 쑥 둘러보고 마는 경우가 많습니다. 한 바퀴 돌고나서 포토존에서 거의 비슷한 포즈를 취하면서 사진 몇 장 찍고 돌아서는 게 대부분입니다. 하지만 그렇게 되면 그렇듯 깊은 행복을 체험할 수 없습니다. 그냥, '좋다~' 하고 돌아가는 겁니다.

흰 모래가 개펄 속에 있으면 다 검어진다

"어리석은 이와 사귀지 않고 현자와 가까이하고 존경할 만한 이를 존경하는 것이 최상의 행복!"이 행복경의 첫 대목입니다. 어리석은 사람과 가까이하고 친구로 지내다 보면, 마치 생선 싼 냄새에 생선 냄새가 배어들듯 자기도 모르는 사이에 나쁜 짓을 하게 됩니다. 하지만 선지식을 가까이하다 보면 향 싼 종이에 향내가 배듯이 자기도 모르게 지혜로운 삶을 살게 됩니다. 쏠림 현상에 대해 잘 아실 것입니다. 혼자서는 나쁜 짓을 잘 하지 않는 착한 아이인데, 친구들과 잘못 어울려서 나쁜 짓을 하다가 파출소에 가고 소년원까지 가는 경우도 많습니다.

그래서 현명한 이와 가까이 하고 어리석은 이와 가까이 하지 않는 것을 열 가지 항목 중에 첫째 항목으로 손꼽은 것입니다. 물론 타고난 성정이 반듯하여 주위 친구들에게 휩쓸리지 않는 아이들도 있겠지만, 그러기가 쉽지 않습니다. 『순자』권학편의 "쑥이 삼대밭에서 자라게 되면 떠받쳐 주지 않아도 곧게 자라며, 흰 모래가 개펄 속에 있으면 다 검어진다(蓬生麻中 不扶而直 白沙在涅 與之俱黑)"는 구절도 이 게송과 비슷한 뜻을 품고 있습니다. 현자賢者를 가까이하고 존경할 만한 이와 가까이해야 바른 삶을 살 수 있다는 구절을 가슴 깊이 새기십시오. 누구를 멀리하고 가까이할 것인가 고민스럽다면 그저 불佛 법法 승僧 삼보와 가까이하면 됩니다. 삼보는 진정한 행복의 근원이기 때문입니다.

배우지 않으면
황소와 다를 바 없다

부처님께서 제따와나(기원정사)에 계실 때의 일입니다. 제자 중에 '랄루다이'라고 하는 장로가 있었는데, 이분은 잔칫집에 가서는 『담장밖경』을 낭송하고, 장례식장에 가서는 『행복경』을 낭송했습니다. 게송도 분위기에 맞게 낭송해 주어야 하는데 이분은 거꾸로 한 것입니다.

『담장밖경』은 "영혼들이 담장 밖에서 들어오지 못하고 있는데, 그 영혼들을 위해서 우리가 이러저러한 공덕을 짓고 그 공덕을 회향해 주면 영혼들에게 크게 도움이 된다"는 내용으로 이루어져 있는, 장례식장에서 낭송해 주면 아주 좋은 경전입니다. 그리고 잔칫집에서는 주로 행복경을 낭송해 주면서 행복을 기원해 줍니다. 그런데, 거꾸로 결혼식장에서 죽은 사람들을 위한 경전인 『담장밖경』을 낭송해 주니 사람들이 헷갈리는 겁니다. 출발할 때는 '아 이번에는 장례식이니까 『담장밖경』을 낭송해 줘야지' 하고 가는데 막상 현장에 가서는 『행복경』을 낭송하는 거예요. 이렇게 잘못을 계속 되풀이 하는 겁니다.

부처님께서 말씀하시길, "랄루다이 장로는 과거에도 저렇게 분위기에 맞지 않는 말을 하곤 했다. 습관이 되어서 지금도 저러는 것이다"라고 하셨습니다.

랄루다이는 과거 생에 바라문이었습니다. 그는 그 나라 임금에게 받은 소 두 마리를 키우면서 살아가고 있었는데, 어느 날 소 한 마리가 죽었습니다. 그는 아들에게 "네가 임금님께 가서 소 한 마리가 죽었으니 소 한 마리를 다시 달라고 해서 받아 오너라" 하는 심부름을 시켰습니다. 그의 말을 들은 아들이 "저는 아직 너무 어립니다. 어린 제가 가서 소를 달라고 하면 맹랑하다고 할 수도 있습니다. 아버지가 직접 가셔서 달라고 하는 게 좋겠습니다"라고 답합니다. "그럴 수도 있겠구나. 그럼 내가 가야겠구나."

그런데 문제가 있었습니다. 그는 평소 말을 할 때 반대로, 거꾸로 얘기하는 등 말을 제 때에 잘 못하는 사람이었기 때문입니다. 그래서 그의 아들이 단단히 예행연습을 시켰습니다.

"아버지, 임금님께 가기 전에 연습을 하고 가십시오."

임금님께 가서 어떻게 해야 하는지를 가르쳐 준 것입니다. 임금님을 만나면 절을 해야 하는 등 예의범절이 필요하잖습니까? 아들은 아버지에게 이런 절차를 다 가르쳐 드렸습니다. 그리고 임금님에게 용건을 제대로 말씀드리는 것이 제일 중요했기 때문에 "임금님, 제가 키우던 소 두 마리 중 한 마리가 죽었습니다. 다시 한 마리를 주십시오" 하고 임금님께 청할 수 있도록 연습을 한 것입니다. 그는 아들의 지도를 받으면서 한참 동안 연습했습니다. 경전에 보면 1년이라고 되어 있습니다. 1년에 걸쳐서 이 말을 외우고 또 외워서 임금님을 찾아갔습니다. 임금님께 인사를 드리고, 준비해 간 선물을 드리고 나서 용건을 말씀드려야 하는데 막상 임금님을 뵈니 당황해서 말이 전혀 딴판으로 나오는 겁니다.

"저에게 논을 갈던 소 두 마리가 있었는데 한 마리가 죽었습니다. 임금님, 남은 한 마리를 가져 가십시오"라고 했습니다. '한 마리를 더 달라'고 해야 하는데, '한 마리를 가져 가십시오' 하고 거꾸로 말한 것입니다. 마치 이생의 랄루다이 장로가 장례식에 가서 『행복경』을 읽고, 잔칫집에 가서 『담장밖경』을 읽는 것과 같은 상황이지요. 임금님은 도대체 이 사람이 무슨 말을 하는지 어안이 벙벙해져 아들인 소마닷따에게 다시 물었습니다.

"네 아버지가 지금 무슨 소리를 하는 거냐?"

"폐하, 폐하께서 저희 아버지에게 소를 두 마리 하사해 주셨는데 그중에 한 마리가 죽었습니다."

"그런데 왜 한 마리를 마저 가져 가라고 하느냐? 너희 집에 소가 많이 있는 모양이지?"

"그게 아닙니다. 저희 집에는 폐하께서 주신 것만 있습니다"라고 대답하면서 사실은 한 마리를 더 달라고 해야 하는데 아버님이 거꾸로 말한 것이라고 임금님께 말씀드렸습니다. 임금님께서 그 말을 듣고, "아, 참으로 재미있구나" 하고는 소를 16마리를 하사했다고 합니다. 아들 덕분에, 아들이 지혜롭게 얘기를 잘해서 소 16마리를 받은 거이지요. 사실은 이 소마닷따라고 하는 아들이 부처님의 과거생이고, 왕은 아난존자의 과거생이고, 엉뚱한 소리를 하던 그 바라문이 랄루다이였던 것입니다. 부처님께서는 랄루다이 장로에게 미소를 지으시며 과거생에도 그렇게 거꾸로 말하더니 금생에도 역시 그런다고 말씀하셨습니다.

부처님께서 말씀하시길, "랄루다이가 시의적절하게 말하지 못하는 것은 이번이 처음이 아니다. 제대로 배우지 못한 사람은 마치 황소와 다를 바가 없다"라고 하시면서 게송을 읊으셨습니다.

배움이 적고 마음도 닦지 않은 이는
게으른 황소처럼 살만 쪘을 뿐
지혜는 전혀 자라지 않네.

리차드 기어처럼 곱게 늙는 법

나이가 들수록 마음을 더욱 열심히 닦아서 지혜가 자라나야 합니다. 마음을 닦아야 곱게 잘 늙을 수 있습니다. 젊었을 때는 사회적인 일도 많고 직업에 종사하느라고 사실 마음공부를 할 시간이 많지 않습니다. 그러나 나이가 들어 현직에서 물러나면 아무래도 시간이 좀 생깁니다. 그런 시간들을 마음을 닦는 데 써야 지혜가 자라납니다. 무엇보다 곱게 늙을 수 있습니다.

인도 성지순례 때 다람살라에서 관세음보살 관정灌頂식을 했습니다. 저도 달라이라마 존자님께 직접 관세음보살 관정을 받아

관세음보살님의 후계자가 되었습니다. 관정을 받는다는 것은 후계자로 지명을 받는 것입니다. 이제부터 저를 한국의 보통 중으로 보면 안 됩니다. 관세음보살님의 후계자가 되었으니 여러분에게 축하받을 일입니다. 하하하. 스스로 이렇게 말하고 나니 크게 웃지 않을 수 없네요.

아무튼 그 관정식에서 미국의 톱스타 리차드 기어가 동석해서 우리와 함께 관정을 받았습니다. 몇 시간 동안 같이 있었는데, 은발의 노신사? 참 멋지고 곱게 늙었더군요. 아주 잘 늙었습니다. '아, 저 사람이 불법에 대해서 관심을 갖고 마음을 닦으면서 부처님 법을 가까이하려고 계속 노력하기 때문에 저렇듯 향기롭게·멋지게 늙어가는 구나' 하는 생각이 들었습니다.

불법을 가까이하고 마음을 닦으면 향기로운 사람이 됩니다. 그게 가장 잘 늙는 것입니다. 나이가 들수록 자꾸 불법을 친근하고 마음을 닦고, 불교TV도 자꾸 보고 불교 방송도 자꾸 듣고 게송 하나라도 암송해야 합니다.

지금까지 배운 게송 중에서 짧은 것 하나라도 외우다 보면 그게 평생 남습니다. 연습하다 보면 평생 남고, 또 게송이 연이 되어 수다원과를 얻을 수도 있고 아라한과를 얻을 수도 있습니다.

부처님 당시에도 게송을 한마디 듣고서 수다원과를 얻거나 아라한과를 얻는 경우가 참 많았습니다. 그런데 우리는 경전을 많이 접하면서도 게송을 외우지 않기 때문에 그냥 흘러가는 물처럼 왼쪽 귀로 듣고 오른쪽 귀로 흘리는 경우가 많은 것입니다.

여러 가지 게송 중에서 특히 자기에게 와 닿는 게송 몇 가지라도, 아니 하나라도 자꾸 연습해서 자기 것으로 만들면 마음공부 살림살이에 큰 보탬이 됩니다.

악마는 인간의 허영심을 가장 좋아한다

『행복경』의 첫마디에 "어리석은 자와 사귀지 말라"고 했는데, 구체적으로 어떤 사람이 어리석은 자인지 알아야 합니다. 어리석은 자 중에 가장 어리석은 자는 바로 '인과법'을 믿지 않는 자입니다. 불교에서 말하는 '어리석은 자'는 지능지수가 낮은 사람이 아니라 인과법을 모르거나 믿지 않는 자를 말합니다. '나쁜 짓을 해서라도 잘 먹고 잘 사는 게 좋은 거다'라고 생각하는 자가 가장 어리석은 자입니다.

"악마는 인간의 허영심을 가장 좋아한다"는 말이 있습니다. 인과를 믿지 않는 자들은 허영심을 갖게 됩니다. 허영심이라는 게 뭡니까? 작게 투자해 놓고 크게 얻을 수 있다고 생각하는 것, 자기가 노력한 것보다 훨씬 많은 것을 얻고 싶어 하는 것이 허영심입니다. 나쁜 사람들은 그런 자들을 노립니다. 그래서 "야, 요거 하면 이만큼 얻을 수 있어"라고 하는데, 거기에 끌려 들어가는 사람이 어리석은 자입니다. 어리석은 자들과 가까이하지 않으려면 먼저 자기 마음에서 허영심을 버려야 합니다. "콩 심은 데 콩 나고 팥 심은 데 팥 난다"는 것을 믿어야 합니다. 그래야 저절로 어리석은 자와 멀어지게 됩니다. 자기 마음에 허영심이 있는 한 어리석은 자와 가까이하게 됩니다. 왜냐하면 그들은 상대방의 허영심을 부추겨서 자기들의 이익을 얻으려 하기 때문입니다.

인과법을 믿으면 허영심에 물들지 않으므로 인생을 잘 살려면 반드시 인과법을 믿어야 합니다. 인과에 오차는 없고 단지 시차가 있을 뿐입니다. 인과법에 시차가 있어서 지금 열심히 하지만 금방 잘 안 될 수도 있고, 지금 잘못 살아도 금방은 잘 될 수도 있는 겁니다. 때가 되어야 열매가 익듯이 시간이 걸리기 마련인데 사람들이 잘 인지하지 못하는 게 문제입니다. '저 사람은 착하게 잘 사는 것 같은데 되는 일이 없다. 또는 저 사람은 나쁜 일만 하는 것 같은데 잘 되는 것 같다'라고 생각할 수가 있습니다.

그러나 그것은 과거에 지어놓은 복덕으로 지금 나쁜 짓을 해도 일단은 잘사는 것이고, 과거에 지어놓은 복덕이 없는 사람은 지금 착하게 살아도 아직 어려운 것입니다. 물 컵이 차면 넘치듯이 계속 복덕을 지어나가다 보면 복덕이 옵니다. 나쁜 짓을 한 인과를 받는 것도 마찬가지입니다. 나쁜 짓을 해도 당장 과보가 오지 않을 수도 있습니다. 점점 더 꽉 차서 넘쳐야 과보가 오기 때문입니다.

스스로 바른 서원을 세우는 것이
최상의 행복이다

🌿 『행복경』은 열 가지 항목인데, 핵심키워드는 '스스로 바른 서원을 세우는 것이 최상의 행복'이라는 것입니다. 반드시 서원을 세워야 합니다. '내가 무엇을 어떻게 하겠다' 하고 서원을 세우고, 그것을 향해서 꾸준히 노력해 나가는 사람이 진정한 불자라고 할 수 있습니다. 대중매체에서도 아니 실제로도 종교인들은 "~해 주세요. ~해 주세요" 하면서 비는 사람들이 많습니다. 그런데 이렇게 비는 것은 구걸하는 마음입니다. 거지와 종이 되기 십상인 마음을 연습하는 것입니다. 우리는 스스로 붓다의 성품이 있다는 자긍심을 가지고 붓다의 삶을 연습해야 합니다. 붓다처럼 온 우주의 진리를 알고 고뇌에서 벗어나 창조적인 삶을 살아야 합니다.

처음부터 너무 거창하다 싶으면 차근차근 실천할 수 있는 목표를 세우십시오. 부처님에게, 하느님에게 무엇인가 해 달라고 구걸할 필요 없이 내가 목표를 세우고 꾸준히 그 목표를 향해서 나아가면 됩니다. 이것은 바로 인과법을 믿는 삶이기도 합니다.

물론 욕심과 서원은 차이가 있습니다. 쉽게 표현해서 '욕심'이 나와 내 가족만을 위한 것이라면 '서원'은 나와 가족뿐만 아니라 우리 모두를 위한 것입니다. 예를 들어, 우리나라는 달라이라마 존자님이 못 오십니다. 세계 각국에 다 가시는데, 우리나라에만 못 오시는 현실이 너무나도 안타까웠습니다. 그래서 "내가 3년 안에 달라이라마 존자님을 우리나라에 모시겠습니다" 하고 목표를 서원을 세우는 겁니다. 그리고 말로만 그치는 것이 아니라 계획을 세워서 부단히 노력해야 합니다.

이를테면 그런 것이 서원입니다. 내가 잘 먹고 잘 살기 위해서 달라이라마 존자님을 모시는 것이 아니잖습니까. '우리나라 불교의 발전을 위해서, 그리고 불자님들에게 불법에 더욱 더 친근하게 하기 위해서' 달라이라마 존자님을 모시는 거잖아요. 그렇게 수많은 사람들을 위해 좋은 목표를 세우는 것이 서원입니다.

적당할 때 법문을 듣는 것이 최상의 행복이다

행복경에서 가슴 깊이 새겨볼 만한 구절, "적당할 때 법문을 듣는 것이 최상의 행복이다"라는 내용을 읽으면서 마음이 환히 열리는 한편 조금 어깨가 무거워지는 듯한 느낌도 받았습니다. 제가 법문을 하는 입장이기 때문에 몸으로 느끼는 책임감의 다른 표현이겠지요.

여기서 '적당할 때'라는 것은 자기가 시간이 날 때를 말하는 것일 수도 있고, 또는 시간을 '적당할 때 정해 놓고'라는 의미일 수도 있습니다. 사실 현대사회는 눈이 핑글핑글 돌 정도로 무척 바쁘게 돌아가고 있습니다. 사람들이 다 바쁘다 보니 법문을 멀리하게 됩니다. 심지어 초파일 불자佛子라는 말도 있습니다. '바쁜 세상에 일 년에 한 번 초파일 때 절에 와서 등 하나 달면 불자라고 할 수 있지 않나' 하는 생각을 가지고 있는 사람들이 뜻밖에 많습니다. 우리 경전교실에 열성적으로 오시는 신도님이 하신 말씀을 들으면서 만감이 교차되었습니다. 그 신도님도 기막혀 하면서 이 얘기를 전하더군요. 이분의 친구 중에 불교 신자가 있었다고 합니다. 다니는 절은 다르지만 친한 친구니까 "우리 함께 경전 공부 좀 하자"고 제안을 했답니다. 그랬더니 "무슨 공부? 절은 일 년에 한두 번 가는 데 아냐?"라고 말하더랍니다.

　　이렇듯 안타깝게도 불자들 중에는 완전히 잘못된 사고방식이 각인된 분들이 많습니다. 앞에서도 말씀드렸다시피 불자들은 불교가 무엇인지를 알아야 하고, 부처님 말씀을 잘 배워서 실천해야 됩니다. 그렇게 자신을 업그레이드시켜야 참다운 불교인이 되는 것이지, 일 년에 한두 번 절에 가서 등이나 달고 그저 '~해 달라고' 구걸기도나 하는 것은 참다운 불자와는 10만 8천 리 떨어진 것입니다. 불교를 자기 삶의 우선순위에 놓아야 합니다. '이것도 하고 저것도 하고 다 하고 나서 어쩌다 시간이 나면 절에 한번 간다, 법문 한번 듣는다'는 식으로 하면 어떻게 되겠습니까? 부처님도 '이 사람 해 주고, 저 사람 해 주고, 다 해 주고 나서 시간이 나면 내가 너를 봐 줄게'라는 식이 되는 겁니다. 인과법이 따로 있는 게 아닙니다. 이것이 바로 인과법입니다.

　　내가 부처님을 몇 번째 순위에 놓느냐에 따라서 부처님도 나를 그 순위에 놓는다는 것은 아주 당연한 이치입니다. 왜냐, 인과법이기 때문입니다.

'내가 부처님을 일순위에 놓을 때 부처님도 나를 일순위에 놓는다. 내가 부처님의 가르침을 영순위에 놓을 때 부처님의 가르침도 나를 영순위에 놓는다'는 것이 인과법임을 알아차릴 때 우리 삶은 몇 단계 업그레이드가 됩니다. 아니 몇 단계가 아니라 한 순간에 엘리베이터로 최상층에 오르는 것처럼 올라갈 수 있습니다. 하지만 부처님과 부처님의 가르침을 열 번째 순위에 놓고 부처님이 제일 먼저 챙겨 주길 바란다면 그것이 바로 어리석은 자입니다. 어리석은 자가 따로 있는 게 아닙니다. 인과법을 믿지 않는 자야말로 세상에서 가장 어리석은 자입니다.

불교는 공부하는 종교, 실천하는 종교입니다. 부처님께서는 처음부터 끝까지 공부와 수행을 강조하셨습니다. 결단코 복 비는 것을 강조하신 적은 없습니다. 물론 불교에서도 기도를 합니다. 하지만 불교에서의 기도는 방편법입니다. 혼자서 스스로 하기가 너무 힘들면 아예 공부를 포기할 수도 있지 않습니까? 그렇기 때문에 불보살에 의지하여 기도하는 법을 방편법으로 설하신 것입니다. 그런데 지금은 방편과 진실이 거꾸로 되어가는 경향이 있습니다. 공부와 수행이 주식이고 복을 비는 것은 부식인데, 요즘에는 밥과 반찬이 바뀌어 버린 것 같아서 드리는 말씀입니다. 절에 복을 빌러 가는 것으로 생각하는 분들이 아직도 제법 많은데, 정말 사고방식이 바뀌어야 하고 삶의 가치관에 있어 우선순위가 바뀌어야 합니다.

사람이 살아가면서 가치관을 세우는 것이 중요합니다. 우리는 어떻게 살아갈 것인가? 가장 가치 있고 보람 있는 삶을 살기 위해서는 어떻게 해야 할 것인가? 불자라면 이러한 물음에 바로 대답해야 합니다. 법을 배우고, 불교가 무엇인지, 수행이 무엇인지를 배우고 생활 속에서 실천해야 한다고 대답할 수 있어야 합니다.

불교는 사람의 가치관을 바꿔 주는 종교입니다. 인생의 가치관을 바꾸고 제대로 잘 살기 위해서 절에 다니는 것이지 복 받으려고 절에 다니는 것이 아닙니다. 인생의 가치관에 따라 삶이 달라집니다. 내 삶의 가치관이 올라갈수록 내 삶 자체가 올라갑니다. 죽어서도 자기가 원하는 대로 천상에 태어나고 싶으면 천상에 태어나고, 인간 세계에 태어나고 싶으면 다시 인간 세계에 태어나게 됩니다. 다음생만 그런 것이 아닙니다. 금생에 살면서도 애착에서 벗어나 해탈하게 됩니다. 대자유를 만끽하면서 언제나 진정한 행복을 누릴 수 있습니다.

인생의 가치관을 정립하고 지고지순한 삶의 경지로 상승시키기 위해 불교를 신행해야 합니다. 그렇지 않고 그저 잘먹고 잘사는 것, 내 가족 무사하고 건강하게 사는 것만 빈다면 드넓은 보배창고에서 아주 작은 보석 하나 가져오는 것과 같습니다. 물론 처음부터 이러한 이치를 잘 알 수는 없습니다. 그래서 공부하는 데 시간을 투자해야 한다는 것입니다. 자기 상황에 맞게 시간을 내면 됩니다. 예를 들어서 직장인의 경우에는 1주일에 한두 시간이라도 법회에 참석하고 불교대학이나 경전교실에 동참해야 합니다. 혼자서 공부하기는 어렵기 때문에 법문을 듣거나 불교 공부를 습관화해야 합니다.

"어느 절에 가야 합니까?"라는 질문을 자주 받는데, 그때마다 저는 일단 집이나 직장에서 가까운 절에 다니라고 권합니다. 가까워야 자주 가게 되므로 가급적이면 가까운 절을 선택하라고 하는데, 단 하나 중요한 기준이 있습니다. 법문을 들을 수 있는 절에 다니라는 것입니다. 다시 말해서 끊임없이 불교 공부를 시켜서 불교적 가치관이 몸에 밸 수 있도록 이끌어 주는 절에 다녀야 합니다. 사실 아직까지도 공부는 안 시키고 기도만 하고 법회를 마치는 절도 많이 있습니다. 그런 절에만 다니면 삶의 진전·향상이 없습니다. 불교 공부를 통해 가치관, 즉 의식 수준이 높아져야지 그렇지 않으면 똑같은 수준으로 살다가 다람쥐 쳇바퀴 돌 듯 고통 속에서 윤회하고 또 윤회하는 수밖에 없습니다.

잠 못 드는 사람에게 밤은 길고,
피곤한 나그네에게 길이 멀 듯이,
진리를 모르는 사람에게
인생의 밤길은 길고 멀어라.

법구경의 이 게송은 아주 유명해서 독자들도 이미 외우고 있을 것입니다. 진리를 알면 밤길도 두렵지 않습니다.

정의로운 삶은 행복을 가져온다

수백 명 도적들의 출가 인연 이야기

정의는 정의롭게 살아가는 사람을 보호한다.
정의로운 삶은 마침내 행복을 가져오나니
이것이 정의로운 사람의 이익됨이다.
정의롭게 살아가는 사람은 결코
고통의 세계로 가지 않는다.

일시적으로 보면(현생만 놓고 보면), 정의롭지 못한 사람 중에도 잘사는 것 같은 사람이 있겠지만, 긴 안목(과거, 현재, 미래의 삼생)에서 보면 정의로운 이가 마침내 행복해진다는 의미가 담겨 있습니다.

우리가 인연 따라 세상에 태어나듯이 게송 또한 나온 배경이 있습니다. 이 게송 역시 나온 계기가 아주 흥미롭습니다.

부처님이 제따와나(기원정사)에 계실 당시의 일입니다. 쏘나 장로가 있었는데, 이분 덕분에 수백 명이 출가하게 되었습니다. 그러한 인연으로 이 게송이 나오게 된 것입니다.

쏘나 장로는 부처님의 10대 제자 중에 논의제일로 유명한 마하까짜야나(Mahakatyayana, 마하가전연) 존자의 설법을 듣고 크게 감화 받아 출가하였다고 합니다. 마하까짜야나 존자는 분별해서 설하는 것을 아주 잘했다고 합니다. 특히 부처님이 간단하게 설하신 것을 대중들이 이해하기 쉽게 자세하게 설하는 데 탁월했다고 합니다. 또한 마하까짜야나 존자는 피부가 황금빛으로 아름다워서 그 피부에 반해서 출가한 이가 있을 정도였다고 합니다.

쏘나가 마하까짜야나 존자에게 출가의 뜻을 밝히자, "출가해서 산다는 것은 혼자서 먹고 잠자고 청정한 생활을 해야 한다. 가정을 가진 그대는 어렵겠다"며 쏘나의 출가를 두 번이나 거절했다고 합니다. 그런데도 굴하지 않고 쏘나가 거듭 간청하자 마침내 그의 출가를 허락했습니다.

출가한 쏘나 비구는 새벽마다 아름다운 목소리로 게송을 읊었습니다. 그 소리를 듣고 지상의 생명들은 물론이고 천상의 신들이 박수를 치면서 좋아했습니다. 그는 아름다운 목소리를 가진 이 가운데 제일이라는 칭찬을 들을 정도로 목소리가 고왔습니다. 그런데 그의 집에 있던 신장도 그의 아름다운 게송을 듣고는 박수를 치면서 크게 환호했습니다. 박수 소리에 깜짝 놀란 쏘나 비구의 어머니가 누가 왜 이렇게 박수를 치는지 물어보았습니다. 신장이 대답하길, "쏘나 비구가 오늘 새벽에 기원정사에서 게송 읊는 소리를 듣고 천상천하의 모든 존재들이 박수를 치고 좋아했다. 나도 그 게송을 듣고 좋아한 것이다"라고 했습니다. 쏘나 비구의 어머니는 신장에게 그 말이 정말인지 거듭 묻더니 수긍하고, '쏘나가 집에 오면 우리 집에서도 게송을 설하도록 청해야겠다'고 생각했습니다.

부처님께서도 쏘나 비구의 게송을 듣고 칭찬하셨습니다. 이에 쏘나 비구는 부처님께 드릴 말씀이 있다고 하면서 "비구 수가 많지 않은 변방에서는 비구 다섯 명만 입회해도 출가자를 받아들일 수 있도록 즉 비구계를 줄 수 있도록 해 주시고, 다섯 비구 중 한 사람이 계율을 암송하게 해 달라"고 청하였습니다. 원래는 3사7증三師七證이라 해서 큰스님이 열 명 이상 있어야 비구계를 줄 수 있도록 되어 있었습니다. 하지만 그 당시 변방에서는 비구 수가 적었으므로 쏘나 비구가 그러한 건의를 드렸고, 부처님께서 흔쾌히 허락하신 것입니다.

쏘나 비구는 부처님이 계신 제따와나에서 며칠 머무르며 수행하다가 자기가 살던 고향으로 돌아왔습니다. 그리고 어머니가 계신 곳으로 탁발을 나갔습니다. 그렇잖아도 오매불망 아들을 기다리던 쏘나 비구의 어머니는 아들을 보자마자 반갑게 맞이하면서 "사랑하는 아들아, 들리는 말로는 네가 부처님 계신 곳에서 게송을 읊어서 모두들 크게 기뻐했다고 하던데, 그것이 사실이냐?"라고 물었습니다. 쏘나 비구는 어머니가 어떻게 그 사실을 아셨는지 의아해 하면서 어찌된 영문인지 되물었습니다.

"우리 집의 신장이 말해 주었단다. 늙은 어미를 위해서도 법문을 설해 주었으면 좋겠다"고 쏘나 비구에게 법문을 청했습니다. 그는 어머니의 청을 받아들였고, 약속한 법회 날에 소문을 듣고 수많은 사람들이 모였습니다.

쏘나 비구의 어머니의 집은 문이 일곱 개나 있을 정도로 큰 부잣집이었습니다. 그 대저택에 여종 하나만 남겨 놓고 모든 하인들도 다 법회에 갔습니다. 그런데 이때를 노리고 도적 수백 명이 쏘나 비구 어머니의 대저택을 도둑질할 계획을 세우고 있었습니다. 쏘나 비구가 법회를 시작하는 것을 보자마자 쏘나 비구의 어머니의 집에 가서 훔치기 시작했습니다. 그 큰 집에 혼자 남아 있던 여종이 급히 쏘나 비구의 어머니에게 달려와서는 "마님, 동전이 가득 찬 창고가 털리고 있습니다"라고 했습니다. 그런데도 "법을 들어야 하니 재화를 가져가도록 그냥 둬라"라고 했습니다. 이에 다시 집으로 돌아온 여종은 이번에는 도둑들이 은전창고를 털고 있기에 또 달려갔다가 놔두라는 말을 듣고 되돌아왔습니다. 그 다음에는 금전 창고를 털고 있기에 또 이 사실을 보고하자, 쏘나 비구의 어머니가 여종에게 말했습니다.

"너는 지금까지 두 번이나 내게 왔었다. 그때마다 나는 내버려 두라고 했다. 벌써 세 번째 내게 왔구나. 나는 지금 재산보다 더 소중한 진리의 가르침을 듣고 있으니, 더 이상 내게 와서 귀찮게 하면 나는 너를 혼내지 않을 수가 없구나."

그런데 쏘나 비구의 어머니의 말을 도적의 두목이 듣고 있었습니다. 사실 도적의 두목은 법회 장소에서 부잣집 주인이었던 쏘나 비구의 어머니를 살펴보고 있다가 그녀가 집에 도둑이 들었다는 소식을 듣고 집으로 돌아가려 하면 죽이려고 대기하고 있었던 것입니다. 가까이 있었기 때문에 처음부터 대화를 다 듣고 있었는데, 세 번째 말을 들으면서 그 두목은 정말 큰 감동을 받았습니다. '내가 이런 마음을 가진 사람의 돈을 훔친다면 신에게 벼락을 맞을 것이다'라는 생각까지 들었습니다. 그래서 두목은 부하들에게 지금까지 훔친 것을 다 제자리에 갖다 놓으라고 명령했습니다. 이때 부처님께서 위의 게송을 읊으신 것입니다.

이날 쏘나 비구는 새벽에 이르기까지 밤새도록 게송을 읊었습니다. 도적은 감동을 받아 쏘나 비구의 어머니 앞에 무릎을 꿇고 진심으로 사죄하면서 말했습니다.

"사실 나는 당신을 죽이려고 당신 옆에 있었습니다. 그런데 '이런 사람을 해코지 한다면 인드라신의 벼락을 맞겠구나' 하는 생각이 들어서 훔친 것을 돌려 놓았습니다."

쏘나 비구의 어머니가 도적을 용서해 주겠다고 하자, 도적이 "쏘나 비구의 제자로 출가하게 해 주십시오"라고 청하였습니다. 어머니 말을 들은 쏘나 비구는 이들을 받아들여 출가를 허락했습니다. 쏘나 비구가 도적들을 받아들일 때, 부처님은 마치 홀로그램처럼 기원정사에서 광명을 놓으셔서 그들 앞에 앉아 있는 것처럼 나투시고는 게송을 읊으셨습니다. 그리고 그 다음 게송을 들려주셨습니다.

행복에 이르는 법

비구가 고요히 자비선정에 머물러
여래의 가르침에 기쁨을 가지면
마침내 평화로운 길에 이르러
모든 존재의 조건을 없애고 행복하리라.
비구여, 네 배(舟)의 더러운 것을 모두 비우면,
네 배는 가벼워 순조롭게 항해하리라.

또한 감각적인 욕망도 성냄도 부숴 버릴지니
그러면 닙바나에 이르게 되리라.
다섯 가지 낮은 얽매임을 끊고
다섯 가지 높은 얽매임을 포기하며
다섯 가지 힘을 계발하라.
비구가 다섯 가지 얽매임에서 벗어나면
진실로 생사의 큰 물결을 거슬렀다 이르리.

비구여, 마음을 집중시켜 선정을 닦아라.
감각적 쾌락에 마음이 흔들리지 않도록 하라.
비구가 고요히 자비선정에 머물러
마음을 놓고 지내면 뜨거운 쇳덩어리를 삼키는 것
몸이 타는 듯 괴로운 그때에

아! 이것이 진정 괴로움이로구나.
울부짖게 되리라.

지혜가 부족한 자에게 선정은 불가능하고
선정의 성취 없이 지혜는 자라지 않는다.
선정과 지혜를 함께 갖추면
그에게 닙바나는 진정 가깝다.
한가하고 고요한 곳에 머물라.
그러면 비구는 마음의 평화를 얻고
천상의 즐거움을 경험하며
바른 진리의 깊은 뜻을 명확히 알리라.

다섯 가지 모임의 순간순간 일어나고 사라짐을
언제나 바르게 관찰하면
기쁨과 행복을 얻게 되고
죽음을 초월하는 지혜를 성취하리라.

이것이 슬기로운 비구생활을 시작하며
이 세상을 바르게 살아가는 길이다.
감각기관을 다스림 · 적게 얻어도 만족함 ·
기본적인 계에 따라 청정하게 살아가면,
누구든지 착한 벗을 사귀어

바르게 행동하고 고상하게 살며,

겸손하고 진실한 말씨를 쓰면

그로부터 많은 즐거움을 얻고

모든 괴로움은 끝나리라.

🌿 이 게송을 듣고 9백 명의 도적들이 출가하여 그들 중 100명이 아라한을 성취했습니다. 도적이 바로 그 자리에서 아라한이 된 것입니다.

① 선정과 지혜를 같이 닦아야 열반에 가깝다.
② 듣기만 해서는 자기 것이 안 된다.
③ 들은 것을 반추하고 소가 되새김질하듯 또 들은 대로 선정을 닦아야 한다 : 참선!
④ 불교는 서원의 종교이자 수행의 종교다.
　－ 몸 보기, 마음 보기, 성품 보기 이것이 수행이다.
　－ 불교에서 닦는다는 것은 보는 것을 말한다. 이렇게 보는 수행을 겸해서 해야 한다.
　－ 몸은 해체해서 보고, 마음은 묶어서 보고, 성품은 돌이켜서 본다.

『화엄경』에 "종일수타보 자무반전분 어법불수행 다문역여시 終日數他寶 自無半錢分 於法不修行 多聞亦如是라, 하루 종일 남의 보배를 헤아리는데 자기 것은 반전의 몫도 없다. 법을 닦아 행하지 아니하고 많이 듣기만 한 것도 그러하다"는 구절이 있습니다. 요즘으로 치면 은행원이 은행창구에서 돈을 세는 것과 같습니다. 아무리 많은 돈을 세도 자기 돈은 한 달에 한번 받는 월급뿐입니다. 많이 듣는 것 또한 이와 같습니다. 법을 닦지 않고 듣기만 하면 결국 남의 살림살이입니다. 잘 듣는 것도 중요하지만 그것을 닦는 것이 더 중요합니다. 수행방법을 구체적으로 배우고 그것을 끊임없이 연습해서 궁극적으로 혼자서도 할 수 있게 되어야 합니다.

선정과 지혜를 함께 닦기 위해, 저는 경전교실에서 한 시간 강의를 하고 한 시간 참선을 합니다. 그렇게 실제로 참선을 해야 내 마음 속에 어떤 것들이 있는지 알게 됩니다. 올라오는 생각들이 다 자기 마음속에, 마음의 창고에 저장해 놓았던 것들입니다. 없던 번뇌가 생겨나는 것이 아니라 원래 있던 번뇌를 확인하는 것입니다. 그런데 참선을 하지 않으면 자기 속에 어떤 번뇌가 있는지조차 모릅니다. 그저 바깥만 내다보고 헐떡대다가 죽으면 인생이 무슨 의미가 있겠습니까.

우리가 이 세상에 온 이유는 〔인생은〕 바로 영혼을 업그레이드 시키기 위한 것임을 명심해야 합니다. 그러므로 법문을 잘 듣고, 게송을 잘 듣고 그것을 음미하면서 잘 닦아야 합니다. 선정과 지혜는 새의 양쪽 날개와 같습니다. 어느 한쪽이 더 소중하다는 것은 어느 한쪽 날개가 더 소중하다고 주장하는 것과 같습니다. 선정과 지혜는 어느 쪽이 더 소중하다고 할 수가 없습니다. 둘 다 중요합니다. 같이 닦아야 하는 것입니다.

이 대목이 딱 필요합니다. 눈에 보이지 않는 쓸데없는 욕망·불필요한 욕심·지나친 욕심·성냄·분노심 등을 마음속에 담아두고 다닙니다. 이런 것들은 마음이므로 보이지 않습니다. 참선을 한다고 앉아 있어 봐야 이런 것들만 잔뜩 올라옵니다. 기도를 한다든지 분주하게 왔다 갔다 할 때는 잘 올라오지 않는데, 참선을 한다고 앉아 있으면 이런 번민이 자꾸 올라옵니다. 처음엔 괴롭지만 그 고비를 넘겨야 합니다. '내 마음속에 이런 것들이 있었구나' 느끼고, 부처님께 이런 것들을 하나씩 둘씩 공양 올려 내 마음의 번민들을 덜어내야 합니다. 그것은 자기가 해야지 절대 남이 대신해 줄 수 없습니다.

마음속에 뭔가 있는 줄도 모르면 놓으려고 해도 놓아지지가 않습니다. 먼저 욕심·성냄·어리석음 등 탐·진·치 삼독을 보고 덜어내면 됩니다. 그렇게 덜어낼 때 마음과 몸이 가벼워집니다. 배를 항해할 때 불필요한 것들을 내려놓고 항해해야 순조롭게 되는 것과 마찬가지 이치입니다. 이렇듯 선정과 지혜를 함께 닦아서 닙바나를 성취할 수 있도록 해야 합니다.

중생의 도우미로 자원해서 태어나는 보살

인생은 기나긴 항해와 같습니다. 항해를 하다 보면, 풍파는 당연히 옵니다. 바람도 오고 파도도 칩니다. 그런데 풍파를 두려워 하면 오히려 풍파에게 먹힙니다. 그것을 잘 분석하고 판단해서 풍파를 헤치고 나가야 합니다. 일단 불필요한 것을 덜어내야 합니다. 과도한 욕망·성냄·어리석음을 평상시에 덜어내는 연습을 해야 인생의 풍파가 왔을 때 순조롭게 헤쳐 나갈 수 있습니다.

평상시에는 구분이 안 되지만, 선정과 수행을 잘 닦으면 어렵고 힘든 상황을 맞닥뜨렸을 때 슬기롭게 잘 헤쳐 나갈 수 있습니다. 평상시에 탐·진·치 삼독을 비워두는 연습이야말로 인생살이의 필수 요소입니다.

풍파 중 최고의 풍파는 죽음이겠지요. 죽음 앞에서도 죽으면 죽는 것이라고 담담할 수 있어야 합니다. 불가에서는 영생은 기본입니다. 헌옷을 벗고 새 옷으로 갈아입듯이 이 몸뚱이만 죽는 것입니다. 안 태어나는 것이 힘들지 사는 것은 누구나 삽니다.

중생은 영생永生하고, 아라한은 불생不生하고, 보살은 원생願生을 한다고 합니다. 보살은 금강경 사구게인 응무소주 이생기심應無所住 而生其心, 머무는 바 없이 그 마음을 내는 대로, 원하는 대로 태어납니다. 중생은 옷만 새로 갈아입고 윤회의 수레바퀴를 따라서 영생합니다. 천상에 간다 해도 그것은 윤회일 뿐입니다. 하지만 보살은 스스로 원해서 중생을 깨달음으로 이끌어 주는 도우미로 태어나는 것입니다.

그래서 살아 갈 때, 어떻게 사느냐가 중요합니다. '보시복덕+마음공부'를 하고 사는 사람은 삶이 업그레이드upgrade 됩니다. 하지만 그렇게 살지 않으면 오히려 다운그레이드downgrade 됩니다. 살고 죽는 것이 중요한 것이 아니고, 어떻게 사느냐, 어떻게 죽느냐가 중요합니다.

어떻게 살 것인가?

어떻게 죽을 것인가?

게송 낭송에서 그 길을 찾을 수 있습니다. 게송을 낭송하는 것이야말로 전법의 최고의 길입니다.

마음을 보는
게송

밖에서 주인을 찾으면서 '제가 종입니다' 하는 법은 듣기가 아주 쉽습니다. 그것
은 이름만 다를 뿐 어느 시대나 어느 때나 있었습니다. 인지가 발달하지 않았던
미개한 시절에도 있었지요. 바깥에 있는 해, 달, 별 등은 물론이고 심지어 곰, 호
랑이, 뱀 등 힘센 동물을 주인으로 섬기다가 여러 이름의 전지전능한 신을 만들
어 섬겼습니다. 그러나 자기가 자신의 주인이라는 법은 듣기가 어렵습니다. 그
법을 일깨워 주신 부처님이 출현하는 것은 더더욱 어려운 일이지요. 세상에 출
현하신 부처님을 만난다는 것은 정녕 큰 행운입니다.

몸뚱이에 인생을
낭비하지 말라

마음은 실체가 없습니다. 흔히 마음을 닦는다는 표현을 하는데, 보통사람들은 마음을 어떻게 닦아야 할지 갸우뚱하실 것입니다. 방이나 얼굴은 보이는 게 있으니까 닦는다는 것이 그대로 실감이 납니다.

하지만 마음은 실체가 없어서 허공 같고 아지랑이 같고 물거품 같아서 아무리 잡으려고 해도 잡히지 않습니다. 그래서 마음을 닦는다기보다 더 정확한 표현은 '마음을 본다'는 것입니다. 다시 말해 일어나고 사라지는 것을 지켜보는 것, 그것이 닦는 것입니다.

그런데 우리는 눈에 보이는 세계만 습관이 되어 있고, 안 보이는 것에 대해서는 연습이 안 되어 있습니다. 그래서 보이지 않는 마음을 보는 연습을 꾸준히 해야 합니다. 도적이 있는 곳을 알려면 도적이 있는 곳을 알아야 하듯이 마음을 닦으려면 아니 마음을 보려면 마음이 있는 곳을 알아야 합니다. 마음이 어떤 놈인지, 어디에 있는지, 무엇을 하는지 그것을 알아야 잡을 수 있고 잡아야 닦을 수가 있습니다.

'마음을 닦는다, 마음을 본다' 하는 것이 바로 마음공부라고 할 수 있습니다. 마음공부를 할 수 있는 게송을 통해 마음이 어디에 있는 것인지, 어떻게 닦을 것인지, 어떻게 볼 것인지 차근차근 함께 공부해 나갔으면 합니다.

부처님의 간병을 받은 띳사 비구의 인과因果

머지않아
마음이 떠나고 나면
이 몸은 땅바닥에 버려지리라.
마치 썩은 통나무처럼.

낙엽이 뚝뚝 떨어져 거리에 뒹굴고 있는 늦가을의 도로는 제행무상의 이치를 그대로 보여 줍니다. 이 몸뚱이도 저 낙엽처럼 떨어져 저 세상으로 돌아갈 것을 짐작할 수 있습니다. 상례喪禮에 가 보면, 죽은 몸뚱이를 관 속에 넣어 화장터에 가서 태우거나 매장을 합니다. 관 속의 몸뚱이는 썩은 통나무처럼 뻣뻣하게 누워 있습니다. 그 모습을 보면 참으로 허망합니다. 살아 있을 때는 그것을 잘 모릅니다. 우리 인생을 생각해 보세요. 결국 이 몸뚱이 먹이고 치장하느라 낭비한 인생 아닙니까? 너무 지나치게 얼짱이니 몸짱이니 하면서 몸뚱이에 투자할 필요가 없습니다.

부처님께서 제따와나(기원정사)에 계실 때, 띳사라는 비구가 병에 걸렸습니다. 몸에 종기가 나서 피고름이 나오고 썩어가는 병인데 계속 악화되었습니다. 하도 피고름이 많이 나와서 옷이 들러붙을 정도였습니다. 처음에는 주위의 비구들이 간병을 해 주었습니다. 그런데 나중에는 너무 심해져서 대소변도 못 가릴 지경이 되자, 결국 환자 본인은 물론이고 간병하는 비구들도 다 지쳐서 죽을 날만을 기다리면서 헛간에 누워 있었습니다.

한편, 부처님은 매일 아침 선정에 들어서 세간을 살피시다가 수다원이든 아라한이든 과위를 얻을 만한 준비가 되어 있는 사람에게 나투십니다. 그날 아침에도 세간을 살피시다가 띳사 비구가 헛간에서 홀로 병고와 싸우고 있는 모습을 보시고는 띳사 비구에게 가셨습니다. 부처님께서는 몸소 따듯한 물에 적신 천으로 살살 띳사 비구의 몸도 닦아 주고 상처도 닦아 주셨습니다. 또한 옷까지 빨아 말리셨습니다. 부처님의 모습을 본 비구들이 와서 거들어 주었습니다.

부처님의 간병을 받은 띳사 비구는 몸과 마음이 편안해졌습니다. 그 후 부처님은 제자들에게 말씀하셨습니다.

"비구들이여, 너희들의 마음이 몸을 떠나게 되면, 너희들의 육신은 아무 쓸모가 없어서 마치 나무토막처럼 흙바닥에 뒹굴게 되리라" 하시면서 위 게송을 읊으셨습니다. 부처님의 게송을 듣고 띳사 비구는 아라한과를 성취하였습니다.

홀로 누워서 고통 속에 사경을 헤매고 있던 띳사 비구는 부처님께서 오셔서 몸소 옷을 벗겨 주고 따뜻한 물로 몸을 닦아 주시니 만감이 교차했을 것입니다. 죽을 때만 기다리고 있었는데, 몸과 마음이 한결 쾌적해졌을 때, 부처님이 게송을 말씀해 주시니 환희심이 더해져 아라한과를 얻게 된 것입니다.

그때에, 다른 비구들이 부처님께 여쭈었습니다.

"띳사 비구는 아라한과를 성취할 만한 공덕을 지녔음에도 불구하고 어떻게 그렇듯 극심한 병을 얻게 되었습니까?"

부처님께서 비구들에게 말씀해 주셨습니다.

"띳사 비구는 과거 전생에 새를 잡아 왕궁에 바치는 직업을 갖고 있었는데 그것을 다 바치지 않고 반만 바치고 나머지 반은 자기가 가졌다. 훔친 새는 장물이라 한 번에 다 팔면 소문이 나지 않느냐? 야금야금 몇 마리씩 내다 팔려다 보니, 새들이 도망 못 가게 하려고 다리를 꺾고 날개를 꺾어서 가둬 두었었다. 그때 다른 생명들의 몸뚱이를 괴롭힌 과보를 받은 것이다."

불교에 입문한 재가 신도가 지켜야 할 다섯 가지 계율인 오계 五戒 중 첫 번째가 '살생하지 말라'입니다. 살생을 하면 원수가 많이 생기고 건강이 나빠집니다. 건강을 찾으려면 방생을 해야 합니다. 예를 들어, 낚시를 많이 하는 사람이 건강하다고 말한다면, 그것은 삼세인과를 몰라서 하는 말입니다. 그 사람은 전생에는 낚시를 하지 않고 금생에만 낚시를 했기 때문에 아직까지 건강한 것입니다. 금생에 지어서 금생에 받기도 하지만, 보통은 금생에 지어서 내생에 받는 일이 많습니다. 앞에서도 말씀드렸듯이 시차는 있으나 오차는 없습니다.

결국 마음이 중요합니다. 즉 마음이 떠나고 나면 몸은 물건과 같습니다. 예를 들어, 자동차는 몸이고 운전사가 마음입니다. 차는 시원찮아도 운전사가 잘하면 차가 잘 운행될 수도 있으나, 차는 좋아도 운전사가 잘못하면 차가 잘 운행되지 않듯이, 마음이 인因이라면 몸은 연緣입니다. 운전사가 인因이라면 자동차가 연緣입니다. 인과 연이 충실해야 과果(열매)가 충실합니다.

그런데 우리는 살아가면서 몸의 소중함에 대해서는 잘 알면서도 마음의 소중함에 대해서는 잘 모릅니다. 마음은 눈에 보이지도 않고 금세 실체로 나타나는 것이 아니기 때문입니다. 운전할 때 운전사가 소중하겠습니까? 자동차가 소중하겠습니까? 물론 둘 다 소중합니다. 하지만 아무리 좋은 새 차라 할지라도 운전사가 왕초보라면 이리 박고 저리 박으면서 금세 망가뜨리고, 숙련된 운전사는 낡은 차도 아주 잘 운전합니다. 이와 같이 몸과 마음 둘 다 중요하지만, 보다 근본적인 것은 마음이라고 할 수 있습니다.

목숨보다 소중한 것이 마음이다

위의 게송은 마음이 인이요, 몸이 연이며, 인은 주관적인 원인이고 연은 객관적인 원인이라는 것을 가르쳐 줍니다. 그러므로 직접적인 원인인 인因에다 공덕을 더 투자해야 할 것입니다. 최소한 우리에게 주어진 시간과 노력의 60% 이상을 마음에 투자해야 합니다. 그렇지만 대부분의 사람들은 보통 연緣에다 90% 이상 투자하고, 인因은 당장 느낄 수 없으므로 10%도 투자하지 않습니다.

이러한 사례를 비유해서 말씀드리겠습니다. 옛날에 부인을 네 명이나 둔 남자가 있었습니다. 그 남자가 불치병에 걸려서 석 달 안에 죽는다는 선고를 받았습니다. 죽음이 두려운 나머지 이 남자는 가장 사랑하는 첫째 부인에게 함께 가자고 애원을 했습니다. 그 부인은 살아 있을 때는 몰라도 관까지도 못 가겠다고 했습니다. 할 수 없이 둘째 부인에게 같이 가자고 청하니, "가장 애지중지하던 부인도 같이 안 가는데, 왜 자기가 가느냐"고 하면서 사양했습니다. 셋째 부인은 "첫째, 둘째도 안 가는데 왜 자기가 가느냐"고 하면서 안 간다고 했습니다. 그러자 평소 좋아하지도 않던 넷째 부인이 함께 가겠다고 자청하면서 살아서는 물론이고 죽어서도 세세생생 같이하겠노라고 합니다. 그 소리를 듣고, 남자는 "이럴 줄 알았으면 넷째 부인에게 공을 들이고 잘해 주었을 텐데, 엉뚱한 곳에다 공을 쏟았구나" 하면서 후회했습니다.

첫째 부인: 몸뚱이

둘째 부인: 재물, 금은보배

셋째 부인: 일가친척, 친구

넷째 부인: 마음, 업장

몸뚱이는 죽고 나면 저승까지 함께 가지 못하지만 마음과 업장은 세세생생 가져가는 것입니다. 그런데 살다 보면 대부분 첫째 몸뚱이, 둘째 재물, 셋째 일가친척, 그다음에 시간이 나면 조금 마음공부를 합니다. 그나마 시간을 전혀 내지 않는 사람도 많습니다. 물론 스님들뿐만 아니라 재가자들 중에서도 참선하고 경전공부를 하면서 마음공부를 하는 사람들이 있습니다. 이런 분들이야말로 죽어서도 함께 갈 수 있는 넷째 부인에게 공을 들이는 분들입니다.

목숨보다 소중한 것이 마음인 줄 아셨다면 이제부터라도 마음공부를 열심히 하시기 바랍니다.

원수보다 마음이 내게 더 큰 해를 끼친다 -목동 '난다 이야기'

적이 적에게 해를 끼치고

원수가 원수에게 해를 끼치는 것보다

삿된 마음이 내게 더 큰 해를 끼친다.

원수보다 더 무서운 것은 나의 '삿된 마음'입니다. 삿된 마음이란 그릇된 마음, 허영심, 이기심 등을 뜻합니다. 그릇된 마음이 되는 데는 허영심이 큰 역할을 합니다. 악마가 가장 좋아하는 것이 허영심임을 앞서 밝혔습니다만, 허영심은 인과법을 믿지 않는 마음입니다. 즉 "콩 심은 데 콩 나고 팥 심은 데 팥난다"는 너무도 당연한 이치를 믿지 않는 마음입니다. 예를 들어, 투자한 것보다 더 큰 소득을 얻는다는 등 허영심을 부추겨서 사기를 치는 사람도 나쁘지만, 허영심이 많으면 그만큼 사기를 당하기도 쉽다는 것을 명심해야 합니다.

난다는 사왓티의 부호였던 아나따삔디까(給孤獨長者: 기원정사를 기증한 사람)의 소를 키우는 목동이었습니다. 아나따삔디까의 집에 방문하셔서 공양하시고 법문하시는 부처님의 모습을 자주 뵈면서 환희심이 났습니다. 난다는 부처님을 자기 집에 초대하고 싶어서 여러 차례 청했으나 부처님께서 때가 아니라고 하시면서 방문을 미루셨습니다. 왜냐하면, 목동이 아직 수다원과를 얻을 때가 아니었기 때문입니다. 얼마 지나지 않아 부처님께서 때가 되었다고 보시고 난다의 집을 방문하셨습니다. 난다는 기쁘게 부처님을 맞이하여 우유 등 유제품을 공양 올렸습니다. 일주일째 되는 날 부처님께서 보시·지계 등 천상에 나는 가르침을 설해 주셨습니다.

성인聖人에게, 또 어려운 이웃에게 보시를 베풀면 큰 공덕이 있습니다. 계율을 지키는 것(신도 오계: 不殺·不盜·不婬·不妄·不酒)도 큰 공덕이 있습니다. 불교의 신도 오계는 사람들의 허영심을 없애 주는 것입니다. 건강해지고 싶으면 살생 대신 방생을 하면 됩니다. 그러면 굳이 건강을 구걸할 필요가 없습니다. 평소에는 살생을 하다가 일주일에 한 번씩 종교집회에 가서 건강을 구걸한다고 건강해지는 것이 아닙니다. 보시와 지계를 잘 실천하면 천상에 태어나서 복락을 누릴 수 있습니다.

부처님께서 보시의 공덕, 지계의 중요성, 그리고 천상에 태어나는 즐거움을 재가자에게 가르쳐 주시면 보통 수다원과를 얻습니다. 목동이었던 난다도 부처님의 말씀을 듣고 수다원과를 얻었습니다. 그런데 난다는 수다원과를 얻고 나서 부처님을 배웅하고 집으로 돌아가던 중에 사냥꾼의 화살에 맞아 죽었습니다.

사람들은 기이하게 여겨서 부처님께 여쭈었습니다.

"난다는 부처님께 공양을 잘 올리고, 부처님을 존경하면서 배웅했는데, 돌아오는 길에 화살에 맞아 죽었습니다. 만약 부처님이 난다를 찾아가지 않았다면 난다가 부처님을 배웅할 일도 없었고, 그러면 사냥꾼의 화살에 맞아 죽지도 않았을 것 아닙니까?"

부처님께서 말씀하셨습니다.

"비구들이여, 여래가 난다를 찾아갔든지 찾아가지 않았든지, 또한 그가 동서남북의 어느 곳에 있든지 간에 다가오는 죽음은 피할 수가 없다. 강도나 원수가 해를 끼치는 것보다 나쁜 마음이 더 큰 해를 끼친다."

다시 말해 난다는 부처님이 찾아가시고 배웅한 것 때문에 죽은 것이 아니라 죽을 때가 되어서 죽은 거라는 말씀입니다. 부처님은 난다가 그때 죽을 줄 알고 찾아가셔서 난다에게 공양을 얻어 드시고 법을 설해 주셔서 수다원과를 얻게 해 주신 것입니다.

난다는 과거생에 사냥꾼으로 지냈을 때 짐승을 죽였던 살생의 인연이 있어서 그 과보를 금생에 받은 것입니다. 그러나 부처님의 말씀을 듣고 수다원과를 얻었기에 난다는 비록 죽었어도 오히려 이생보다 훨씬 더 나은 천상에 가서 천상의 공덕을 누리고 이제 일곱 번 왕래하는 동안 해탈을 얻게 된 것입니다.

불가에서는 공부가 많이 될수록 태어나지 않고, 범부들이 영생한다고 합니다. 다시 태어나 살아서 문제인 것입니다. 이를테면, 수다원은 7왕래, 사다함은 1왕래, 아나함은 불환(가서 안 온다), 그리고 아라한은 불생不生, 무학無學입니다.

우리가 이 세상에 태어나는 것은 공부할 게 남아서입니다. 이 몸뚱이는 체험학습의 교재입니다. 보살은 수없이 태어납니다. 보살은 안 태어날 수도 있지만 원생願生하기에 선생으로, 자원봉사자로 오는 것입니다.

삶과 죽음의 가치관이 잘 서 있으면, 죽음이 와도 또 죽음을 보아도 두렵거나 슬프지 않습니다. 또한 언뜻 금생만 놓고 보면 부처님께 기쁜 마음으로 공양을 올렸는데 화살을 맞아 죽은 것이 잘못된 일인 것 같습니다. 하지만 인과는 시차가 있을 뿐 오차가 없다는 삼세인과의 법칙을 안다면 이해가 될 것입니다.

"신행생활을 열심히 했는데 왜 안 좋은 일 생기는 거예요"라고 하면서 상담을 해 오는 분들도 많은데, 이런 이치를 잘 이해한다면 더 이상의 의구심이 없을 것입니다. 또한 난다처럼 수다원과를 얻고 죽어서 천상에 가면 죽음이 불행이 아니고 더 잘 된 일임을 이제 확실히 이해하셨습니까?

잘 보호된 마음이 행복을 가져온다

모든 존재는 변화하기에
끊임없이 일어났다 사라진다네.
일어남과 사라짐이 사라진다면
진정한 행복이 찾아온다네.

마음은 미묘하여 보기 어렵나니
항상 즐거운 곳으로 치닫는다.
지혜로운 이는 마음을 잘 보호해야 하나니,
잘 보호된 마음이 행복을 가져온다.

'주공부做工夫'란 '불도를 열심히 닦는다, 마음을 닦는다'는 의미이고, 여기서 주做는 지을 주로서 공부를 지어 나간다, 만들어 나간다는 말입니다. 공부 중의 공부는 마음공부입니다. 앞에서 '마음공부를 한다'고 할 때, 그 뜻은 마음을 보는 것이라고 했습니다. 그럼 어떻게 마음을 보느냐?

마음은 끊임없이 일어났다 사라집니다. 욕심이 일어났다·사라졌다, 성냄이 일어났다·사라졌다, 어리석음이 일어났다·사라졌다 하는데, 마음의 일어남·사라짐을 잘 관찰해야 합니다. 즉 알아차림을 잘해야 하고 그러기 위해서는 마음이 가까이 있어야 합니다. 다시 말해, 자기 마음과 몸을 잘 알아차리려면, 몸이 있는 곳에 마음이 있어야 합니다.

마음은 미묘하여 보기 어렵고, 탐·진·치로 치닫기 쉬운 게 마음입니다. 분수에 맞게 사는 게 잘 사는 것인데, 과분하게 지나친 욕심을 갖다 보니 부작용이 생겨 불행이 닥치는 것입니다. 그러므로 잘 보호된 마음이 행복을 가져옵니다.

아누룹바 비구의 고뇌

부처님이 제따와나(기원정사)에 계실 때의 일입니다. 사왓티 성내에 부유한 은행가의 아들이 살고 있었습니다. 부유함은 행복의 한 조건일 뿐 전체 조건은 아닌지라 그는 평소 이런저런 문제로 고통스러웠나 봅니다.

어느 날 그가 한 스님에게 여쭈었습니다.

"스님, 저는 모든 고통에서 벗어나 해탈하기를 원합니다. 어떻게 해야 하는지 가르쳐 주십시오."

스님이 대답했습니다.

"재산을 삼등분하여, 한 몫은 사업에 쓰고, 다른 한 몫은 당신의 아내와 자녀들의 생계에 쓰고, 나머지는 부처님의 교단에 시주하십시오."

부처님의 교단에 시주하는 것은 불법과 연을 맺는 것이므로 은행가의 아들은 당장에 스님의 말씀대로 실천했습니다. 그리고는 "이제 다음에는 무엇을 해야 합니까?" 하고 여쭈니, "불법승 삼보에 귀의하고, 오계五戒(불살생, 불투도, 불사음, 불망어, 불음주)를 받아 잘 지키도록 하십시오"라고 대답해 주었습니다.

"그 다음에는 어떻게 해야 합니까?" 하고 또 물으니, "재가자로서 할 수 있는 것은 다했으니 열 가지 계를 받아 지녀 사미가 되도록 하십시오"라고 말합니다.

불자가 지켜야 할 가장 기본적인 준수사항의 순서가 마음공부를 어떻게 해야 하는 지에도 적용됩니다. 방법을 바로 알았다고 다 되는 것은 아닙니다. 마음공부도 학교공부처럼 과정과 절차가 필요합니다.

앞에서 마음은 실체가 없으니 일어남과 사라짐을 봐야 한다고 했습니다. 마음이 코밑에 있다고 생각하고 숨을 들이쉴 때 '들이쉰다', 내쉴 때 '내쉰다', 들숨날숨의 기둥에 마음챙김의 밧줄로 묶어서 보는 것입니다. 이렇게 절차를 제대로 겪어나갈 때, 자신도 모르는 사이에 점차 성장해 나가게 됩니다.

마음공부도 처음부터 무조건 해 나가는 것보다 할 수 있는 만큼 보시를 해서 인연을 맺고, 복덕을 짓고, 삼보에 귀의하고 오계를 잘 지켜서 기초부터 다져나가는 것이 중요합니다. 복덕을 지으면 마음이 넉넉해집니다. 몸과 마음이 둘이 아니듯 복덕과 지혜도 둘이 아니므로 복덕을 지으면 지혜도 넉넉해집니다. 그래서, 그렇게 단계적으로 수행해 나갔기 때문에 '아누뽑바(점차로 공덕을 짓는다는 의미)'라는 이름을 얻은 것입니다. 그리고 나서 "이제는 비구계를 받아 제대로 수행하도록 하십시오."라고 스님이 조언해 주었습니다.

아누뽑바는 한 스승에게는 아비담마(법에 대한 논서)를 배웠고, 계사에게는 위나야(戒律)를 배웠는데, 스승의 논사(경·율·논)는 매우 복잡해서 어렵게 다가왔습니다. 아누뽑바는 공부가 너무 힘들다고 느껴져 차라리 환속해서 사는 것이 낫겠다 싶은 생각이 들면서 점차 비구 생활에 회의를 느끼게 되었습니다. 자연히 게을러지고, 불만이 쌓이고, 몸과 마음에 대한 관찰도 등한시하게 되었겠지요. 그래서 다른 스님들이 이런 사실을 부처님께 말씀드렸습니다.

제자들의 말을 들은 부처님께서 아누뽑바, 그리고 아누뽑바의 스승과 대화를 나누셨습니다. 아누뽑바의 스승이 부처님께 말씀드렸습니다.

"아누뽑바가 부처님의 가르침에 만족하지 못하고 있습니다."

부처님이 "사실이냐?"고 물으시자 아누뽑바가 대답했습니다.

"예, 저는 생사윤회를 벗어나서 고통에서 해탈하려고 출가했는데, 제 스승은 아비달마를 배우라고 하고, 제게 계를 주신 스승은 위나야를 배우라고 하니… 어떻게 해야 할지 모르겠습니다. 저는 차라리 집에 돌아가서 수행하는 것이 더 나을 것 같은 생각이 들었습니다."

아누뿝바의 말을 들으신 부처님께서 "그대는 한 가지만 잘 지킬 수 있다면 다른 것은 보호하지 않아도 된다"고 하셨습니다.

부처님의 말씀을 듣고 눈이 번쩍 뜨인 아누뿝바는 "그 한 가지가 무엇입니까?" 하고 여쭈었고, 부처님께서 위의 게송을 읊으십니다. 즉 마음만 잘 지키면 된다는 것입니다. 심원의마心猿意馬, 마음은 말과 같고 원숭이와 같다는 말이 있습니다. 마음이 안정되지 않아 생각을 집중할 수 없다는 것을 비유한 것입니다.

이렇게 원숭이와 망아지 같은 마음을 보려면 기둥에 잘 묶어 놓아야 합니다. 그렇지 않으면 천방지축 돌아다니기 때문입니다. 그럼, 어떤 기둥에다 묶어 놓느냐? 들숨날숨이라는 기둥에 묶어 놓으면 됩니다. 손을 코 아래 두고 들이쉴 때 '들이쉰다' 하고, 내쉴 때 '내쉰다' 합니다.

마음은 고정된 실체가 없고 고정된 장소도 없기 때문에, 내가 보내는 곳으로, 연습하는 대로 갑니다. 마음이 머릿속에 있다고 생각하는 사람은 안 좋은 일이 생기면, 두통이 옵니다. 마음이 심장에 있다고 생각하는 사람은 가슴이 답답해지면, 심장병이 생깁니다. 마음은 자신이 초점을 맞추는 곳으로 모이는 것입니다.

한편, 위의 게송 중 "잘 보호된 마음이 행복을 가져온다"에서 '보호된 마음'이란, 본마음 '참 나'를 지키는 것입니다. 마음에 탐욕·성냄·어리석음이 일어날 때 끌려가지 않고 코밑에 얼른 갖다 놓으십시오.

코와 인중 사이, 바깥도 안도 아닌, 안과 밖의 통로에 놓으세요. 또는 복식호흡처럼 아랫배에 놓을 수도 있습니다. 아랫배에 두고 일어날 때 '일어남', 사라질 때 '사라짐' 합니다. 이를테면, 아랫배에 마음을 두고, 숨을 들이쉬면서, 숨이 아랫배까지 내려간다고 보고 '일어남', 숨을 아랫배에서 끌어올려 내쉰다고 보고 '사라짐' 하는 것입니다.

마음의 눈이 떠 있다는 것은 무엇일까요?

바로 아랫배가 일어날 때 일어난다고 알고, 사라질 때 사라진다고 아는 것입니다. 또는 마음을 인중과 코밑 사이에 두고 '들이쉰다', '내쉰다' 하며 알아차리는 것입니다. 이렇게 연습하다 보면, 참선을 잘못해서 머리가 아픈 병인 상기병이 생기지 않습니다.

숨어 있는 마음을 꺼내라

마음은 먼 곳으로 달려가고
홀로 헤매이며
형체도 없으면서
어두컴컴한 굴속에 숨는다.

"이 마음을 잘 다스려라. 그러면 마라의 속박에서 벗어나리라"라는 경전 구절을 기억하실 것입니다. 마음을 닦으려면 마음을 보아야 하는데, 실체도 없는 마음은 잘 숨어 버립니다. 조용한 곳에서 명상이나 참선을 하려고 자리 잡고 앉아 있으면, 별별 생각이 다 떠올라서 더 괴로워집니다. 차라리 생활에 전념해서 모른 체 살아갈 때가 나은 것 같습니다. 그때는 과거에 있었던 안 좋은 일과 슬펐던 일을 묻어 버리고 살아가기 때문에 괴로움을 느낄 겨를도 없습니다. 그런데 말 그대로 묻어 버린 아픔이지 사라진 아픔이 아닌 것입니다. 마음을 닦으려면, 먼저 묻어 버린 마음, 숨어 있는 마음들을 꺼내야 합니다.

숨어 있는 것은 정체를 몰라 내 보낼 수가 없기 때문에 일단 숨어 있는 것들이 무엇인지 알아봐야 하는데, 참선과 명상이 매우 효과적입니다. 조용한 곳에 앉아 있으면, 죽 끓듯이 번뇌 망상이 일어납니다. 공부하는 과정이라 여기고 잘 들여다 봐야 합니다. 번뇌가 일어나는 것은 잠복해 있던 번뇌들이 드러나는 것이고, 드러나야 내 보낼 수 있습니다. 번뇌로 인해 괴롭겠지만 명현 현상과 같은 이치로 생각하면 됩니다. 번뇌를 잘 관찰해서 해탈시켜 주고 보내 주어야 합니다. 그러면 점차로 몸과 마음이 가벼워집니다.

이 게송 역시 나오게 된 배경이 있습니다. 상카락키따가 출가하였고, 바로 이어서 그의 조카도 상카락키따의 제자로 출가하였습니다. 그는 조카의 스승이 된 것입니다. 어느 날, 조카스님에게 가사가 두 벌이 생겼습니다. 한 벌은 자신이 입고 한 벌은 삼촌이

자 스승인 상카락키따에게 주었는데 그는 이미 가사가 있다고 거절하였습니다. 세 번을 청해도 거절당하자, 조카스님은 스승에게 공덕을 지으려고 했는데 복덕의 기회가 없어졌다는 생각에 서운한 마음이 들었습니다.

어느 날, 조카스님이 상카락키따에게 부채질을 해 드리다가 여러 가지 생각이 스쳐 지나갔습니다.

'내 공양도 받지 않는 이 스님과 어떻게 평생을 살겠는가? 차라리 집으로 갈까? 이 고급가사를 다른 사람에게 팔아서 그 돈으로 염소를 사고, 염소가 새끼를 낳으면 그 새끼를 또 팔아서 돈이 생기면 그 돈으로 결혼을 하고, 아이 낳고 아이와 절에 와서 스님을 뵙고 인사하면 좋겠지?'

위와 같은 생각을 하다가 또 다른 생각이 일어났습니다.

'아이를 안고 절에 오다가 아이가 마차에서 떨어지고 떨어진 아이 위에 마차가 지나가서 아이가 죽으면 어떻게 하지? 아내를 원망하다가 채찍으로 아내를 때리게 될 거야'라고 생각하는 순간, 자신도 모르게 부채로 상카락키따의 머리를 때리고 말았습니다.

"네 이놈! 너는 네 아내 대신에 이 늙은 비구를 때리는구나"라는 말씀을 듣고 깜짝 놀랐습니다.

"오! 난 망했다. 스승님은 내 마음속의 망상을 다 알고 계시는구나. 이제 어떻게 비구 생활을 계속할 수 있으랴" 하고 도망가 버렸습니다.

다른 비구들이 붙잡아 부처님께 데려왔습니다. 그에게 자초지종을 들은 부처님께서 말씀하셨습니다.

"너는 출가해서 열심히 노력하는 붓다의 아들이 된 것이 만족스럽지 않느냐?"

"네. 만족스럽지 않습니다."

"왜 그러느냐?"

부처님께서 되물으시니, 조카스님은 그동안의 일을 미주알고주알 말씀드렸습니다. 그의 말을 다 경청하시고 나서 부처님께서 말씀하셨습니다.

"비구여, 그렇게 불안해 하지 마라. 마음이란 원래 즐거운 대상을 찾아 끊임없이 방황하고 헤매는 것이다. 그러니 탐욕과 성냄과 어리석음에서 벗어나기 위해 부단히 노력해야 한다"라고 말씀하시면서 위의 게송을 읊어주셨습니다. 게송을 듣고 나서 그는 곧바로 수다원과를 성취했습니다.

에라까빠따 용왕의 참회와 소원

사람으로 태어나기 어렵고
오래 살기도 어렵다네.
참된 진리를 듣기가 어렵고
붓다가 출현하는 것도 어려운 일이라네.

경전에 보면 용에 관한 얘기가 많이 나오는데 위 게송도 용과 관련이 있는 것입니다.

과거에 까샤파 부처님(가섭불) 당시의 일입니다. 한 비구가 배를 타고 강을 건너갈 때의 일입니다. 그는 강변의 나무를 잡고 가다가 그 나무의 가지와 잎사귀들을 떨어뜨리게 되었습니다. '참회할까 말까' 고민하다 '이것은 사소한 일이니까' 하고 그냥 지나갔습니다. 그 후 수행을 오랫동안 했는데도 좋은 결과를 못 얻었습니다. 죽을 때가 되어서야 '아, 그것을 참회했어야 되는데…' 하는 생각이 드는 겁니다. 사람이 죽을 때가 되면 별별 생각이 다 난다고 합니다. 사소한 것이었지만 그의 마음에 걸렸던 겁니다.

율장에 보면, 초목을 이유 없이 훼손시켰을 때는 참회를 해야 한다는 내용이 나옵니다. 이런 구절에서도 불교의 위대함이 엿보입니다. 아무튼 그가 깊이 반성하고 참회를 하려고 하는데 막상 주변에 비구스님들이 없는 겁니다. 다른 비구스님들 앞에서 참회를 하는 게 법도였거든요. 그는 그런 후회하는 마음, '내가 진작 참회할 것을…' 하는 마음으로 죽어서 갠지스 강의 용왕으로 태어났습니다. 그는 '에라까빠따'라고 하는 용왕으로 태어나서 '그래도 과거생에는 비구였는데, 용왕이 되었구나' 하고 한탄했습니다.

용왕도 축생이기 때문에 인간보다 한 단계 아래인지라 수행의 과위를 얻지 못합니다. 용왕은 눈물을 흘리면서 '부처님 오시기를 기다렸다가 다시 인간 몸을 받아야겠구나' 하고 생각했습니다. 그런데 그냥 무작정 기다리면 부처님이 오셨는지, 안 오셨는지 모르므로 방법을 생각해 냈습니다. 용왕의 딸이 굉장한 미녀였다고 합니다. 딸을 자기 몸 위에 올려 놓고 춤을 추고 노래를 하게 해서 사람들을 모이게 했습니다. 용은 태어날 때, 죽을 때, 잠잘 때, 같은 종족끼리 성관계를 맺을 때, 허물을 벗을 때 이렇게 다섯 가지 경우에는 반드시 용의 모습으로 있어야 하는데, 그 이외에는 인간의 몸으로 변신해서 돌아다닐 수 있다고 합니다.

그래서 용은 부처님이 진짜로 오셨는지를 확인하기 위해, 갠지스 강에 올라와서 딸에게 풍악을 울리게 했습니다. 아리따운 미녀가 춤추고 노래하면 사람들이 모이잖아요. 그런데 공연만 하는 것이 아니라 문제를 내고 그 문제를 풀면 딸과 재물을 주겠다고 하면서 사람들을 모이게 했습니다. 사람들이 구름처럼 모여들자 용왕이 문제를 냈습니다.

첫 번째, 어떤 것을 다스리는 자를 진정한 왕이라고 하는가?
두 번째, 어떤 왕이 번뇌의 지배를 받는가?
세 번째, 어떻게 번뇌에서 벗어나는가?
네 번째, 어떤 사람을 어리석은 자라고 부르는가?

용왕은 이 네 가지 문제에 명확하게 대답할 수 있는 사람은 부처님밖에 없다는 것을 알고 있었습니다. 아무리 위대한 학자나 교육자일지라도 대답할 수 없는 문제, 부처님을 알아보기 위해 오직 부처님만이 대답할 수 있는 문제를 낸 것입니다.

많은 사람들이 용왕의 딸과 재물에 눈이 어두워 고민하면서 대답을 했지만 다 틀렸습니다. 그런데 어느 날 하루는 부처님께서 아침에 세상을 살펴보시다가 이 에라까빠따 용왕과 '웃따라'라는 이름의 청년이 눈에 들어왔습니다.

　　'아, 이 두 사람이 법을 만날 기회가 왔구나'라는 것을 아신 부처님께서는 신통력으로 웃따라가 에라까빠따 용왕에게 가는 길목에 미리 앉아 계셨습니다. 이 청년은 자기도 용왕의 문제에 대한 소식을 접하고 답변을 미리 준비해서 용왕의 딸과 재물을 얻기 위해 갠지스 강으로 용왕을 찾아가는 길이었습니다. 그런데 가는 도중에 일부러 그를 보기 위해 앉아 계신 부처님을 뵈었습니다. 부처님께서 먼저 그에게 물었습니다.

　　"어디를 그렇게 급히 가고 있는가?"

　　"여차저차해서 지금 용왕을 만나러 갑니다."

　　"그래, 답변은 잘 준비했는가?"

　　"네, 준비했습니다."

　　그런데 웃따라의 답변을 들어보니 다 틀린 답이었습니다.

　　"그렇게 대답해 가지고는 소용없다. 지금부터 내가 답을 가르쳐 줄 테니 잘 듣고 이렇게 대답해라."

　　부처님께서는 웃따라에게 하나하나 답을 가르쳐 주었습니다. 여러분도 답이 궁금하시죠?

　　첫 번째 "어떤 것을 다스리는 자를 진정한 왕이라고 하는가?"에 대한 답은 '여섯 감각의 문을 잘 다스린 자가 진정한 왕'이라는 것이다. 여섯 감각의 문이란 안 · 이 · 비 · 설 · 신 · 의를 잘 다스린 자, 결국은 자기 자신을 잘 다스린 자가 진정한 왕이다.

두 번째 질문인 '어떤 왕이 번뇌의 지배를 받는가?'는 '번뇌를 즐기는 자가 번뇌의 지배를 받은 자'이다.

세 번째 질문인 '어떻게 번뇌에서 벗어나는가?'는 '번뇌를 즐기지 않으면 번뇌에서 벗어난다는 것'이다.

네 번째 질문인 '어떤 사람을 어리석은 자라고 부르는가?'는 '번뇌를 즐기는 자가 어리석은 자'이다."

위와 같은 부처님의 말씀을 듣고 웃따라가 "아, 그러면 이렇게만 대답하면 됩니까?"라고 물으니, "아니다. 네가 대답을 하면 질문을 더할 것이다"라고 하셨습니다. 이에 웃따라는 "그것이 무엇입니까?"라고 부처님께 여쭈었습니다.

"첫 번째 질문은 무엇에 의해 어리석은 자가 되는가? 두 번째 질문은 어떻게 '번뇌'를 떨쳐버리고 '닙바나'를 얻는가? 이렇게 두 가지 질문을 더 할 것이다."

라고 부처님께서 말씀하셨습니다. 숨겨 놓은 질문인 것이지요. 부처님은 타심통이 열렸기에 다 아시는 것입니다.

첫 번째는 '번뇌의 홍수에 의해 어리석은 자가 된다', 두 번째는 '집착을 떨쳐버리면 닙바나를 얻는다'라는 답을 부처님께 얻어 듣고 웃따라는 신바람이 났습니다. 용왕에게 찾아가서 부처님이 일러주신 대로 대답을 했습니다.

용왕은 웃따라의 답을 듣고는 정말 기뻐하면서, "이 답은 그대의 것이 아니다. 부처님이 이 세상에 오셨구나. 어디서 부처님을 뵈었느냐?"라고 물었습니다. 용왕은 자초지종을 털어 놓은 웃따라와 같이 부처님을 뵈러 갔습니다. 용왕은 부처님을 뵙자마자 눈물을 뚝뚝 흘립니다.

"그대는 왜 그렇게 눈물을 흘리느냐?"

부처님께서 물으시자, 용왕은 자신의 전생 이야기를 부처님께 소상히 말씀드렸습니다.

"부처님, 저는 까사파 부처님(가섭불) 당시, 배를 타고 지나가면서 강변의 나무를 잡고 가다가 가지와 잎사귀들을 떨어뜨린 일이 있었습니다. 그것을 참회할까 말까 망설이다가 참회하지 못한 채 살았습니다. 죽을 때가 되어서야 비로소 '아이고, 그것을 참회했어야 하는데…' 하고 회한이 남아 참회하려 했는데, 그때 비구스님들이 주변에 없어서 참회하지 못한 채로 죽어서 이렇게 축생으로 태어났습니다."

용왕의 말을 듣고 부처님께서 읊어주신 게송이 바로 이것입니다.

사람으로 태어나기도 어렵고
오래 살기도 어렵다네.
참된 진리를 듣기도 어렵고
부처님이 출현하는 것도 어려운 일이라네.

우리는 사람으로 태어났으니 당연한 일 같지만, 사람으로 태어나는 것이 참으로 어려운 일입니다. 삼난三難이라고 해서 세상에 정말 어려운 세 가지가 바로 인간 몸 받기 어렵고, 불법 만나기 어렵고, 불법 깨치기 어렵다는 것입니다.

인간은 어마어마한 가능성을 가진 존재입니다. 마음을 잘못 먹으면 축생보다 더 악한 짓도 할 수 있고, 마음을 잘 쓰면 천상의 신들보다 더 귀한 일도 할 수 있는 게 인간입니다. 또한 인간의 몸으로 있을 때 수행하기가 가장 좋다고 합니다. 천상세계에는 수행자가 없습니다. 살기 좋고 놀기 좋고 하고 싶은 대로 다 되므로 공부할 생각조차 일어나지 않는다고 합니다.

하지만 사람으로 태어나기도 어렵고 오래 살기도 어렵지만 정말 어려운 것은 참된 진리를 듣는 것입니다. 여러분은 참된 진리가 무엇인지 아십니까?

참된 진리는 자기가 주인이 되는 법입니다. 이 법을 듣기가 정말 어렵습니다. 밖에서 주인을 찾으면서 '제가 종입니다' 하는 법은 듣기가 아주 쉽습니다. 그것은 이름만 다를 뿐 어느 시대나 어느 때나 있었습니다. 인지가 발달하지 않았던 미개한 시절에도 있었지요. 바깥에 있는 해, 달, 별 등은 물론이고 심지어 곰, 호랑이, 뱀 등 힘센 동물을 주인으로 섬기다가 여러 이름의 전지전능한 신을 만들어 섬겼습니다. 그러나 자기가 자신의 주인이라는 법은 듣기가 어렵습니다. 그 법을 일깨워 주신 부처님이 출현하는 것은 더더욱 어려운 일이지요. 세상에 출현하신 부처님을 만난다는 것은 정녕 큰 행운입니다.

　　부처님의 이 게송을 듣고 많은 이들이 수다원과를 성취했습니다. 다만 용왕은 축생이었기 때문에 안타깝게도 법에 대한 이해만을 얻었습니다.

길들여진 마음이 행복을 가져온다

마음은 다스리기 어렵나니
항상 좋아하는 곳으로 치닫는다.
마음을 길들여야 훌륭하나니
길들여진 마음이 행복을 가져 온다.

길들여지지 않은 마음은 마치 말의 고삐를 잡고 실랑이를 하듯 해야 합니다. 마음은 다스리기 어려워서 좋은 곳으로 치닫기 때문에 가만히 놔두면 안 됩니다. 그냥 놔두어도 되려면 심우도尋牛圖(十牛圖라고도 한다)의 기우귀가騎牛歸家(소를 타고 집으로 돌아가다)의 경지는 되어야 합니다. 그런데 그 정도 경지에 이르지 않은 자가 마음대로 하다가는 패가망신하게 됩니다.

우리는 대부분 여섯 가지 감각기관을 노는 것, 먹는 것, 즐기는 쪽으로 치닫습니다. 심우도에서는 소를 찾아 나서는 과정을 10

단계로 표현하고 있어 십우도라고도 하는데 다음과 같습니다.

소발자국 보이고(尋牛) → 소발자국 따라가다 보니 자취가 보이고(見跡) → 소고삐를 잡는다(見牛) → 남의 밭으로 들어가려는 소하고 씨름한다(得牛) → 소를 길들인다(牧牛) → 소고삐를 놓아도 소가 도망가지 않는다(騎牛歸家) → 집에 도착해 소를 잊다(到家忘牛) → 사람도 소도 모두 잊다(人牛俱忘) → 본원자리로 돌아온다(反本還元) → 저잣거리에 들어가 손을 드리우다(入廛垂手).

10단계의 마지막인 입전수수는 대중들에게 법의 수레바퀴를 굴려 법을 전하고 부처님의 가르침대로 행하는 행불行佛의 경지입니다.

참으로 마음을 잘 길들여야 진정한 행복을 얻을 수 있습니다. 진정한 행복은 연緣에서도 올 수 있습니다. 하지만 연보다 더 직접적인 것이 인因입니다. 인은 바로 내 마음입니다. 내 마음을 잘 길들여서 어떤 상황에서도 여여부동하게 할 수 있다면 힘든 연을 맞닥뜨렸다 해도 순조롭게 넘어갈 수 있습니다. 이 게송이 나온 배경은 다음과 같습니다.

타심통이 있는 여자 재가신도의 적절한 공양

비구 60명이 부처님께 좌선 수행에 관한 설법을 듣고 수행하기에 적절한 장소를 물색하던 중 어느 마을에 이르렀습니다. 그 마을의 촌장인 마띠까의 어머니가 비구들에게 마을 가까운 숲에서 정진하면 공양을 올리겠다고 제안하여 받아들여졌습니다. 마띠까의 어머니는 비구들에게 삼귀의 오계를 받고 물품을 공양하였습니다.

비구들은 "이번에는 제대로 수행하자. 묵언 수행하고 꾸띠 정진하자"고 결의했습니다. 마띠까의 어머니가 공양을 드시라고 종을 치니, 비구들이 각자 개인별로 왔습니다. 왜 각자 오는지 궁금해서 물어보자, "이번 철에는 각자 좌선 수행하기로 했다"고 대답했습니다.

마띠까의 어머니는 수행에 대해 잘 몰랐기 때문에 "그것이 무엇인가요?" 하고 좌선 수행에 대해 물었습니다. "좌선 수행은 하루 종일 앉아서 몸과 마음에 일어나는 현상을 관찰하는 것입니다"라는 대답을 듣고 "좌선 수행은 비구스님들만 할 수 있는 것인지요?"라고 물었습니다. 비구들은 "그렇지 않다. 누구나 다 할 수 있다."고 대답해 주면서 좌선 수행의 방법을 마띠까의 어머니에게 가르쳐 주었습니다. 그녀는 비구들에게 배운 대로 좌선 수행을 해서 아나함의 과위에 이르렀습니다. 게다가 네 가지 신통력을 얻었습니다. 신통력 중에서도 특히 타심통을 얻었다고 합니다. 그녀가 신통력으로 비구들을 관찰했습니다. 비구들이 다 가능성이 있는데, 왜 과위를 못 얻는지 궁금해 하면서 살펴보았습니다.

수행할 때는 이왕이면 장소를 잘 잡아야 합니다. 『청정도론』

에 의하면, 수행에 좋은 장소도 각자 다릅니다. 누구나 탐내고 성내고 어리석은 탐·진·치 삼독심이 다 있지만 사람의 성향에 따라 조금씩 그 정도가 다릅니다. 예를 들어, 탐행자(탐심이 강한 사람)는 불결하고 더러운 장소가 좋고(예: 동굴, 숲속), 진행자(화를 잘 내는 사람)는 쾌적하고 널찍한 곳이 좋으며, 치행자(어리석은 사람)는 앞이 탁 트인 곳이 좋습니다. 치행자가 만약 답답한 곳에 있으면 더 답답해질 수 있기 때문입니다.

마띠까의 어머니는 60명의 비구들이 수행하기에 장소도 적합하고, 도반도 괜찮은데, 무엇이 문제인가 살펴보니 음식이 맞지 않는다는 것을 알았습니다. 수행할 때 오신채와 육식, 커피, 탄산음료 등 자극적인 음식은 피해야 합니다. 소화가 잘 되고 자기 체질에 맞는 음식, 속이 편한 음식을 소식小食하는 것이 좋습니다.

그렇게 각자의 기호와 상황에 맞는 음식을 적절하게 공급해 주었더니 비구들은 마음과 몸이 상쾌해져 마침내 아라한과를 성취하고 신통력도 갖게 되었습니다. 안거를 마치고 60명의 비구들이 자기들의 상황에 대해 부처님께 말씀드렸습니다.

부처님께서는 "이번 철에 그대들은 수행과 생활에 만족한 것으로 보이는데, 음식 때문에 문제가 생긴 적은 없었는가?" 하고 물으셨습니다.

"수행 초기에는 문제가 있었으나, 마띠까의 어머니 덕분에 수행을 잘 했습니다"라고 비구들이 대답했습니다. 그 자리에서 60명의 비구들의 만족한 수행 얘기를 듣고 '나도 그곳에 가서 수행해야

겠다'고 생각한 비구가 있었습니다. 그는 그곳으로 출발하면서 '장소가 쾌적하고, 마실 물과 일용품이 필요하며, 죽과 버터가 있었으면 좋겠다'고 생각했는데, 그렇게 생각하는 것마다 마띠까의 어머니가 다 가져다 주었습니다. 이 비구는 깜짝 놀라서, "그런 타심통이 어떻게 열렸습니까?" 하고 물으니, 마띠까의 어머니는 "그저 그 정도는 짐작으로 알 뿐입니다"라고 대답했습니다. 하지만 그 비구는 마띠까의 어머니가 타심통이 열렸음을 확인하고는 두려워졌습니다. '내 안의 욕심과 성냄, 어리석음을 다 알겠구나' 생각하니 겁이 덜컥 난 것입니다.

그래서 도망치듯 그곳에서 나와서 부처님을 찾아뵙고 그대로 말씀드렸습니다.

"부처님, 저는 더 이상 그곳에 머무를 수가 없습니다."

부처님께서는 "아니다. 그곳이야말로 네가 수행해야 할 장소다. 그대는 불안해서 왔다고 하는데, 가서 한 가지만 지키면 된다. 너는 마음 하나만 보호하면 된다. 마음은 매우 보호하기 어렵고 다스리기 어려운 것이다. 너는 이제부터 너 자신에 관한 일이 아니면 상관하지 마라. 누가 타심통이 열렸든 말든 상관하지 마라. 그저, 자기 마음을 잘 보호하고 지키는 일에만 집중하면 된다"고 말씀해 주셨습니다.

그 비구는 부처님의 당부를 듣고 다시 수행 정진한 끝에 아라한과를 얻었습니다.

두 아이의 어머니이자 아버지였던
소래이아 장로 이야기

부모도 친척도
어느 누구도 해 주지 못하나니
바르게 나아가는 마음만이
자신을 더욱 거룩하게 하리라.

우리의 고정관념 가운데 가장 잘못된 것이 '나라는 고정된 실체가 있다'고 생각하는 것입니다. 그것이 아상我相으로 굳어져 있는데 잘 생각해 보십시오. 고정된 실체로서의 나라는 것이 있을까요? 사실 시시각각으로 변하는 몸과 마음을 떠나서 나라는 것은 없습니다. 나는 계속 변화하는 것입니다. 변하지 않는 것은 오히려 '나'라는 고정된 실체가 있다는 생각입니다. 그 고정관념이 바뀌지 않아서 온갖 문제를 만듭니다. 무엇보다 그것을 바꾸어야 합니다. 변화한다는 것은 진리입니다. 우주의 모든 것은 다 변한다는 것, 마음도 변하고 이 몸도 변하는 것으로 고정된 실체가 아님을 아는 것이 바른 견해요, 바른 마음입니다.

이 게송의 주제는 바른 마음이라고 할 수 있습니다. 내 마음을 닦고 나서 다른 사람이 마음 닦는 것을 도와줄 수는 있습니다. 하지만 누군가가 내 마음을 대신 닦아줄 수는 없습니다. 결국 나를 거룩하게 하는 것은 바른 마음임을 일깨워 주는 게송입니다.

'소레이아'는 출가 전의 이름으로 그는 아주 큰 부자였습니다. 어느 날 친구들과 목욕을 가다가 탁발 나온 마하까짜야나 존자를 보고는 그 모습에 감동하여 '저렇게 아름다운 피부를 가진 사람이 내 아내가 되었으면 좋겠다. 아니면 내 아내가 저런 피부를 가졌으면 좋겠다'라고 생각하는 순간, 그의 몸이 여자로 바뀌었습니다.

그는 깜짝 놀라서 친구들 몰래 마차에서 내려 숲으로 갔습니다. 우연히 만난 장사꾼의 뒤를 그냥 따라다니게 되었는데, 장사꾼이 이 여인을 탁까실라 지방의 부유한 은행가 아들에게 중매했습니다. 졸지에 여자가 된 소레이아는 결혼하여 애를 둘 낳고 살았습니다.

그러던 어느 날 과거에 친구였던 사람이 탁까실라 지방으로 왔습니다. 그런데 그녀가 이들을 알아보고 환대해 주니, 그 친구는 왜 자기를 따뜻하게 대해 주는지 영문을 몰라서 그녀에게 물어보았습니다. 그녀는 자신이 바로 행방불명된 것으로 알려진 '소레이아'라고 하면서 과거사에 대해 다 얘기해 주었습니다.

그 친구는 소레이아의 말을 믿을 수가 없다고 하면서, 자기 친구인 소레이아는 남자라고 말했습니다. 소레이아는 마하까짜야나(가전연) 존자에게 불순한 마음을 품었던 과보를 받아 여자가 된 것이라고 말했습니다.

"그렇다면 마하까짜야나에게 참회하라"고 하는 친구의 말에 "그렇게 하겠다"고 했습니다. 그 친구가 마하까짜야나에게 그녀의 집에서 공양을 올리겠다는 공양청을 하였고, 마하까짜야나에게 지난 일들을 말씀드렸습니다. 마하까짜야나가 "그대를 용서하겠습니다"라고 말하자마자 남자의 몸으로 바뀌었습니다. 남자의 몸으로 돌아온 소레이아는 곧바로 출가하였습니다.

소레이아는 남자 몸이었을 때 두 아이의 아버지였고, 여자 몸이었을 때도 두 아이의 어머니였는데, 그의 과거사를 아는 스님들이 "엄마로 있을 때의 자식과 아버지로 있을 때의 자식 어느 쪽이 더 애정이 가느냐?"고 물으니, "엄마로 있을 때"라고 대답합니다. 그런데 훗날 소레이아는 수행이 깊어져 아라한이 되고나서 다시 질문에 답하기를, "나는 어느 쪽의 자식에게도 특별히 애정이 가지 않는다"고 하였습니다. 이에 부처님께서 말씀하시기를, "이제는 특별히 내가 낳은 자식이라고 더 애착이 가지 않는 경지에 이르렀다. 그는 몇 명의 어버이에서 이제 만 중생의 어버이가 되었으니, 그가 과거의 자식들에게 유별한 애정을 느끼지 않는 것은 당연한 것이다"라고 하시면서 위의 게송을 읊으셨습니다.

소레이아 장로의 말은 자식에게 집착하는 오늘날의 부모들에게 큰 교훈을 줍니다. 요즘 부모들은 평소에 마치 자식의 인생을 대신 살아 줄 수 있는 것처럼 달달 볶는데, 사실은 대신 살아 줄 수도 없고 그 무엇도 대신해 줄 수 없습니다. 자기 마음은 자기가 닦아야 합니다. 어느 정도 애정을 가지고 보살펴 주는 것은 해 줄 수 있으나, 지나친 애정과 간섭은 문제입니다. 매사에 중도적 견해를 가지고, 적당한 관심과 애정으로 돌보아야지 지나치면 독이 됩니다.

화엄경에 "심여공화사 능화제세간 오온실종생 무법이부조心如工畵師 能畵諸世間 五蘊實從生 無法而不造, 마음은 그림 그리는 장인과 같아서 능히 모든 세상을 다 그리네. 오온이 모두 마음으로부터 생기나니 만들 수 없는 것이 하나도 없다"고 했습니다. 또한 "약인욕요지 삼세일체불 응관법계성 일체유심조若人欲了知 三世一切佛 應觀法界性 一切唯心造, 과거·현재·미래세의 모든 부처님이 깨달으신 본 소식을 알고자 한다면 마땅히 법계성품을 관하라. 모든 것은 오로지 마음이 지었나니"라는 게송이 있습니다.

한마디로 마음이 조물주라는 소식입니다. 컴퓨터의 기본단위는 0과 1인데, 여기서 0은 본마음, 1은 한마음으로 비유할 수 있습니다. 0만 있으면 0이 0인 줄 모르나 1이 생기니, 0이 0인 줄 알듯이, 본마음자리만 있으면 본마음인 줄 모릅니다. 본마음자리는 본래 부처님 자리인데, 마치 머리에 머리를 달듯이 바르게 나아가는 마음 열 가지에 대해 구체적으로 알아보고 가겠습니다.

바르게 나아가는 마음 10가지

1. 널리 베푸는 마음: 인색함이 없어짐.
2. 계행을 잘 지키는 마음.
3. 좌선 수행하는 마음.
4. 어른을 존경하는 마음: 자기 뿌리를 공고히 하는 것임.

5. 봉사의 마음: 이타행

6. 지은 공덕을 회향하는 마음: 내가 지은 공덕이 한 컵의 물이 라면, 회향하면 샘물처럼 된다. 회향하면 내게 복덕의 샘이 생기는 것임.

7. 다른 사람의 공덕을 기뻐해 주는 마음.

8. 설법을 듣는 마음: 설법을 자꾸 들어야 업그레이드 되는 삶이 됨. 마음의 차원이 올라가고, 또 어떻게 살아야 할지 알게 되고, 때가 되면 실천하게 될 것임.

9. 담마를 실천한 경험을 남에게 말해 주는 마음: 법륜 굴리기[전법. 게송 하나라도 아는 만큼 전하기]

10. 자기 견해를 바르게 하여 담마를 배워 실천하는 마음.

위 10가지가 다 중요하지만 특히 저는 항상 담마를 잘 배워서 남에게 잘 전하는 것, 법륜을 굴리는 것이 이 시대에 가장 필요하지 않을까 생각합니다. 왜냐하면 우리 불자님들은 공부는 열심히 하는 것 같습니다. 이 절, 저 절 다니면서 법회도 참여하고, 성지순례도 하고, 또 그렇게 다니면서 법문도 많이 듣고, 불교TV도 보면서 많이 배우는 것 같은데 전법하는 사람은 많이 보질 못했기 때문입니다. 혼자서만 조용히 공부하는 쪽으로 치우쳐 있어서는 발전이 없습니다. 법륜을 자꾸 굴려야 합니다. 조그마한 경험이나 게송 하나라도 전하는 것이 백천만겁에도 만나기 어려운 부처님과 부처님의 가르침을 만난 행운아로서 그 은혜를 갚을 수 있는 것입니다.

특히 제가 게송을 선호하는 이유가 게송은 외우기 쉬워서 전하기 좋기 때문입니다. 짤막한 게송 하나라도 잘 배우고 외워서 다른 사람에게 전해 주어야 합니다. 온 세상을 보배로 채워서 주는 것보다 게송 하나 전해 주는 것이 훨씬 더 큰 복이 있습니다. 시시때때로 불자님들께 강조하는데도 실천을 하는 분들이 별로 없는 것 같아 안타깝습니다.

불교TV에서 게송 낭송 대회를 하는 것도 외운 게송을 남 앞에서 얘기하는 경험을 했으면 하는 마음이 큽니다. 아주 작은 일도 해 본 사람이 할 수 있지 처음에는 하기 어렵기 때문입니다. 법문은 스님들만 하는 것이라는 고정관념에서 벗어나야 합니다. 게송을 남한테 전해 주는 것도 바로 법문이 됩니다. 누구나 법사가 될 수 있다는 말입니다. '나도 법사, 너도 법사'가 되어서 부처님 말씀을 널리 전해야 불법이 전승 발전되는 것입니다. '나만 좋으면 그만이지' 하고 귀만 열어 놓고 입은 딱 닫아놓고 있으면 불법이 소멸하게 됩니다. 전법이 어려울 것도 없습니다. 그저 게송 하나 외워서 전해 주면 됩니다.

그리고 게송을 들은 상대방이 뜻을 물어보면 아는 만큼 답해 주면 됩니다. 잘 모르겠으면 '아, 이건 뭘까?' 하고 스님들이나 불교학자에게 물어보거나 불교서적을 찾아서 공부해서 알려주면 됩니다. 스님들도 법에 관한 질문은 매우 좋아합니다. 저도 마찬가지입니다. 아무리 바쁘고 힘들어도 법에 관해서 질문한다면 대환영입니다. 언제든지 해 주셔도 됩니다. 저희 절의 행불아카데미는 실천수행, 수행방법을 집중적으로 합니다. 이론을 위한 이론이 아니라 이론과 실기를 함께하는 것을 보고 사람들의 관심이 더 큰 것 같습니다. 이론과 실기는 새의 양쪽 날개처럼 꼭 필요한 것입니다. 이론을 자기 것으로 만드는 방법이 몸 보기, 마음 보기, 숨 보기, 성품 보기입니다.

　　불교의 수행은 보는 것입니다. 마음을 닦는다고 하는데, 마음을 어떻게 닦겠어요? 마음을 보는 것이 마음을 닦는 것입니다. 일어나고 사라지는 현상을 관찰하고, 궁극에 가서는 자기의 본성, 본마음 참 나를 보는 게 견성見性입니다. 불교 수행은 철저히 보는 것인데, 다만 보는 데도 방법이 있습니다. 몸을 보고 마음을 보고 성품을 봅니다. 그러면 어떤 식으로 보느냐? 몸은 해체해서 보고, 마음은 묶어서 보고, 성품은 돌이켜서 보면 됩니다. 이 방법을 배워서 그대로 실천하면 앞에서 말씀드린 것처럼, 재가자라도 얼마든지 수다원 · 사다함 · 아나함을 얻을 수 있습니다.

여섯 번 출가와 환속을 반복한 찟타핫타 장로 이야기

　　마음이 굳건하지 못하고
　　바른 법을 알지 못하고

믿음도 없는 이는
결코 지혜를 얻을 수 없네.
마음이 탐욕에 젖지 않고
성냄에 불타지 않으며
선악을 초월하여 깨어 있는 이에게
더 이상 두려울 게 없네.

깨어 있는 이에게 더 이상 두려울 게 없다 하였는데, 깨어 있는 이의 기준이 무엇인지 궁금하실 것입니다. 매사를 '선善하다 악惡하다' 하는 입장에서 일희일비一喜一悲하지 않고, 판단하지 않고, 지켜보는 관찰자의 입장에서 사는 사람이 바로 깨어 있는 사람입니다.

이 게송은 여섯 번을 출가하고 환속한 찟타핫타 장로의 일화에서 나오게 되었습니다. 그는 어느 날 숲속에 왔다가 식사시간을 놓치고 배가 고파서 헤매다가 스님들을 만났습니다. 그는 스님들이 나누어준 음식을 먹었는데, 너무 맛이 있어서 스님들께 여쭈었습니다.

"이렇게 맛있는 음식을 매일 드십니까? 한 달에 한 번 드십니까?"

맛있는 음식을 매일 먹는다는 스님들의 말씀을 듣고 그는 맛있는 음식을 먹기 위해 출가했습니다. 그는 출가 후 수행에는 관심이 없고 온통 음식 먹는 데에만 주의를 기울였습니다. 너무 잘 먹어서 살도 찌고 포만감으로 졸기만 했습니다. 몸이 뚱뚱해지니 행동거지가 둔해지고 게을러져 만사가 귀찮아졌습니다. 그는 스님 생활이 맛있는 것만 먹는 것도 아니고 편안한 것만도 아니어서 다시 환속했습니다. 부인이 있는 집으로 돌아간 것입니다. 부인과 함께 살다보니 늘 반복되는 일상이 지루해지는 겁니다. 상가공동체에서 스님들과 함께했던 출가생활을 그리워하다가 다시 출가를 했습니다. 그는 그렇게 출가와 환속을 여섯 번이나 반복했습니다.

그의 이름 '찟따핫타'에 그의 삶이 담겨 있습니다. 찟따가 마음이고 핫타가 지배를 받는다는 뜻으로 '마음의 지배를 받는 자'라는 말입니다. 사람은 마음의 지배를 받는 이와 마음을 지배하는 이로 분류할 수 있습니다. 마음의 지배를 받는 이는 마음의 종노릇을 하는 이로서 탐·진·치에 흔들리는 자이고, 마음을 지배하는 이는 마음의 주인이 되는 자로 탐·진·치에 흔들리지 않습니다.

그가 여섯 번째 환속해서 집에 돌아와 살고 있을 때 아내가 임신을 했습니다. 그런데 평소의 단정하고 아름다운 모습이 아니었습니다. 배는 남산처럼 불러가지고 코를 골면서 게다가 침까지 흘리면서 잠을 자고 있는 아내의 모습을 보고 충격을 받습니다. 그때 부처님이 말씀하신 제행무상諸行無常, 일체개고一切皆苦가 생각났습니다.

모든 존재는 변화하기에
끊임없이 일어났다 사라진다네.

일어남과 사라짐이 사라진다면
진정한 행복이 찾아온다네.

그는 "일어나고 사라짐을 관찰하는 그 마음은 사라지는 것이
아니라"는 부처님 말씀이 떠올랐습니다. 그리고 '내가 여러 번 환
속한 것은 이 여인에 대한 애착 때문이었다. 이 여인은 사랑할 만
한 존재가 아니다. 무상한 존재다'라는 마음이 들어 애착에서 벗어
나게 되었습니다. 그는 게송을 통해 수다원과를 얻고 다시 출가하
려고 사찰에 갔습니다.

이미 여섯 번이나 출가와 환속을 한 사람이라는 것을 알고 있었
기에 담당자로 있는 스님이 이젠 그만하라고 합니다. 출가를 거절당
하자, 전에는 이 생활이 좋아 보이고 저 생활이 싫어서 왔다갔다 했
지만, 지금은 무상에 대한 뼈저린 인식을 가지고 출가를 결심했으므
로 이번에는 전과 다르다고 간청하니, 다시 받아 주었습니다.

그는 일곱 번째 출가해서 자기 몸과 마음에서 일어남과 사라
짐을 관찰하고 아라한이 되었습니다. 이에 부처님께서 게송을 읊
으셨습니다.

몸과 마음을 관찰하지 않고
백년을 사는 것보다
몸과 마음을 관찰하고
하루를 사는 것이 훨씬 더 값지다.

몸과 마음을 관찰하는 관찰자가 바로 성품입니다. 몸 보기(Body Watching), 마음 보기(Mind Watching), 성품 보기(Watcher Watching, 관찰자를 관찰한다) 세 가지로 나누어 볼 수 있습니다. 이는 불교 수행의 핵심이기도 한데 그 방법을 구체적으로 살펴보면 다음과 같습니다.

'몸 보기'는 아랫배가 '일어남'과 '사라짐'을 관찰하는 것입니다. 밖에 나가 있던 산란한 마음이 일단 아랫배에 모여지는 것을 느낄 수 있습니다. '마음 보기'는 들숨날숨의 기둥에 마음챙김의 밧줄로 묶어서 보는 것입니다. 마음이 코 앞에 있다고 생각하고 숨이 들이쉴 때 '들이쉰다', 내쉴 때 '내쉰다' 하고 관찰합니다. '성품 보기', 관찰자를 관찰하는 관관자觀觀者는 참선의 수행방법이자 목표입니다. 참선은 뿌리를 캐는 공부입니다. 몸이 들고 나고, 숨이 들고 나고 하는 것을 보는 이를 보는 것이 근본적인 공부입니다. 이것을 보는 게 견성見性입니다.

찟따핫타는 그전에는 몸과 마음에 만족할 줄 몰랐기에 집에 가면 절이 좋고 절에 가면 집이 좋아 보였지만 이제는 '모든 것은 무상하구나. 변화하는 것에 애착한다는 것은 괴로움의 근본이구나' 하고 느낀 것입니다. 그대로 있어야 하는데, 변하기 때문에 괴롭게 다가오는 것이지요. "가지 많은 나무 바람 잘 날 없다"는 속담처럼 애착을 가질 수밖에 없는 자식이 많으면 그만큼 걱정 근심, 괴로움이 많아지는 것입니다. 애착을 놓으면 괴로움에서 벗어날 수 있습니다.

찟따핫타는 과거에는 마음에 만족을 모르고 이리저리 흔들려 출가와 환속을 여섯 번이나 했습니다. 하지만 담마에 대해 이해하고 아라한이 되어서 좋고 싫음을 다 초월하였으므로 이러한 일어나고 사라짐의 흔들림이 없어진 것입니다.

찟따핫타는 과거생에 농부였을 때에도 출가와 환속을 왔다 갔다 여섯 번이나 했다고 합니다. 삽과 종자 콩을 밭에 두고 출가했는데, 출가 후에도 계속 그 생각이 나서 환속했답니다. 공부가 잘 되고 마음이 편할 때는 괜찮은데, 잘 안 될 때는 자꾸 삽이 생각났던 것입니다.

일곱 번째 출가할 때는 '내가 지금까지 삽자루 하나 때문에 계속 환속을 했다. 이번에는 이 삽자루를 없애고 출가하리라' 하고는, 갠지스 강기슭에 가서 눈도 감고 삽자루를 빙 돌려서 최대한 멀리 던졌습니다. 어디로 갔는지 보면 또 찾으러 올까 봐, 눈을 감고 힘껏 던져버리고 나서 뒤도 돌아보지 않고 언덕으로 올라온 겁니다. 그래 놓고 나니 마음이 후련해졌답니다. '아, 드디어 내가 삽자루에 대한 미련을 놓게 되었구나' 하면서 '나는 정복했다' '나는 정복했다' '나는 정복했다' 세 번 외쳤답니다. 삽자루에 대한 미련을 정복했다는 것이지요.

그런데 마침 전쟁에서 이기고 돌아오던 왕이 그 소리를 듣고는 '아니, 저 놈이 무엇을 정복했다는 거지? 정복은 내가 하고 돌아오는 길인데, 무슨 소리인가?' 하고 궁금해서 불러다가 알아보았습니다. 왕은 자초지종 그의 사연을 듣고 감명을 받았습니다. '아, 비록 저 사람이 농부에 불과하지만 대단하구나. 삽자루에 대한 미련 때문에 여섯 번이나 출가와 환속을 반복하다가 드디어 이번에 삽자루에 대한 미련을 떨치고 기쁜 마음에 저러는구나. 그런데 나는 수없이 많은 전쟁터에서 수많은 적군을 정벌했지만 그럼에도 불구하고 마음 한구석은 언제나 불안하다. 또 어디서 반란이 일어날지도 모르고 또 어디서 적군이 쳐들어 올지도 모르니, 다 임시로 평정한 것이지 한 번도 저런 진정한 정복감은 맛본 적이 없는데…' 하면서 농부와 대화를 나누기 시작했습니다.

수행자가 된 농부는 이렇게 말했습니다.

"오늘은 밖에 있는 적을 정복하고 승리했지만 뒷날 어찌 될지는 아무도 모릅니다. 언젠가는 그들에게 정복당할 수도 있고 패배할 수도 있습니다. 그러나 내면의 적을 정복한다면 다시는 패배하지 않는 진정한 승리자가 될 것입니다."

내면의 적이란 미련, 성냄, 어리석음, 탐욕 같은 것입니다. 내면의 적, 곧 자신의 마음을 정복하지 못하면 항상 마음 속 어딘가 불완전 연소되어 회한이 남아 있습니다. 그것이 완전히 연소되기까지 출생과 사망을 거듭해야 합니다. 마음공부를 하기 위해 계속 윤회하는 것이지요.

왕은 농부의 말을 듣고 '내 평생에 느껴보지 못한 마음이다. 나도 그것을 경험하리라' 하면서 출가했습니다. 이것이 또 연이 되어서 이웃나라의 왕들까지 무려 일곱 명의 왕이 출가했습니다. 재물욕보다 더 심한 것이 권력욕이라고 하는데, 권력을 내려놓고 출가한다는 것은 정말 대단히 어려운 일입니다.

과거의 업이 현재에 이어진 찟따핫타 스님처럼 대부분의 사람들이 잘못을 되풀이하기도 하고 과거 업을 반복한다고 합니다. 과거에 출가와 환속을 반복했던 사람은 또 금생에도 그렇게 반복할 확률이 많은 겁니다. 불법을 만나서 획기적인 대전환이 있기 전까지는 어떤 일에 대응하는 것 또한 거의 비슷하다고 합니다.

그래서 직업도 거의 업습業習일 확률이 많습니다. 과거생에 하던 것이 익숙하니 금생에도 그것을 더 쉽게 배울 수 있고, 또 그 분야의 사람들과도 과거생에 지어놓은 연緣이 있어서 쉽게 진출할 수 있는 겁니다. 실상 그 점이 아주 중요한 것입니다.

세상의 신동이나 천재라는 사람들도 전생에서 하던 일을 다시 하기 때문이라고 생각하면 훨씬 더 이해하기 쉽습니다. 저도 많은 사람들 앞에서 강의를 하고 방송을 하고 책을 쓰는 것도 과거생에 경험이 있기 때문에 더 쉽게 할 수 있는 것입니다.

그런데 우리가 계속 나고 죽는 윤회를 반복하는 것은 진리를 깨달아서 완전 연소의 삶을 살아가고자 함입니다. 과거의 경험을 잘 살려서 일을 잘하는 것도 중요하지만, 그것을 바탕으로 한 걸음 더 뛰어오를 수 있는 마음공부를 해야 한다는 것입니다. 알고 보면 우리는 다 마음공부를 하기 위해 이 사바세계에 왔다는 것을 자각해야 합니다.

감기약이나 영양제도 그 약효의 유효시한이 있습니다. 한번 먹는다고 1년 내내 약효가 있는 것이 아니듯이, 수행도 마찬가지입니다. 법문을 한번 듣고도 '아, 그래 그럴 것 같다. 나도 좀 편해진다'라는 마음을 느낄 수도 있습니다. 하지만 정기적으로 함께 모여서 수행을 하면 훨씬 더 효과가 있습니다. 혼자 수행하는 것보다 여럿이 수행하면 시너지 효과가 큽니다.

그래서 '행불아카데미'라는 함께 모여서 체계적으로 공부하고 수행할 수 있는 장, 이론과 실습을 같이 할 수 있는 장을 마련했습니다. '행불아카데미'에서는 몸 보기, 마음 보기, 성품 보기를 구체적으로 연습하고, 이와 관련된 부처님 말씀 즉 게송들을 공부하고 있습니다. 원래 한국불교의 전통은 선교겸수禪敎兼修 정혜일치定慧一致, 선과 교를 함께 닦고 선정과 지혜를 함께 닦는 것입니다.

자애경과 호오포노포노

바로 지금 이 순간 깨어 있으라

"깨달음의 길은 멀지만 깨어 있음의 길은 가깝다. 깨달으려고 노력하지 말고 바로 지금 이 순간 깨어 있으려고 노력하다 보면 깨달음은 저절로 찾아온다. 바로 지금 여기에서 깨어 있으려고 노력한다."

저는 평소 위와 같은 말을 강조하는데, 깨어 있음의 길은 그리 먼 것도 아니고 어려운 것은 더더욱 아닙니다. 자기 몸을 지켜보고 마음을 지켜보고 몸과 마음을 지켜보는 성품을 지켜보는 것, 이것이 바로 깨어 있는 것입니다. 우리에게 필요한 것은 관념화되고 신비화된 깨달음의 길이 아닙니다. 언제 어느 때나 깨어 있으면 됩니다. 그것은 언제 어디서나 할 수 있는 것이기도 합니다.

우리가 굳이 법당에 모여 함께 수행하는 것은 깨어 있는 방법을 더 잘 체득하고, 좀 더 쉽게 연습하기 위해서입니다. 법당은 부처님의 에너지, 부처님의 제자들의 응축된 에너지가 모인 곳이기 때문입니다. "법당에만 가면 마음이 편안해진다"는 분들이 많은데, 맞습니다. 우리가 그런 에너지를 감지하게 되어 마음이 편안해지는 것은 현대물리학으로도 증명이 되고 있습니다.

"천상천하天上天下 유아독존唯我獨尊 삼계개고三界皆苦 아당안지我當安之, 하늘 위 하늘 아래 나 홀로 존귀하다. 삼계의 모든 괴로움을 내가 편안히 하리라."

부처님의 탄생게는 시사하는 바가 매우 큽니다. 부처님이 이 세상에 오신 뜻은 우리들을 안심시켜 주기 위해서 오신 것이고, '팔만대장경이 다 안심법문'이라는 것입니다. 천상천하 유아독존에서 '아我'는 역사적으로 출현한 석가모니 부처님을 뜻하는 것이 아니라 우리 모두에게 본래 깃들어 있는 본마음 참나를 뜻하는 말입니다. 우리는 모두 본마음 참나를 지닌 존귀한 존재입니다. 나만 존귀한 게 아니라 너도 존귀합니다. 우리 모두가 존귀한 존재입니다. 불교의 생명 평화 사상의 뿌리가 여기에 있습니다. 너와 나 우리가 모두 이어져 있는 연기적 존재이고 존귀한 존재임을 알고 서로 존중하며 사랑할 때 온갖 괴로움에서 벗어날 수 있습니다.

이와 같이 부처님께서는 우리의 마음을 안심시켜 주기 위해서 세상에 오셨고, 출가하시어 깨달음을 이루시고 법을 설해 주셨습니다. 사람의 성품도 다르고 지적 수준도 천차만별인지라 그에 맞추어 마음을 편안하게 해 주려다 보니 팔만대장경이 형성된 것입니다. 사실 우리가 불교를 공부하는 것은 불교학 박사가 되려고 하는 게 아닙니다. 온갖 괴로움을 벗어버리고 마음을 편안하게 하는 것이 불교 공부의 1차 목적이라고 할 수 있습니다.

그런데 편안함도 크게 두 가지, 일시적인 편안함과 영원한 편안함으로 나눌 수 있습니다. 바깥의 존재에 의지해서 편안해 하는 것은 일시적인 편안함입니다. 신이 되었든 부처님이 되었든 재물이 되었든 다른 사람이 되었든, 밖에 있는 육체적 · 정신적 존재를 의지해서 '당신 덕분에 편안합니다' 하는 것은 일시적인 것입니다. 이것은 그 마음이 언제 바뀔지 모릅니다. 그래서 불교에서는 그것을 방편이라고 말합니다. 일시적인 안심이고 영원한 안심 · 궁극적인 안심은 아니라는 것입니다.

그러면 궁극적인 안심은 어디서 오는가? 그것은 외부의 존재에 의지해서 오는 것이 아니라 스스로 자기 몸과 마음을 관찰하고 성품을 관찰하면서 '아, 이것이 이제 보니까 공한 것이구나'라는 것을 터득하게 되면 불안함 · 불편함이 저절로 없어지게 됩니다. 왜냐하면 '그런 것들이 실체가 없는 것이었구나. 아지랑이 같고 허깨비와 같은 것을 내가 부여잡고 실체가 있다고 생각하고 있었구나' 하고 법의 이치를 알게 되기 때문입니다.

자애경을 설하게 된 인연

이 몸은 항아리처럼 부서지기 쉬우니
난공불락의 요새처럼 굳건하게 지켜라.
지혜의 칼로 마라를 물리치고
물리친 뒤에도 굳건하게 보호하며
크고 작은 얻음에 집착해서는 안 된다.

부처님 당시에 500명이나 되는 스님들이 부처님께 가르침을 받으며 하안거夏安居(여름 장마철에 외출하지 않고 한곳에 모여서 집중 수행하는 기간) 정진을 하기 위해서 적당한 장소를 찾아다녔습니다. 여럿이 '어디가 적당할까?' 궁리하며 찾아다니다가 히말라야 산 기슭에서 아름다운 작은 언덕을 발견했습니다. 그곳을 보는 순간 마치 수정을 보는 것 같았다고 합니다. 경전에서는 다음과 같이 표현하고 있습니다.

"갑자기 눈앞에 나타났는데 마치 반짝이는 푸른 수정과 같았다. 서늘하고 울창한 녹색 숲을 장식처럼 두른 그 속에 한 자락의 모래 깔린 땅이 마치 진주그물인 양 아니면 한 장의 은종이인 양 펼쳐져 있었던 것이다. 시원한 물이 솟는 깨끗한 우물까지 갖춘 채로."

표현이 수채화의 한 장면이 그려지듯 아주 멋지지 않습니까?

하늘 아래 가장 가까운 최고봉들을 거느리고 있는 히말라야 산은 워낙 자락이 넓고 웅장해서 별별 곳이 다 있을 겁니다.

이 내용을 보니 만감이 교차합니다. 저도 매년 인도성지순례를 갑니다. 올해도 10월쯤 갈 예정입니다. 저는 먼저 다람살라에 가서 달라이라마 존자님의 법문을 며칠 동안 듣고 나서 성지순례를 합니다. 작년·재작년에도 히말라야 산에 갔었습니다. 다녀오신 분은 알겠지만 인도 곳곳을 다니다보면 먼지도 많고 황량한 데도 아주 많습니다. 먼지를 뒤집어쓰면서 황톳길만 몇 시간씩 달릴 때도 있습니다. 그렇게 버스를 타고 굽이굽이 돌아서 히말라야 산에 올랐는데, 딱 돌아서는 순간에 정말 가슴 깊이 탄성이 올라왔습니다.

저 아래 계곡에 그림 같은 숲이 있고 양쪽으로 물이 흐르고 있는데, '와우, 정말 샹그릴라 같다'는 느낌에 이어지는 환희… 그 높은 산중에서 그렇듯 아름다운 곳이 눈앞에 펼쳐져 있으니 '저기서 며칠 쉬어가고 싶다'는 생각이 굴뚝같았습니다. 단체가 함께 움직여야 하는지라 실행하지는 못했지만 '저런 데서 며칠 쉬면서 명상도 하고, 계곡 관상도 하면 좋겠다' 싶을 정도로 정진하기 좋은 장소를 발견했습니다.

숲이 있고 숲 한쪽 편으로 약간 떨어진 곳에 마을이 있었습니다. 숲이 아무리 좋아도 숲만 있고 마을이 가까운 곳에 없으면 탁발을 할 수 없기 때문에 수행처로는 적당하지 않습니다. 부처님이나 부처님 제자들도 도시에서 너무 멀리 떨어지지 않은 곳, 성문에서 2km 정도의 거리에 수행처를 만들었습니다. 마을과 가까워서 탁발하기 쉬우면서도 한적한 곳이 수행처로 적합한 곳입니다. 사찰도 그런 곳에 건립했습니다.

아침에 일찍 일어나서 수행하고 2km 정도를 타박타박 걸어서 마을에 가서 탁발을 받고, 다시 2km 정도를 걸어서 절로 돌아와서 탁발 받은 음식을 같이 나눠먹고 다시 또 수행을 한 것입니다. 탁발하러 가고 오는 시간에 걷기 수행 겸 운동도 되었을 테니 부처님은 이렇듯 세세한 것까지 살피셨습니다.

다시 게송 이야기로 돌아가서, 500명의 스님들은 이렇듯 수행하기 좋은 장소를 발견하고 좋아했는데, 마침 마을 사람들도 신심이 깊어서 스님들을 마음 깊이 반겼습니다. 히말라야 숲속이라 스님들을 만나기도 쉽지 않은 상황에서 500명이나 되는 스님들이 오셨으니 정말 반가웠던 것입니다. 500명의 스님들이 가사를 입고 안행雁行, 기러기들이 행렬을 지어 날아가듯 스님들이 죽 줄을 지어 걷는 것을 보면 정말 거룩해 보입니다. 그것 자체가 장관입니다. 모습을 보는 것만으로도 신심이 납니다.

마을사람들이 환희심에 차서 "저희들이 하안거 동안 스님들께 음식을 공양 올리고 꾸띠를 지어드리겠으니, 저희 마을 근처에서 수행을 하셨으면 합니다" 하고 청했습니다.

꾸띠는 개개인이 혼자 살 수 있도록 꾸며진 작은 초막을 말합니다. 스님들은 장소도 마음에 드는데다 마을사람들도 반기며 공양을 올리겠다고 하니 흔쾌한 마음으로 응락하고 그곳에 머물게 되었습니다. 수행에서 도과를 얻기 위해서는 수행을 열심히 하는 것은 기본이고, 거기에 더불어서 장소와 음식도 중요하고 함께 수행하는 도반도 아주 중요합니다. 경전에서도 "장소가 적절해야 하고, 음식도 적절하게 먹어야 하고, 함께 수행하는 도반들이 적절할 때 도과를 성취하게 된다"고 했습니다.

500명의 스님들은 마을 사람들이 지어준 꾸띠에서 살면서 숲속의 큰 나무 아래에 앉아서 정진했는데, 마침 그 숲에는 목신木神들이 살고 있었습니다. 나무에 깃들어 사는 목신들도 처음에는 '아이구 스님들이 오셨구나' 반기면서 스님들을 공경하였습니다. 그런데 하루가 지나고 이틀이 지나고 사흘이 지나도 스님들이 갈 생각을 하지 않으니까 슬슬 불편해지는 겁니다. 스님들이 나무 밑에서 정진하시는데, 목신들이 나무 위에 올라가 있기 미안해서 스님들을 따라 땅으로 내려와서 지냈습니다. 그리고 '스님들이 오늘이나 가려나, 내일이나 가려나, 금방 가시겠지' 하면서 스님들이 가기만을 기다렸던 것입니다.

'얼마 지나지 않아 우기가 되고 땅이 젖으면 땅바닥에서 지내기가 불편한데, 스님들이 왜 안 가지?' 하고 가만히 스님들 얘기에 주의를 기울였습니다. 그런데 스님들이 석 달 동안 이곳에서 정진한다는 소식을 접하고 목신들이 작당을 했습니다. "안 되겠다. 더 이상 못 기다리겠다. 스님들을 쫓아내자"고 결의한 목신들은 무서운 형상으로 스님들 앞에 나타나 정진을 방해했습니다. 목이 잘라진 귀신, 다리가 없는 귀신, 배가 없는 귀신 등의 모습으로 스님들

앞에 나타나기도 하고, 귀곡소리를 내기도 하고, 안 좋은 냄새를 풍기기도 하는 등 전 방위적으로 방해했습니다.

스님들도 처음에는 목신들의 행패를 참아내며 수행을 했는데, 도저히 안 되겠다 싶어진 겁니다. 눈에 나타나는 것은 안 보면 괜찮은데, 거슬리는 소리가 들리면 정말 괴롭잖아요. 귀곡소리를 들으면서 정진이 되겠습니까? 그래서 500명의 스님들이 전부 다 숲을 떠나 부처님께 되돌아갔습니다.

부처님께서 "어찌된 일이냐? 안거 철에는 움직이지 않고 정진을 하는 것인데…"라고 물으셨습니다. 스님들이 자초지종을 말씀드리자, 부처님께서 "그곳이야말로 너희들이 정진할 곳이다. 그곳에서 정진을 잘해야 과위를 얻을 수 있을 것이다"라고 말씀하셨습니다. 그러자 스님들이 이구동성으로 말씀드렸습니다.

"저희들은 도저히 못 가겠습니다. 정말 말로 표현할 수가 없는 곳입니다. 귀신들이 밤낮없이 나타나지를 않나, 허구헌날 곡소리를 해대지를 않나, 이상한 냄새까지 풍기면서 훼방을 놓으니 도저히 수행을 할 수가 없습니다."

그때 부처님께서 "너희들이 무기가 없었기 때문에 그렇게 당했던 것이다. 내가 무기를 줄 테니 이 무기를 가지고 가거라. 그러면 괜찮을 것이다"라고 하셨습니다.

무기는 칼도 아니고 창도 아닙니다. 부처님께서 주신 무기는 바로 자애경이었습니다. 이 경은 자애경이라고도 하고 자비경이라고도 합니다. 부처님께서 자애경을 가르쳐 주시면서, "이 경을 외우면서 그 숲으로 들어가면 될 것이다"라고 하셨습니다.

500명의 스님들은 부처님께 배운 자애경을 외우면서 숲으로 들어갔습니다. 목신들이 먼발치에서 보고는 '어, 또 왔네' 하면서 '이번에는 더욱 험악한 짓을 해서 쫓아내야 겠다'고 생각했습니다. 그런데 스님들이 점점 가까이 다가오는 것을 보니 무엇인지 웅얼웅얼 외우면서 오는 겁니다. 궁금해서 가만히 들어보니 자애경이었습니다. 목신들이 이 자애경을 듣는 순간 따뜻한 감정이 올라오기 시작했습니다. 스님들에 대해 지극히 존경하는 마음도 생겼습니다.

그래서 처음에 생각했던 것과는 달리 목신들이 전부 나무 밑으로 내려왔습니다. 그들은 인간의 모습으로 변화하여 발우를 받아들고 스님들께 공손히 "스님들이 수행하시는 데 열심히 도와드리겠습니다" 하고 말씀드렸습니다. 수행을 방해하는 악귀의 입장에서 수행을 돕는 선신善神의 입장으로 바뀐 것입니다. 그렇게 목신의 마음을 바꾸어 놓은 경전이 바로 자애경입니다.

자애경을 듣고 목신들이 개과천선하다

널리 이로운 일에 능숙하여 열반의 경지를 이루려는 자는
유능하고 정직하고 온순하고 고결하며 부드럽고 겸손하라.
만족할 줄 알고 공양받기 쉬우며 분주하지 않고 간소하며

감관은 고요하고 슬기로우며 거만하거나 탐착하지 말지어다.

슬기로운 이가 나무랄 일은 어떤 사소한 것도 삼갈지니

안락하고 평화로워 모든 이들이 행복할 지어다.

살아 있는 생명은 어떤 것이나

갈애가 있거나 없거나 길거나 크거나

중간이거나 짧거나 작거나 비대하거나 보이거나 보이지 않거나

가깝거나 멀거나 태어났거나 태어날 모든 중생들이 행복하기를.

서로를 속이지 말고 헐뜯지도 말지니 어디서든지 누구든지

분노 때문이든 증오 때문이든 남의 고통을 바라지 말지어다.

어머니가 하나밖에 없는 아들을 목숨으로 감싸안듯

모든 생명을 향해 가없는 자애를 키워 나가라.

일체의 세계에 대해 위로 아래로 사방으로

장애 없이 원한 없이 적의 없이 무량한 자애를 닦을지어다.

걷고 있거나 서 있거나 앉아 있거나 누워 있거나 깨어 있는 한

자애의 마음을 굳게 새기니 이것이 거룩한 마음가짐이로다.

사견에 빠지지 않고 계행과 지혜를 갖추어

감각적 욕망을 제거하면

다시는 모태에 들지 않으리.

500명의 스님들은 이 자애경을 듣고 마음이 바뀐 목신들의 시봉을 받으면서 3개월 동안 열심히 정진해서 마침내 모두 아라한 과를 이루었습니다. 부처님께서 500명의 스님들이 아라한과를 얻

은 것을 아시고 게송을 설해 주셨습니다.

> 이 몸은 항아리처럼 부서지기 쉬우니
> 난공불락의 요새처럼 굳건하게 지켜라.
> 지혜의 칼로 마라를 물리치고
> 물리친 뒤에도 굳건하게 보호하며
> 크고 작은 얻음에 집착해서는 안 된다.

이 게송에 나오는 지혜의 칼이 바로 자애경을 가리킵니다. 이 것으로 마구니·마귀·악마를 뜻하는 마라를 물리치는 데 썼습니다. 우리가 가지고 있는 번뇌 망상으로 인해서 마라의 지배를 받게 되는 것입니다. 아무리 밖에서 어떤 경계가 나타나도 거기에 흔들리지 않고, 자기 몸뚱이의 주인노릇을 하면 마라의 지배를 안 받게 됩니다. 그런데 마라의 지배를 받게 되면 몸뚱이의 주인노릇을 못하게 됩니다. 다른 귀鬼나 신神을 주인으로 섬기면서 "나는 당신의 종입니다" 하고 종노릇을 자처하면 마라의 지배를 받게 된다는 것입니다.

"가는 말이 고와야 오는 말이 곱다"는 속담이 있는데, 말뿐만 아니라 마음도 마찬가지입니다. 가는 마음이 고와야 오는 마음이 곱습니다. 내가 따사로운 마음을 품고 있으면 주변사람들도 그것을 느껴서 나에게 따사롭게 대해 줍니다. 그런데 내가 적개심이나 원한심을 품고 있으면 옆 사람도 그것을 느낍니다. 그러면 이 사람들도 신경이 날카로워져서 말이 날카롭게 나가게 되는 것입니다. 자기 스스로 따사로운 마음을 연습해야 따사로운 대접을 받게 되는 겁니다. 남들에게 따사로운 대접을 받고 싶으면 내가 먼저 따사로운 마음을 연습해야 합니다. 사랑을 받고 싶으면 내가 먼저 사랑의 마음을 연습하고 증오를 받고 싶으면 내가 먼저 증오심을 연습하면 됩니다.

이 자애경은 모든 중생을 사랑하는 연습입니다. "어머니가 하나밖에 없는 아들을 목숨으로 감싸안듯 모든 생명을 향하여 가없는 자애를 키워 나가라"라는 구절처럼 어머니의 입장이 되어서 모든 생명을 바라보면, 참으로 사랑하지 못할 게 어디 있겠습니까. 아들딸이 이쁘다 해서 사랑하고, 안 이쁘다 해서 사랑하지 않는 어머니가 있습니까? 이쁘면 이뻐서 사랑하고, 미우면 미워서 사랑하는 것이 어머니입니다. 잘난 자식은 잘나서 사랑하고, 못난 자식은 못나서 사랑하는 것이 어머니입니다. 이런 어머니의 마음이 바로 관세음보살의 마음입니다.

그래서 이런 마음을 연습하라는 것입니다. 사랑받고 싶으면 사랑의 마음을 연습하면 됩니다. 요즘 세상 돌아가는 것을 보면 그 어느 때보다 화해와 용서가 필요한 시대라는 생각이 듭니다. 사람들 모두 아주 바쁘게 살다 보니 자기가 누구에게 실수를 했는지도 모릅니다. 자기가 어디서 말실수를 했는지도 모르고 살아갑니다. 자기의 말을 듣고 상처받은 사람은 힘들어서 죽고 싶을 지경이 되어도 상처를 준 사람은 자기가 그 사람에게 얼마나 큰 상처를 줬는

지도 모르는 사람이 부지기수입니다.

그래서 제가 '불교수행의 첫 단계는 참회'라고 강조하는 것입니다. "참회하고 마음그릇을 비워야 합니다"라고 말하면, 어떤 사람들은 참회할 게 없다고 합니다. 아무리 생각해도 별로 참회할 게 없는 것 같은데, 자꾸 뭘 참회하라고 하느냐고 반문하는 사람들도 많습니다. 참회할 게 많은 사람 같아 보이는 사람들이 더 그런 반응을 보입니다. '정말 잘못했구나, 잘못했을 수도 있겠구나, 나의 이런 말과 행동으로 인해서 내 주변의 사람들이 상처받았을 수도 있겠구나' 하는 것을 알아야 하는데, 자기가 뭘 잘못했는지조차도 모르는 그것이 더 큰 문제입니다.

다들 바쁘게 생각 없이 살기 때문입니다. '내가 뭘 잘못했다고 그래, 나는 열심히 살았어. 내 잘못이라면 열심히 산 죄밖에 없어'라고 하면 속수무책인 것입니다. 자기의 잘못을 알아야 상대방에게 용서를 빌고, 용서를 해 줘야 용서를 받고 진심으로 화해할 수 있습니다.

호오포노포노, 하와이 원주민들의 마음 치유법

용서와 사랑 그리고 감사의 마음을 연습해서 나와 너 우리의 관계를 회복해야 합니다. 다행히 이런 마음을 연습할 수 있는 좋은 게송이 있습니다.

　호오포노포노라고 하는 것인데, 이것은 원래 하와이 원주민들의 마음 치유법입니다. 호오포노포노는 하와이 원어입니다. 호오포노포노를 자꾸 읊으면서 용서와 화해, 감사와 사랑을 연습하는 것입니다. 그럼으로써 스스로 마음이 치유되는 것이지요. 우리 아라한과를 얻지 못한 중생들은 전부 다 응어리가 있습니다. 그저 없는 척할 뿐입니다. 더 없는 척할수록 더 많을 수도 있습니다. 억지로 숨겨두니 점점 더 응어리가 커지는 겁니다. 숨겨둔 응어리는 언젠가는 터지게 됩니다. 그 응어리들이 암으로 나타나고 심장병으로 나타나고 화병으로 나타나 몸이 아픕니다. 응어리들이 마음으로 나타나면 정신병이 되어서 제정신으로 못 삽니다. 그래서 이런 응어리들을 기회가 될 때마다 자꾸 풀어 주어야 합니다.

　호오포노포노의 기본적인 말은 이렇습니다.

　미안합니다 I am sorry
　용서해 주세요 Please forgive me
　감사합니다 Thank you
　사랑합니다 I love you

　이것이 기본적인 표현입니다. 이것을 기본으로 해서 연습하는 것인데, 제가 문장을 만들어 봤습니다.

호오포노포노 Hooponopono

부처님 죄송합니다. 부디 용서해 주시길!

감사합니다. 그리고 사랑합니다.

아버님 죄송합니다. 부디 용서해 주시길!

감사합니다. 그리고 사랑합니다.

어머님 죄송합니다. 부디 용서해 주시길!

감사합니다. 그리고 사랑합니다.

당신께 죄송합니다. 부디 용서해 주시길!

감사합니다. 그리고 사랑합니다.

저 스스로에게 미안합니다. 부디 용서해 주시길!

감사합니다. 그리고 사랑합니다.

아들아 미안하다. 부디 용서해 주렴!

고맙다. 사랑한다.

딸아 미안하다. 부디 용서해 주렴!

고맙다. 사랑한다.

아가야 미안하다. 부디 용서해 줄 수 있겠니!

고맙다. 사랑한다.

나를 미워하는 당신께 죄송합니다. 부디 용서해 주시길!

감사합니다. 그리고 사랑합니다.

내가 미워하는 당신께 죄송합니다. 부디 용서해 주시길!

감사합니다. 그리고 사랑합니다.

나를 사랑했던 모든 이들에게 죄송합니다. 부디 용서해 주시길!

감사합니다. 그리고 사랑합니다.

내가 사랑했던 모든 이들에게 죄송합니다. 부디 용서해 주시길!

감사합니다. 그리고 사랑합니다.

내가 실수건 고의건 잘못을 저질렀던 모든 이들에게 죄송합니다. 부디 용서해 주시길!

감사합니다. 사랑합니다.

내가 해치거나 상하게 한 모든 생명들에게 죄송합니다.

부디 용서해 주시길! 감사합니다. 사랑합니다.

너무나 간단하고 쉬운 말이지만

차마 표현하지 못했던 이 마음을 이제야 전합니다.

미안해요. 용서해요. 고마워요. 사랑해요.

사실은 어려운 말이 아닙니다. '미안합니다', '용서해 주시길', '고맙습니다', '사랑합니다'. 정말 간단한 말입니다. 그렇지만 사실 마음속에 담아만 두고 표현을 못하는 말이기도 합니다. 특히 가족이니까 그냥 알아 주겠지, 알아서 생각해 주겠지, 이렇게 해서 표현을 하지 않는 분들도 많습니다. 제가 항상 드리는 말씀이지만, 가족들이 타심통이 열린 게 아닙니다. 타심통이 열리지 않았기 때문에 표현을 해야 '아, 저 사람이 정말 나에게 미안하게 생각하는구나. 용서를 바라는구나. 고마워하는구나. 나를 사랑하고 있구나.' 하는 것을 확실하게 알 수 있습니다. '말 안 해도 다 알아'라는 수준이 되려면 타심통이 열려야 되는 것입니다.

이것을 잘 감안해서 가까운 가족부터 친구들, 주변 사람들에게 표현해야 할 때 표현하십시오. 마음에만 담아두고 있다가 헤어지거나 죽으면 후회하게 됩니다. '내가 진작 그런 얘기를 했어야 하는데 왜 못했을까, 왜 안 했을까.'

상대방이 죽을 수도 있고 내가 죽을 수도 있습니다. 아니면 멀리 볼 수 없는 곳으로 떠날 수도 있습니다. 이렇게 되면 그때서야 후회를 하면서 탄식하게 되는 겁니다. 살아 있을 때, 표현할 수 있을 때, 빨리빨리 표현을 해서 응어리를 풀어야 합니다. 사람마다 다 다르기 때문에, 다 내 마음 같지 않기 때문에 살다 보면 서로 아무것도 아닌 일을 가지고도 응어리가 질 수 있습니다. 응어리를 되도록 많이 풀어서 응어리가 완전히 다 풀릴 때, 그 경지가 바로 아라한이라 할 수 있습니다.

이 호오포노포노는 간단한 표현이지만 많은 사람들의 심금을 울려 줍니다. 자애경을 암송하려고 노력하고, 호오포노포노로 마음을 치유하고 자애삼매를 하면 참고 견뎌야 하는 사바세계가 그대로 자비의 노래가 울려 퍼지는 생명 평화의 세상이 될 것입니다.

최상의 깨달음을 얻는 지름길

"실상무상實相無常에 입각한 자비관은 최상의 깨달음을 얻는 지름길이다"라고 부처님께서 말씀하셨습니다. 실상무상을 제대로 아는 것이 해오解悟입니다. 즉 진리를 이해해서 깨닫는 것입니다. 실상무상의 이치만 알면 온갖 괴로움에서 벗어나 행복해질 뿐만 아니라 세상이 평화로워집니다. 그래서 불교가 필요한 것입니다. 세상사람들이 실상을 깨닫고 마음이 바뀌면 세상이 바뀝니다. 내 마음이 맑으면 온 국토가 맑아집니다.

생각해 보십시오. 지금 이 순간 미운 사람이 있어서 화를 낸다고 합시다. 그런데 사실 그 사람의 실상을 보면 무상하기 때문에 화를 내서는 안 된다는 겁니다. 예를 들어, 지난주에 친구에게 기분 나쁜 일이 있었다고 해서 지금 그 친구에게 화를 낼 수 있을까요? 그 친구는 이미 지난 주의 그 친구가 아닙니다. 다른 사람입니다. 그동안 세포도 바뀌었고 생각도 바뀌었기 때문입니다. 이게 바로 '실상무상'의 이치입니다. 우리의 실다운 상은 정해진 상이 없기 때문에 무상한 것입니다. 끊임없이 변화하는 것입니다.

또 생각해 보십시오. 어떤 사람에게 화를 낸다고 합시다. 그럼 어디에다 화를 낼 것입니까? 코에다 화를 낼 것인가, 눈에다 화를 낼 것인가, 입에다 화를 낼 것인가, 몸에다 화를 낼 것인가? 오온五蘊(色受相行識, 몸과 마음)은 다 공空한 것이라서 실체가 없습니다. 어떤 사람을 미워한다고 하지만, 그 어떤 사람이라는 것이 사실은 실체가 없는 것입니다.

'실상은 무상이다.' 이것을 항상 염두해 두고 자애삼매를 연습하는 것이야말로 깨달음에 이르는 지름길입니다.

먼저 내가 행복했던 순간을 떠올리면서, '내가 어려움에서 벗어나 건강하고 행복하기를…' 하고 주문을 외웁니다.

그 다음에 자기가 좋아하는 사람을 또 떠올리면서 '그가 어려움에서 벗어나 건강하고 행복하기를…', 그 다음에 미워하는 사람에게까지 행복을 기원해 줍니다. 이렇게 해서 미워함과 좋아함의 경계가 허물어져야 참다운 자애심을 갖게 되는 것입니다.

우리는 어떤 마음가짐을 가지고 살아야 할까요?

"몸과 마음을 관찰하지 않고 백년을 사는 것보다 몸과 마음을 관찰하고 하루를 사는 것이 훨씬 더 값지다", 바로 이것입니다. 이런 마음가짐으로 살아야 합니다. 우리가 이 세상에 태어난 것은 체험학습, 마음공부를 하러 왔기 때문입니다. 마음공부를 하지 않고 백년을 살아 봐야 헛된 인생을 사는 것입니다. '단 한순간이라도 몸을 관찰하고 마음을 관찰하고 성품을 관찰하는 이 공부를 하면 정말 지금 당장 죽어도 원이 없다'는 마음가짐을 갖고 살아야 합니다.

그럼 어떻게 마음공부를 할 것인가?

세상살이에 필요한 공부도 수많은 세월 동안 배우고 익혀야 합니다. 진리를 깨닫는 마음공부야 오죽하겠습니까? 마음공부일

수록 방법을 제대로 알아야 삿된 길로 빠지지 않고 바른 길로 갈 수 있습니다.

도반들이 함께 모여서 이 책의 근심걱정에서 벗어나는 게송, 애착을 버리는 게송, 화를 다스리는 게송, 행복을 부르는 게송, 마음을 보는 게송을 읽고 수행하면 이보다 더 행복할 수 없을 것입니다.

성품에 관한
게송

우리는 누구나 다 무한한 가능성이 있습니다. 부처도 될 수 있고, 보살도 될 수
있고, 신도 될 수 있고, 인간도 될 수 있고, 축생도 될 수 있습니다. 그러나 그중
에서 무엇이 될 것이냐? 이것은 부처님이 택해 주는 것도 아니고 신이 정해 주는
것도 아니고 '내가 선택한다'는 것입니다. 정말 얼마나 멋진 말씀입니까? 인간의
가능성을 가장 크게 확대시켜 주신 분이 부처님입니다.

좋은 꿈도 꿈이다

태에 있으면 몸이 되고

세상에 처해 있으면 사람이라 이름하고

눈에 있으면 본다고 말하고

코에 있으면 냄새를 분별하고

입에 있으면 담론을 하고

손에 있으면 움켜잡고

발에 있으면 운반하고 옮기네.

두루 나타나서는 모래수의 세계를 덮고

거두어들이면 한 티끌 속에 들어가네.

아는 이는 불성인 줄 알지만

모르는 이는 정혼이라 부르네.

위 게송은 보리달마菩提達磨(?~536, 이하 달마) 대사의 제자인 바라제 존자와 이견왕과의 문답에서 나온 것으로『전등록傳燈錄』에 실려 있습니다.『전등록』은 깨달음의 등불을 전한다는 제목처럼 깨달음을 얻은 조사스님들의 맥을 밝혀 놓은 내용이 담겨 있습니다.

달마 대사는 원래 남인도 향지국의 셋째왕자였습니다. 향지국에는 첫째 왕자인 월정다라, 둘째 왕자인 공덕다라, 셋째 왕자인 보리다라가 있었는데 세 명 다 총명하다고 온 나라에 명성이 자자했습니다.

'반야다라'라고 하는 큰스님이 향지국에 왔다는 소식을 접하고 향지국왕이 반야다라를 왕궁으로 초대했습니다. 향지국왕은 반야다라에게 광채 나는 보석을 공양 올리면서 신자가 되겠다고 청했습니다. 반야다라가 국왕의 청을 받아들이면서 국왕의 세 왕자에게 물었습니다.

"이 세상에 이보다 더 훌륭한 보석이 있느냐?"는 반야다라의 질문에, 첫째 왕자와 둘째 왕자는 "이 보석이 최상의 보석이라고 할 수 있습니다"라고 대답했습니다. 그런데 셋째 왕자인 보리다라는 "그렇지 않습니다. 이것은 최상의 보석이라고 할 수 없습니다. 이 보석은 지니고 있는 자만 기쁘게 하지만, 부처님의 가르침은 모든 사람들을 기쁘게 할 수 있고 마음의 지혜야말로 최상의 보배입니다"라고 대답했습니다.

이 세상에서 제일가는 보물은 부처님의 가르침이고,

마음의 지혜만이 최상의 보배입니다.
불·법·승만이 진정한 보배입니다.

다이아몬드나 금·은·루비 등의 보석들은 탐내고 집착하는 마음을 불러일으켜 윤회에서 벗어나지 못하게 합니다. 죽으면서도 탐착을 내려놓지 못하고 다이아몬드 반지를 끼고 죽어서 죽은 뒤에 손가락이 굳어 반지가 빠지지 않아 손가락을 잘라서 반지를 빼내는 일도 있으니 자식에게 큰 불효를 저지르게 할 수도 있습니다. 이렇듯 아름다운 보석이 나쁜 업을 짓게 하는 경우가 더 많습니다.

'마음의 지혜야말로 최상의 보배'라고 대답한 보리다라는 반야다라 존자를 따라서 출가하여 이름을 보리달마 대사라고 했습니다. 달마 대사는 동쪽(中國)으로 가서 불법을 전하라는 반야다라 존자의 유언에 따라 470년경 중국에 와서 선법(禪法)을 퍼뜨려 선(禪)의 초조(初祖)가 되었습니다. 불자들의 집에 자주 모시고 있는 달마도의 주인공이 바로 달마 대사입니다. 달마 대사와 양무제의 문답, 소림굴에서 9년 면벽 수행, 2조 혜가가 눈 속에서 밤을 꼬박 새고 팔을 자르는 구도열을 보여 법을 전수받았다는 이야기, 중국에서 죽은 달마 대사가 천축국으로 돌아가는 것을 보았다는 이야기 등 달마 대사와 얽힌 흥미진진하고도 신비한 이야기가 매우 많습니다.

아무튼 달마 대사의 제자 종승이 불법(佛法)을 믿지 않고 박해하는 이견왕을 설복시키려고 찾아갔는데, 그를 설복시키기는커녕 죽임을 당하게 생겼습니다. 그래서 다시 바라제가 이견왕을 찾아갔습니다.

이견왕이 바라제에게 물었습니다.

"당신은 성품을 보았느냐?"

바라제가 "그렇습니다"라고 답하자 이견왕이 되물었습니다.

"성품이란 것이 어떤 것인가?"

이에 바라제가 위의 게송을 답해서 이견왕을 설복시켰다고 합니다.

알지 못하는 이는 정혼精魂(감정, 희로애락 등 정으로 뭉쳐진 혼으로 윤회의 주체)이라 부르지만 아는 이는 불성이라고 했습니다. 시비분별하기 전에는 불성이지만 시비분별하기 시작하면 정혼이 됩니다. 불성은 곧 성품을 뜻합니다. 성품이 눈에 있어야 보게 되고, 성품이 귀에 있어야 들을 수 있습니다. 아직 온기가 남아 있는 금방 죽은 시체에도 귀와 입과 코가 있습니다. 그러나 시체는 듣고 맛보고 냄새 맡지 못합니다. 성품이 떠나서 그런 것입니다. 성품을 아는 공부가 세상에서 가장 중요한 공부입니다.

심불급중생心佛及衆生
시삼무차별是三無差別
마음과 부처와 중생이 조금도 차별이 없다.

평상시의 마음이 부처님 마음인데, 거기서 한 생각 일으키면 분별심이 실려 정혼이 됩니다. 그냥 볼 때는 볼 뿐인데, 거기서 한 생각 일어나서 예쁘다, 밉다, 취해야겠다 등등 분별심이 일어나면 정혼이 되어 세세생생 윤회하며 고통의 수레바퀴에서 벗어날 수가 없는 것입니다.

양무제와 달마 대사는 생각의 초점이 달랐다

달마 대사가 중국에 가서 교화할 때 처음에는 어려움이 아주 많았습니다. 자기 나라를 우주의 중심으로 놓고 보는 중국 사람들에게 인도에서 온 선법禪法이 처음부터 잘 받아들여질 리는 만무한 일이었겠지요.

우리나라도 처음 선법이 들어왔을 때 받아들여지지 않아서 산속으로 들어간 것입니다. 구산선문(통일신라 말에서 고려 초 선승들이 세운 아홉 개의 대표적인 산문)이 산속에 있는 것도 그러한 연유 때문입니다. 선사들이 선법을 펼치려고 할 때, 이미 교학 중심의 불교가 자리 잡고 있었습니다. 오랜 세월 동안 몸과 마음을 닦아야 깨달음을 얻을 수 있다는 사상이 보편화되어 있었던 것입니다. 그런데 선법은 견성見性! 단박에 성품을 보면 된다고 합니다. 기존에 불교를 접한 사람들은 몸과 마음을 닦는 것이 불교라고 알고 있습니다. 그런데 달마 대사가 "몸과 마음을 닦는 것은 부질없는 일이다. 성품을 봐야 한다"고 하니 이해할 수 없었던 것입니다. 기존의 불교학자와 불교신자들에게 "그건 외도다. 진정한 불교가 아니다"라는 지탄을 받고 산속에 숨어 들어가게 된 것입니다.

그와 같이 달마 대사도 맨 처음 만난 양무제와의 대화에서 아직 시절 인연이 무르익지 않음을 간파하고 소림사로 간 것입니다.

양무제는 불심천자佛心天子라고 불릴 정도로 신심이 돈독한 임금이었는데 달마 대사와는 그 차원이 달라서 소통이 되지 않았습니다. 양무제가 달마 대사에게 질문을 합니다.

"제가 임금이 된 후 많은 재산을 기부하여 수많은 절을 만들고 탑을 만들었습니다. 그뿐만 아니라 많은 사람들을 출가시켜 불도를 닦게 했습니다. 지금까지 수많은 불사를 했는데 그 공덕이 얼마나 됩니까?"

달마 대사는 한마디로 "무공덕無功德. 공덕이 없다(無)"고 합니다.

경전에 의하면, 경전을 서사하고 수지 독송하고 남에게 전하고 하면 엄청난 공덕이 있다고 하는데, '없다'고 하니 양무제 역시 황당할 수밖에 없었을 것입니다. 기존의 불교를 공부하는 사람들에게는 황당하기 짝이 없는 것이 바로 선불교입니다. 선불교는 고정관념이나 선입견을 확 뒤집어 줍니다.

양무제와 달마 대사가 서로 계합되지 않았던 것은 생각의 초점, 차원이 달랐기 때문입니다. 보시를 하면 잘살 수 있고 다음생에도 부귀영화를 누릴 수 있다는 황제의 말도 맞는 말입니다.

그런데 사실 진정한 공덕은 무공덕입니다. 무엇이 진정한 보배인가? 그것을 생각해 보면 잘 알 수 있습니다. 다이아몬드, 사파

이어, 루비도 보배는 보배입니다. 보배 중에서도 아주 값진 보배입니다. 물방울 다이아몬드 같은 것은 하나만 팔아도 집을 살 수 있을 정도로 값비싼 보배입니다. 그러나 그것은 오히려 윤회를 증장시킬 뿐 윤회에서 벗어나게 해 주는 역할을 하지는 않습니다. 그래서 진정한 보배는 불법승 삼보라고 하는 것입니다.

유위의 공덕은 윤회의 세계를 윤택하게 해 주는 것이고, 윤회의 세계에서 벗어나게 해 주는 것은 무위의 공덕입니다. 양무제의 물음에 달마 대사가 무無, 없다고 한 것은 무위의 공덕이 없다는 것입니다. 양무제가 지은 공덕은 유위의 공덕일 뿐이고, 무위의 공덕은 아니기 때문입니다.

양무제는 유위의 차원의 공덕을 얘기한 것이고, 달마 대사는 '윤회는 어쨌든 윤회다. 꿈속의 세계다. 꿈속에서 아무리 좋은 꿈을 꾸어도 꿈이다. 좋은 꿈도 꿈이다'라는 소리입니다. 사람들은 나쁜 꿈은 안 꾸고 좋은 꿈만 꾸기를 바라는데, 그러나 더욱 중요한 것은 꿈에서 깨어나는 것입니다. 좋은 꿈을 꾼다고 해 봐야 조금 있으면 또 나쁜 꿈을 꾸게 됩니다. 계속 좋은 꿈을 꾸었다가 나쁜 꿈을 꾸었다가 오르락내리락합니다. 달마 대사는 꿈에서 깨어나야 한다는 의미에서 '공덕이 없다'고 대답한 겁니다.

몸보다 마음보다
더 중요한 것은 성품이다

양무제가 말귀를 못 알아듣자 달마 대사가 중국의 북쪽 숭산 소림사로 갔습니다. 거기에서 면벽참선 수행을 하면서 계속 제자가 나타나기를 기다렸습니다. 선법禪法이 세상에 전해질 때를 기다리고 있었던 것이지요.

선법은 일반적으로 교학에서 경전적인 해석을 하는 것과는 차이가 있습니다. 어떻게 보면 아주 시원시원하기도 하고 투박하기도 합니다. 달마 대사도 조금 그로테스크하게, 요새말로 하자면 터프하게 생겼습니다. 약간 무섭게 보이면서도 위엄과 힘이 있는 선사의 기백이 느껴지는 생김새입니다. 그러나 일설에 의하면, 달마는 원래 아주 준수하게 생겼었는데 몸이 바뀌어서 우리가 알고 있는 우락부락하고 부리부리한 모습이 되었다고 합니다.

달마 대사가 길을 가다가 어느 마을에 이르렀는데 썩는 냄새가 진동하여 그 근원을 찾아가 보았습니다. 큰 물고기가 죽어서 물길을 막고 있는데다 그것이 썩어서 냄새가 마을 전체로 진동하였던 것입니다. 달마 대사가 그 죽은 물고기를 없애기 위해, 앉은 채로 몸은 두고 정신만 빠져나와서 죽은 물고기의 몸으로 들어가서 물고기를 움직여서 치우고 돌아오니, 원래 자기의 몸이 없어졌다고 합니다. 그래서 할 수 없이 우선 옆에 있는 다른 사람의 몸뚱이에 들어갔습니다. 그리고는 자기 몸뚱이를 찾아서 돌아다니는데,

마을사람들이 다 자기를 보고 도망을 치는 겁니다. 왜 그런지 자초지종을 물으니, 워낙 험하게 생겨서 사람들이 도망을 가는 것이라고 대답합니다. 알고 보니 달마 대사의 바뀐 몸뚱이는 신선의 도를 닦던 사람이었습니다. 달마 대사는 신선을 찾아가서 몸뚱이를 바꿔 쓴 연유를 물었습니다. 신선은 자기 얼굴이 너무 험악하게 생겨서 사람들이 다 도망을 치기에 준수한 얼굴로 바꾸었다고 하면서 "이대로 살 수는 없겠느냐"고 간청해서 그의 말을 들어주었다고 합니다. 이러한 인연으로 준수한 외모의 달마 대사가 우리가 기억하는 터프한 얼굴이 된 것입니다.

달마 대사의 몸이 바뀐 이야기는 참선에서 무엇을 중시하는지 알 수 있습니다. 참선은 몸이나 마음에 초점을 맞추지 않는다는, 하나의 비유로도 쓸 수 있는 것입니다.

몸보다 마음보다 더 중요한 것은 성품입니다. 성품은 대승불교의 용어이고 선불교에서 이슈가 되는 용어입니다. 몸에 초점이 맞추어진 세계가 축생의 세계입니다. 몸과 마음에 적당히 관심을 갖게 되면 인간이 될 수 있습니다. 마음씀씀이 등 정신에 더 크게 관심을 가지면 천신이 될 수 있습니다. 성품은 두루 걸쳐서 있는 것입니다. 우리는 불보살님의 성품에 초점을 맞추어서 살면 됩니다. 성품이 두루 나타나면 모래 수의 세계를 덮고, 거두어들이면 한 티끌 속에 들어가는 것입니다.

달마 대사의 안심법문

달마 대사가 면벽수행을 하면서 선법이 세상에 전해질 때를 기다리고 있는데 마침내 혜가가 나타나 제자가 되기를 청했습니다. 달마 대사가 허락하지 않자, 혜가는 달마 대사가 면벽수행하고 있는 굴 앞에서 밤을 새웠습니다. 때마침 눈발이 휘날려 세상을 하얗게 덮었는데, 그대로 다음날 아침까지 혜가가 눈 속에서 서 있는 것을 보고 달마 대사가 물었습니다.

"그대는 왜 나의 제자가 되려 하느냐?"

"마음이 편안하지 않습니다. 곳곳에 다니면서 공부했으나 소용이 없었습니다. 제 불안한 마음을 편안하게 해 주십시오(我心未寧 乞師與安)."

"너의 불안한 마음을 내놓아 보아라(將心來 與汝安)."

"불안한 마음을 찾아보았으나 찾을 수가 없습니다(覓心了不可得)."

"내가 너를 편안하게 해 주었노라(與汝安心竟)."

일설에 의하면, 이 문답을 하기 전에 제자로 안 받아주니 혜가가 한쪽 팔을 끊었다고 합니다. 이를 구법단비求法斷臂, 법을 구하기 위해 팔을 끊은 것이라고 합니다. 한쪽 팔을 끊음으로써 그 의지를 보여준 것이지요. 이런 열의로 혜가는 달마 대사의 제자가 되었고, 위와 같은 그 유명한 문답이 나온 것입니다. 달마 대사와 문답을 나누면서 혜가는 그때까지 자신을 짓눌렀던 불안한 마음이 사라지고 편안해졌습니다. 그저 불안하다고 생각했을 뿐 불안한 마음은 본래 없는 것이기 때문에, 마음은 실체가 없는 것이기에 편안해진 겁니다. 이러한 달마 대사의 가르침을 바로 안심법문(마음을 편안하게 하는 법문)이라고 합니다. 알쏭달쏭 알아 듣지도 못하는 얘기가 아니라 마음을 편안하게 해 주는 것이 선법입니다.

마음을 편안하게 해 주는 방법에는 두 가지가 있습니다.

하나는 신이 또는 부처님이 너를 지켜봐 주고 있으니 안심하라고 하는 것이고, 다른 하나는 '본래 불안한 마음이 없구나' 하는 것을 알고 통달한 안심입니다. 신이든 부처님이든 어떤 절대적 존재가 지켜봐 주고 있으니 안심하라는 것은 궁극적인 안심이 아닙니다. 물질적이든 정신적이든 내가 아닌 바깥의 존재에 의존해서 얻는 안심은 의타적 안심입니다. '본래 마음이라는 게 실체가 없는 것이고 불안한 마음이라는 것이 원래 없는 것이구나' 하고 확실하게 깨달아서 얻는 안심이야말로 궁극적인 안심이요, 자생적인 안심입니다. 궁극적인 안심은 눈치를 안 봐도 됩니다. 하지만 의타적인 안심은 '저분이 혹시…?'하면서 항상 눈치를 봐야 됩니다.

'성품이 본래 공한 것이다'라고 성품을 꿰뚫어 보아야 안심이 되는 것입니다. 성품은 선한 것으로든 악한 것으로든 무엇이든 채울 수 있습니다. 성품은 허공 같은 것이므로 거기에 흰구름이든 먹구름이든 끼게 되면 그 구름이 정혼입니다. 구름이 비가 되어 내리고 다시 구름이 되고... 그것이 윤회입니다. 완전히 구름이 없어져야 윤회가 멈추어집니다.

삶은 환타지다

순간순간 완전 연소하는 삶

일체유위법 一切有爲法　애착 있는 모든 것은

여몽환포영 如夢幻泡影　마치 꿈, 환타지, 물거품, 그림자 같고

여로역여전 如露亦如電　또한 이슬 같고 번갯불 같으니

응작여시관 應作如是觀　마땅히 이와 같이 관찰할 지니라.

지금까지 초기경전의 게송을 볼 때는 몸 보기, 마음 보기를 위주로 했고, 마무리는 선禪, 참선문중에서 중시하는 견성법, 성품을 보는 게송으로 하고 있습니다. 위의 금강경 사구게 중의 한 게송이 『삶은 환타지다』라는 이 책의 제목이 나오게 된 배경이라 할 수 있습니다.

모든 존재는 몽夢, 환幻, 포泡, 영影, 로露, 전電과 같습니다. 이

여섯 가지는 모든 존재의 공통된 특징을 상징합니다. 모든 존재의 특징이 바로 일시적으로 생겨났다가 순간적으로 사라지는 것입니다. 즉 홀연히 나타났다가 홀연히 사라진다는 말입니다. 물거품도 홀연히 나타났다가 홀연히 꺼져 버리고 번갯불이나 이슬도 마찬가지입니다.

여기서 환은 환타지입니다. 과거에는 주로 허깨비라는 말을 썼는데, 요즈음은 그 대신에 환타지라는 말을 씁니다. 우리 삶도 환타지 같아서 있다가 사라지고, 사라졌다가 나타나는, 변화하는 특색을 가지고 있습니다. 그렇기 때문에 너무 애착할 것도 없고 그렇다고 너무 무시할 것도 없습니다. 그냥 순간순간 완전 연소하며 살아가는 삶이어야 합니다.

앞에서 '깨어 있어야 한다는 사실을 항상 인식하자'는 것을 강조했습니다. 이것이 바로 관찰자적인 삶입니다. 깨어 있어야 관찰할 수 있기 때문입니다.

초기경전에도 이와 유사한 게송이 나와 있습니다.

몸과 마음을
신기루처럼 물거품처럼 바라본다면
죽음의 왕도 그를 보지 못하리라.
— 법구경

초기경전에도 대승경전의 내용이 거의 다 들어 있습니다. 대승경전에서는 초기경전의 내용을 좀 더 중언부언 설명해 주었을 뿐이지 전혀 근거 없는 얘기를 하는 경우는 없습니다. 그러니까 '대승경전도 부처님의 뜻이다'라고 알면 됩니다.

위 금강경의 사구게도 "몸과 마음, 오온, 세상 이런 모든 존재를 물거품처럼 또 신기루처럼 바라본다면 죽음의 왕도 그를 보지 못하리라"는 법구경의 내용과 일맥상통합니다. 여기서 죽음의 왕(maccuraja)은 염라대왕(yama)을 뜻합니다. 몸에 대한 애착, 자기 마음에 대한 분별심이 있으면 저승사자들이 그를 끌고 갈 수 있다는 말입니다. 그러나 마음의 분별심이 쉬고 몸에 대한 애착이 사라지면 저승사자들이 보지 못하고 보지 못하니까 끌고 갈 수도 없습니다. 앞에서 말씀 드린 대로, 투명한 유리는 보이지 않는 것과 같습니다. 투명한 유리, 즉 우리 본래 성품은 공한 것이기 때문에 공한 것은 끌고 갈 수가 없습니다. 텅 빈 허공은 묶을 수 없는 것처럼 공한 것은 묶어서 끌고 갈 수가 없는 것입니다. 그러나 몸뚱이에 대한 애착, 아상我相 즉 '이것이 나다'라는 분별심이 있을 때는 묶어서 끌고 갈 수가 있습니다.

몸뚱이와 마음은 물거품과 같고 신기루처럼 일시적으로 나타났다가 일시적으로 사라지는 것입니다. 그렇기 때문에 그것에 큰 애착을 갖고 '이것이 나다'라고 생각하면 저승사자에게 끌려가기 마련입니다. 하지만 '이것은 진정한 내가 아니다. 일시적인 나다. 나는 고정된 실체가 없는 것이다'라는 불교의 무아설無我說에 통달하면 끌려갈 일이 없습니다.

부처도 될 수 있는데
무엇인들 될 수 없으랴

🌿 위 법구경의 내용은 앞의 금강경 사구게와 같은 것인데 다만 물거품, 신기루로 비유한 것입니다. 이 게송의 배경을 말씀드리겠습니다.

부처님 당시에 제따와나에서 비구 500명이 부처님께 수행 주제를 받아서 숲에 들어가 수행했습니다. 그런데 열심히 했는데도 별 진전이 없었습니다. 그래서 '다시 부처님을 만나 뵙고 적합한 수행 주제를 받아야겠다' 하고 길을 가던 중에 멀리서 아지랑이가 올라가는 것을 봤습니다. 아지랑이는 멀리서 보면 있는 것 같은데, 가까이 가서 잡으려고 하면 잡을 수가 없습니다. 그것을 보고 '아, 우리 마음은 저 아지랑이 같은 것이겠구나' 하는 것을 알았습니다. 마음이 괴롭다, 즐겁다, 슬프다라는 말은 많이 하는데, '내 놓아 봐라' 하면 X-ray에 찍히는 것도 아니고, 마음을 꺼내서 보여줄 수가 없습니다.

'마음은 아지랑이 같은 것이구나' 하고 깨닫고는 또 길을 떠나는데 소나기가 내렸습니다. 빗방울이 바닥에 떨어지는데 물거품이 생겼다가 사라졌다 하는 것입니다. 그것을 보면서 '아, 우리 몸뚱이도 저 물거품과 같은 것이구나' 하는 것을 깨닫습니다. 우리 인생도 태어나서 잠시 세상에 머무르다가 사라져 가는 겁니다. 그렇게 관찰하고 있을 때 부처님께서 비구들이 이렇게 생각하는 것을 아시고 광명을 놓아 나투시고는 이 게송을 읊으신 것입니다.

　우리 삶의 궁극적 목표는 '자기의 본성, 불성이라고도 하는 성품을 제대로 보아야 한다'는 것입니다. 부처님께서는 누구나 다 불성佛性을 가지고 있다고 말씀하셨습니다. 불성은 부처가 될 가능성입니다. 불성은 공성空性과 같은 말입니다. 공성은 텅 비어 있다는 소리인데, 텅 비어 있기 때문에 무엇으로든 채울 수 있습니다. 이것이 공성의 올바른 의미입니다. 공성은 곧 무한한 가능성을 뜻합니다.

　우리는 누구나 다 무한한 가능성이 있습니다. 부처도 될 수 있고, 보살도 될 수 있고, 신도 될 수 있고, 인간도 될 수 있고, 축생도 될 수 있습니다. 그러나 그중에서 무엇이 될 것이냐? 이것은 부처님이 택해 주는 것도 아니고 신이 정해 주는 것도 아니고 '내가 선택한다'는 것입니다. 정말 얼마나 멋진 말씀입니까? 인간의 가능성을 가장 크게 확대시켜 주신 분이 부처님입니다.

　신을 섬기는 다른 종교에서는 신의 종이 되는 것이 궁극적 목적입니다. 하지만, 불교에서는 신도 될 수 있고 신들의 스승인 부처도 될 수 있습니다. 부처도 될 수 있는데 무엇인들 될 수 없겠습니까. 지금부터라도 자기 자신이 갖고 있는 무한한 가능성을 확신하고 지평을 넓혀 가는 데 노력하면 누구나 다 가능하다는 말씀입니다. 나뿐만 아니라 다른 사람도 무한한 가능성이 있는 존재입니다. 이런 생각을 갖고 있으면 자연히 다른 사람을 대할 때도 역시 부처님 대하듯 하게 됩니다. 나와 남이 모두 부처가 될 존재로 믿고 부처로 섬기고 대한다면 이 땅이 그대로 부처님들의 나라 불국토입니다. 이럴 때 세상이 얼마나 아름답고 행복하고 평화로워지겠습니까?

'삶은 환타지다', 나라는 존재가 환타지임을 알고 집착하지 않을 때 부처로 새롭게 태어나 부처가 되어서 진정으로 행복하게, 완전 연소하며 살아갈 수 있습니다.

월호 스님의 게송이야기
삶은 환타지다

초판 1쇄 발행	2014년 3월 15일
초판 3쇄 발행	2014년 6월 15일

지은이	월호
펴낸이	윤재승

주간	사기순
기획편집	사기순, 허연정
영업관리	이승순, 공진희

펴낸곳	민족사
출판등록	1980년 5월 9일 제1-149호
주소	서울 종로구 수송동 58번지 두산위브파빌리온 1131호
전화	02-732-2403, 2404
팩스	02-739-7565
홈페이지	www.minjoksa.org
페이스북	www.facebook.com/minjoksa
이메일	minjoksabook@naver.com

ⓒ 월호, 2014. Printed in Seoul, Korea

ISBN 978-89-98742-22-5   03220

이 도서의 국립중앙도서관 출판시도서목록(CIP)은 서지정보유통지원시스템 홈페이지
(http://seoji.nl.go.kr)와 국가자료공동목록시스템(http://www.nl.go.kr/kolisnet)에서
이용하실 수 있습니다.(CIP제어번호: CIP2014007454)